Also by Author

The Politics of National Reconciliation in the Sudan
CCAS Georgetown University publications, Washington DC, 1984

Perception, Preference, and Policy:
An Afro-Arab Perspective of Anti-Americanism
A. Rubinstein and D. Smith eds.: Anti-Americanism in the Third World, Praeger,
New York 1985

Devolution and National Integration in Southern Sudan
&
Aspects of Sudanese Foreign Policy:
'Splendid Isolation, 'Radicalization' and 'Finlandization'
P. Woodward et al, Sudan since Independence, Gower, London, 1986

Some African Perspectives on Democratization and Development:
The Implications of Adjustment and Conditionality
Reports No 7, Center for the Study of the Global South, the American University
Washington D.C. 1994

Economic Sanctions versus Critical Dialogue:
The Role of the UN Reconsidered
Bertelsmann Foundation and University of Munich Project, Germany, 1996

Forthcoming in 2018

A Contemporary Record of Sudanese Politics: 1976-1989
Publisher: tajmultimedia, Virginia, USA, 2018

Complete collection of author's work available online:
www.mbhamid.com

POLITICS IN THE SUDAN
THE ART OF THE LAUGHABLE
1979 - 2017

Mohamed Beshir Hamid

© 2018 Mohamed Beshir Hamid

ISBN 978-0-692-05125-2

Writing & Art: Mohamed Beshir Hamid
www.mbhamid.com

Publisher: Taj Multimedia 2018
www.tajmultimedia.com

Printers: Bookmasters Group: 30 Amberwood Parkway, Ashlan, Ohio 4480, USA

CONTENTS

PREFACE

The humor articles in this book were written over a period of almost four decades and span the rule of a military dictatorship, a brief period of parliamentary democracy and a military takeover that morphed into a despotic theocracy and has lasted to the present day. The first set of articles cover The Third Democracy Period (1986-1989) with a few pieces dating even earlier, and a later period covering my work in the United Nations Mission in Bosnia Herzegovina (1998-2002). Although some of the material from both periods was unfortunately lost, enough has been retrieved to form an integral part of this book.

The articles during The Third Democracy Period were published in the Sudanese English-language daily *Sudan Times,* and then almost simultaneously translated for publication in the Arabic-language daily *al-Ayam*, although in a few cases the original version was written in Arabic. (The articles for this period appear in the Arabic section of the book). As the content of articles deals with past political events that are perhaps unfamiliar or unknown to a younger generation of readers, I have added short explanatory notes whenever necessary to convey a general picture of the political events that inspired them.

Similarly, as the humor articles in the United Nations Period were inspired by the professional and personal interactions within the limited confines of a United Nations mission, short notes have also been added at the top or within the text to explain staff relationships or functions and thus facilitate more appreciation of context without unduly interrupting the flow of the narrative.

In addition I have used another artistic medium, which in its own right can be appealing to the reader, namely: the political cartoon. Some of these appeared with the articles when they were originally published but most were drawn specifically for this book. The reader will of course find no difficulty discerning between the two as the former are drawn with ink on paper and the latter are digitally made. As the ideas for the cartoons are drawn from the contents of the articles themselves, I am confident that they will serve to facilitate a better understanding of relevant personalities, events and situations in addition to being – hopefully – a delight in themselves.

It is with these combined elements in mind that I hope that the enjoyment of this book will not be limited to Sudanese and Arabic language readers, but will extend to English language readers who may find the contents instructive to better understand the politics of the Sudan. As a humorist, but also as a political scientist, I am convinced that sometimes a humor article or a political cartoon can provide more insight into a social or political situation than the 'serious' analysis or commentary in an academic journal.

Mohamed Beshir Hamid
Bethesda, Maryland
January, 2018

The Period of the Third Democracy

"It was the best of times, it was the worst of times, it was the age of wisdom, it was the age of foolishness, it was the epoch of belief, it was the epoch of incredulity, it was the season of Light, it was the season of Darkness, it was the spring of hope, it was the winter of despair, we had everything before us, we had nothing before us, we were all going direct to heaven, we were all going direct the other way - in short, the period was so far like the present period, that some of its noisiest authorities insisted on its being received, for good or for evil, in the superlative degree of comparison only".

— **Charles Dickens**, *A Tale of Two Cities*

THE THOUGHTS AND WORKS OF H.E. THE HIGH COMMISSIONER:

I. The Great Victory

This is the first installment of a trilogy lambasting the Egyptian Embassy in Khartoum for their role in declaring this writer *persona non grata* in Egypt when he was offered a teaching job at the American University in Cairo, as well as for their clumsy attempts at interference in Sudanese elections and for allegedly conspiring to restore the defunct pro-Egyptian May regime.

His Excellency, the High Commissioner of his country in Khartoum sat in his office Cromer-style, although he probably never heard of Lord Cromer and might even have difficulty spelling his name. But he certainly regarded himself as the Lord High Commissioner. He was surrounded with his top aides, and from the smug expression on his face, he was apparently feeling very proud of himself.

"You did again, Excellency," said one of his aides, "you showed them who is Boss around here". His Excellency, fingering his prayer-beads, nodded approvingly.

"How did you do it, Excellency?" asked another aide.

"Well, handling such serious matters needs using one's brains", replied the High Commissioner pointing his finger to his head and whatever substance it contained.

"Of course, Excellency, you have enough brains to be President of our country," rejoined another aide.

The High Commissioner became instantly alarmed. He stood up and shouted, wagging his finger at the aide. "You stupid fool. You should know better than to say such things in front of others. Any more such remarks and I will have you transferred to the Eastern Front. You have been complaining about the heat in Khartoum; how would you like being posted to our Consulate in Siberia?"

The unfortunate aide clasped his hands in desperate appeal and whimpered, "I go on my knees to beg forgiveness, Excellency. I meant no disrespect to anyone and no indiscretion".

His Excellency becalmed himself and sat down. He was wondering if, as the aide had said, he had enough brains to become President. Of course, chewing gum and walking at the same time is a very hazardous exercise, but with enough practice he should be able to do it. After all, he could think of some of his superiors who with intensive and concerted efforts were able to master the art. Yes, the prospects of the Presidency were within the realm of possibility and even probability. Given the right circumstances and little help from Providence and his friends anything was of course possible. But the High Commissioner quickly dismissed these dangerous thoughts from his mind. You never know, one of those present in his office could be a mind-reader.

"By all accounts it was a great victory," the senior aide was saying, "and the way you handled it was really very neat and decisive. You singlehanded saved our country from subversion and our young students from political contamination".

The High Commissioner thought it might be more appropriate to assume a humble demeanor. So he said "It was really no big deal. All I had to do was to send some reports about this despicable fellow. The plan was perfect and our intelligence people were too intelligent to give him any chance to claim the sanctity of academic freedom".

His Excellency paused and then added with a smile, "You know I have connections in very high places. We didn't even have to consult the High Command".

All present nodded in agreement. The senior aide asked, "But Excellency, what if our Great Ally refused or resisted to go along with the plan? After all, the guy was going to teach in one of their institutions and you know how fussy these people are with their incessant talk about human rights, academic freedom, fair play, and all this kind of rubbish".

The High Commissioner smiled cunningly. "You must be kidding," he said, "all we had to do was to mention to them that we suspected this guy of being an undercover agent of the 'Mad Dog' (*a reference to President Asad of Syria*) – and possibly a fellow-traveler of the 'Evil Empire' and our dear allies were falling all over themselves to give him an unceremonious eviction from their institution".

"You think of everything, Excellency," said the aide, "But he still got off rather lightly. A car accident or a case of poisoning would have been fair punishment".

H.E. the High Commissioner pounded the table with his clenched fist and shouted: "You are absolutely right! After the insolent way in which he responded to my orders he deserved a fate worse than death". His Excellency couldn't immediately think of a fate worse than death and apparently sought inspiration from fingering his prayer-beads.

One of the aides suggested, "Like forcing his Government to send him on a peace mission to Jerusalem?" Luckily for the aide, the High

Commissioner did not hear that or perhaps pretended not to have heard it.

"What if his government took some retaliatory action against us?" asked the senior aide.

The High Commissioner leaned back on his seat and spreading his arms said, "what could they do? Any provocation from their part and our tanks units would be on the border".

The senior aide added, "we could then, Excellency, issue them an ultimatum to reinstall our Great Friend as President".

His Excellency expressed his approval of the fine way his senior aide was putting the matter. "These Sudanese only understand the language of force. It is either treating the Sudan as our Protectorate or imposing a Camp-David-style accord on them".

"You are right, Excellency," said one of the aides, "they lack the basic notions of democracy. They now have only a Prime Minister as Chief Executive who didn't even get 99.999% of the vote".

"What is worse," said H.E. the High Commissioner, "they no longer have a President like our talented and much lamented Great Friend who for sixteen years tried to teach them the correct notions of democratic rule. Look what they had done to him for his great efforts!"

"Well, Excellency" said the senior aide, "our country is really fortunate to have you here to teach these Sudanese the folly of their undemocratic practices. After this great victory I bet they are all trembling in that den of subversion called the University of Khartoum". The aide, who was still worried about the possibility of a posting to the Consulate in Siberia, added hastily, "why don't we plot blowing up the damned place so that our next Great Friend wouldn't have to worry about subversion from that quarter in the future?"

H. E. the High Commissioner was thinking of something else. "What concerns me in the present situation is who is next in our hit-list?"

The senior aide said, "well, we have been encountering some difficulties from the present Minister of..." The High Commissioner interrupted him: "No. Not now, we will deal with him later. Our basic strategy is to hit the trouble-makers after they leave office, otherwise they can use their authority to hit back at us. The whole point of our great victory is to send a message to present and future Sudanese Ministers of what will happen to them when they are no longer in office and can't fight back. Who else is on the list? And I don't mean the whole Sudanese people however desirable that may be".

There was silence in the room and all the aides were scratching their heads thinking deeply. Some left the room and returned carrying huge files. After looking into all the confidential reports one of the aides said, "We have this report on a dangerous subversive type. He goes by the name of Mandela, Nelson Mandela to be exact".

H.E. the High Commissioner leaned forward, his eyes glowing with anticipation of another great victory. "Very well done," he said excitedly, "the name sounds familiar to me. We will also teach him a lesson too. Now, what position did he hold in the Transitional Government of the Sudan?"

SUDAN TIMES | 4 November 1986

THE THOUGHTS AND WORKS OF H.E. THE HIGH COMMISSIONER:

II. A Case of Exchangeable Identity

الامام الغائب — وزير الاعلام الانتقالي — * Drawing by Al-Ayam

I was sitting in the Hilton's lounge and was about to leave when I saw Ten Percent, my old top aide and the confidential keeper of my private affairs, walking into the lobby of the hotel. For a moment it seemed unreal seeing him there, dressed in the latest fashion *Pierre Cardin* suit. He was, of course, supposed to be a long-term resident of Kober prison. But I guessed that he was out on one of his frequent forays into town; presumably for another family occasion to celebrate *yagu aidin* (*Popular Sudanese song celebrating soldiers returning victorious form battle*).

"Ten Percent, come over here!" I found myself shouting before I could restrain myself, for I was not supposed to reveal my true identity. He looked in my direction, a shadow of surprise hovering over his normally impassive face. He started walking slowly towards me in his crisp and elegant manner and standing in front of me he spoke calmly, but with an unmistakable hint of contempt in his voice: "I don't make deals with penniless university teachers like you".

I fixed him with one of my customary stares and looking deeply into his eyes spoke in my real voice, "Ten Percent, old buddy! Don't you recognize me?"

A glimmer of recognition flickered over his eyes and then his face brightened up and he shouted incredulously, "Is it really you, Rais?" He hugged me with tears streaming down his face, and kept repeating hysterically, "You are back, Rais. You are back, Rais. We all knew you would be coming back". I tried to calm him down, afraid that my cover would be blown, but he could not contain himself. "Rais, when are we moving back to the Presidential Palace?" he kept asking excitedly.

"Take it easy, Ten Percent," I said, "this is all part of a grand design. We are following the step-by-step strategy".

"Is that why you are disguised as the Former Minister of Culture and Information?" he asked.

"Yes, Ten Percent," I replied. "The plan was to lure him outside the country with a job offer. Then our friends subjected him to plastic surgery to make him look, walk and talk just like me. I must say, incidentally, that the result has been a great improvement on the kind of performance he used to make during the so-called transitional government. I had to undergo a similar operation, and so here I am looking and speaking just like him. Now, with this new identity and cover, I can personally organize my Great Comeback as the President-Leader. In the meantime, if these usurpers of my power, who un-ashamedly call themselves a democratic government persist on demanding my extradition, our friends can then hand over the former Minister to them. I can hardly wait to see how he can talk himself out of that situation! Everyone will think that he - meaning me - has gone completely crazy. He may even get off with a light sentence as you did, Ten Percent, on the grounds of diminished responsibility".

"What a great plan, Rais" said Ten Percent, rubbing his hands gleefully, "whose idea was it?"

I ignored the unintended slight to my mental capabilities and, in an uncharacteristically generous spirit of giving credit where it was due, answered, "It was one of the brilliant brain waves of our friend the High Commissioner here in Khartoum who communicated it to his government. These former intelligence people are really very intelligent. I wish I had more of their type as Ministers and Ambassadors in my government before the Great Setback".

"It is only a temporary setback, Rais," said Ten Percent, "we will soon recapture the good old days".

"You know, Ten Percent," I said, "When the plan succeeds I will promote you to Twenty Percent". I knew he was thinking that he had already promoted himself to that position a long time ago. But there was no harm in keeping up appearances if that would make him happy.

"Is there anything to prevent the plan from succeeding, Rais?" Ten Percent asked

"Well," I replied, "it might undermine our plans, should these fanatics here suddenly stop clamouring for my extradition. But what worries me most is the possibility of our friend the High Commissioner, an experienced troubleshooter, having to leave suddenly for a new mission in Islamabad. That is why the plan has to succeed and very quickly. I don't want to be stuck forever in that damned University of Khartoum teaching political science. Frankly, I haven't the least notion about the subject".

"You can't say that, Rais" Ten Percent said soothingly, "you are a grand master of the game. You have tried every political system known to man from far left to extreme right during your glorious sixteen years in power. You even invented some which had never existed before".

"As usual, you're always right, Ten Percent," I said, "but masquerading in this charade is beginning to get a bit on my nerves. I hate my assumed identity".

"You need not worry too much on that score, Rais," Ten Percent reassured me, "our friends, with the wise guidance of their High Commissioner here, will see to it that the Restoration takes place in the shortest possible time". Ten Percent paused and then added, "but, Rais, what has happened so far to the poor former Minister of Culture and Information?"

"Poor fellow! My foot!" I cried with all the resentment and bitterness in my heart, "the lucky guy is living it up in my villa over there like he never tasted the good life before".

SUDAN TIMES | 18 November 1986

THE THOUGHTS AND WORKS OF H.E. THE HIGH COMMISSIONER:

III. The 100 Percent Solution

His Excellency the High Commissioner took his usual place in the Situation Room in the Residency, and with a gesture indicated to his assembled senior staff to take their seats. The whole place had, what Lord Acton once described as, the atmosphere of accredited mendacity.

"Today", His Excellency began, "we are moving to the second stage of our master plan". He paused to allow the full impact of his great revelation to sink into the skulls of assembled staff. "But before discussing it, I want to hear progress reports from our various departments". He turned to one aide and asked for the latest Intelligence report.

"Well, Excellency", Intelligence replied as he opened a huge folder, "we were able to infiltrate the latest trade union, the Khartoum North Kindergarten Children's Association. All potential trouble-makers have already been blacklisted".

"Well done, Intelligence", said His Excellency, "now, Disinformation, what is the situation in the media?"

"Excellent, Excellency", said Disinformation, "our plans to have a complete monopoly of the media market are progressing beyond our wildest dreams, thanks to your born-again approach and the collaboration of our newly-found local friends. In fact, at this precise moment there is a lonely crowd of reporters outside waiting to interview Your Excellency".

The High Commissioner was very pleased. "But what kind of disinformation have you been disseminating lately?" he asked.

"The usual stuff", Disinformation replied looking into the pile of papers in front of him: "The sacredness of the so-called 'special relationship' in its various manifestations; the great kindness and infinite wisdom of Your Excellency; and character assassination of those who falsely complain that we regard the country as our own protectorate, etc., etc. I must say, Excellency, we found a receptive response from some in the media here who apparently still hanker after the good old days. Greasing palms and VIP-style trips to our capital is proving to be effective incentives. But the excessive zeal of some of them is sometimes rather embarrassing. Some of the things they write make even me blush".

"Your great endeavours will not go unnoticed, Disinformation", said the High Commissioner. "Now Dirty Tricks, what have your plumbers been up to?"

Dirty Tricks, was not altogether happy with what he had to report. "Well, Excellency" he said sheepishly "we have been concentrating our efforts on bugging the Watergate building in Khartoum".

"Any luck yet?" asked His Excellency.

"No, Excellency", Dirty Tricks replied miserably, "Trouble is we cannot locate it but we are still waiting for a report from our plumber in Juba".

The High Commissioner was not amused. "We are not amused", he said, "We expect to have a more positive report next time".

Leaning back on his seat, His Excellency continued: "Let us now turn back to our grand design. The directives from home are to continue treating the current political situation here as still one of a very transitional nature. We need some short-term solutions. These Sudanese cannot sort out the political mess they got into after so recklessly and stupidly dethroning our Great Friend. It is our sacred duty to do it for them".

His Excellency's face beamed with the thought of the magnanimous tribute-in-reverse offered by Big Brother to his muddle-headed and benighted inferior brethren. Looking at Political Affairs, he resumed his analysis: "Since Political Affairs has not yet finished counting the number of political parties in the country, we will confine our discussion to the AAA party; the BBB party, and the CCC party. To simplify matters we will exclude for the time being the XXX party, the ZZZ party, the YYY party and other smaller parties. Now you know our attitude towards the AAA party, which can be summarized as follows: the less we have to deal with them the better".

"They have made it clear that the feeling is mutual, Excellency", said Political Affairs.

"I know that", the High Commissioner conceded. "That is why our best bet will be not a coalition government but a merger of the BBB party and the CCC party. There are, of course, variable ratio combinations for such a merger. How does the BBC party strike you?"

"James Bond's people will raise some legal objections," interjected Legal Affairs who had been keeping a very judicious silence.

"I will take care of that right away", His Excellency exclaimed, "Get me Bond on the phone!" As a side-issue specialist he was a 'converted' believer in reversing Peter's Principle so that in looking after the mountains, you make the molehills will look after themselves!

Legal Affairs picked up the phone with a trembling hand, wondering if the High Commissioner was going to order him to take James Bond for a walk. He was about to remark timidly that no such drastic measures were really needed when the loud-mouthed Political Affairs spoke: "I am still worried about this connection with the CCC party, Excellency. You know what we do to their type back home".

With a gesture of impatience His Excellency said, "these fellows here are more civilized than their type back home". His Excellency was apparently oblivious to the shocking fact that it was the first time he admitted that anybody in the Sudan could even remotely be more 'civilized' than in his own country.

Political Affairs was still worried. "It is true that they have not yet taken to the habit of riddling their Presidents with bullets during military parades" he said uneasily, "but, Excellency..." (*a reference to the assassination of President Sadat by the Islamists*).

His Excellency interrupted him "Shut up, Political Affairs!" he retorted, "Are you questioning my intelligence?" The word Intelligence was enough to send a shudder around the room. A deadly silence settled in, and even Legal Affairs stopped worrying about the risky business of putting James Bond in deep freeze.

The High Commissioner immediately felt that he had to smooth over the matter in order to reassure his own staff. He fingered his prayer-beads and said mildly: "Believe me, I know what I am doing". He put on his usual I am-no-fool smile, and as usual, the expression on his face reflected the opposite.

"What about Operation Comeback, Excellency?" asked Dirty Tricks, "I mean the Great Restoration of our Great Friend".

"We have to put that on hold for the time being. It is important that we first get the BBC party in power. They will then dissolve the Constituent Assembly and hold new elections. At that point we come in with our distinguished election specialists to ensure that our friends - both old and new - get 100% of the vote".

Dirty Tricks smiled. "With the long experience they have gained over the years, you can trust our specialists to work wonders rigging elections, Excellency" he said.

The High Commissioner nodded approvingly. Elections were an area dear to his heart, in which he could claim without any fear of contradiction to be a real master. "The whole democratic process is simplicity itself," he began. "All you have to do is to prepare a list of eligible voters. Then you copy the list and you get a voter-registration list. Finally you transfer all the names in the list into duly certified and stamped ballot papers and stuff them into the ballot box of the government's official candidate. You count the votes *et voila*, you have a winner with a 100% majority. It is a fail-safe system".

"Mind you," His Excellency continued after some reflection, "the whole process becomes even simpler if you opt for the other democratic variety, known as the referendum. Our Great Friend was a grand-master of that technique".

"I thought it was practically impossible to get a 100% majority in an election contest," said Political Affairs uneasily, "I mean the losing candidate can vote for himself, can't he?"

"Not necessarily so" his Excellency said firmly, "not if his name happens to be in the winning candidate's list". The High Commissioner looked sternly at Political Affairs and added: "You must realize, Political Affairs, you have been posted in Reykjavik for too long to know the great election innovations we have perfected over the years. The name of the game is not to exceed the 100% margin. A 100.999% landslide does not look nice in print".

"It does not sound nice either," Political Affairs agreed, "it sounds like an avalanche to me". He paused and added hesitantly, "it may even be wiser, Excellency, to settle for a 90% majority in order to leave a margin for improvement in future elections".

Before His Excellency could reply to that absurd suggestion, the phone rang.

"James Bond on the line, Excellency," said Legal Affairs.

The High Commissioner put on his old-boys-network tone. "Hello, 007, old mate," he said, "what? Yes, of course we know that you appreciate the help we gave you to throw the representatives of the Lion Keeper (*President Haviz al-Asad of Syria*) out of your country. What is a frame-up or two between friends? But, Bond, we need your help now. What would be the attitude of His Majesty's Government if a BBC Party is established here in Sudan?"

His Excellency listened, his face first showing bewilderment and then satisfaction. Putting down the receiver, the High Commissioner said to his aides: "Funny people these Brits. James Bond took some time trying to explain the distinction between His and Her Majesty's Governments, as though it mattered. He also kept talking about this influential woman they call the Iron Lady, probably the chief mistress of their King". His Excellency paused. "Regarding the BBC business" he added putting on his I-can-work-miracles smile, "Bond tells me as far as this Iron Lady is concerned we can take the whole damned Corporation lock, stock and barrel!"

SUDAN TIMES | 9 December 1986

The Secret Agreement of Reykgavik

Ronald Reagan and Mikhail Gorbachev had done it again; they fooled the entire world. The international media was reporting that the Reykjavik summit had foundered on the Star War issue, thus shattering any hope of a break-through in the arms control talks. But nobody knew that the two leaders had actually reached a secret agreement of historic proportions, the most significant part of which was to pretend that no agreement was reached at all.

What remained a closely guarded secret was what happened inside Reykjavik's Hofdi house during those decisive hours in October 1986. When the two leaders met, accompanied by their aides, they kept their attitude of covert hostility.

Reagan greeted Gorbachev with the words: "You are late as usual, you Darth Vader, General Secretary of the Evil Empire!"

Gorbachev replied: "You are used to waiting, you second-rate actor and trigger-happy gunslinger and gunrunner".

After these formal opening niceties, the aides were asked to withdraw to allow the two leaders to have the mandatory *tête-à-tête* session. As he was leaving, George Shultz pushed a Magnum 99-calibre into Reagan pocket and whispered, "when it comes to a shoot-out, Mr. President, aim at the marking on the forehead". At the same time, Eduard Sherverdnaze was slipping a razor-sharp sickle into Gorbachev's hands and whispering, "you only have to brandish it, Comrade General-Secretary, and the old man will have a cardiac arrest".

The moment the door was closed, the two leaders leapt to their feet with hilarious shouts of joy. They hugged and kissed each other, first Russian and then American style and then, after a brief hesitation, French style. They started dancing around the room. Reagan broke into a wild *Gopak* version of a Cossacks dance, while Gorbachev did a bad imitation of Fred Astaire doing Break Dance. After a while Gorbachev fell back exhausted on his chair; but Reagan kept dancing as though he was oblivious (as he used to do during his acting days) to an invisible director's shout of "cut!"

"Cut it short, Ronnie old boy!" said Gorbachev gasping for breath and wiping the sweat from his brow, "you made your point". Reagan sat down fresh as ever and said with his Great-Communicator smile, "How are you, my dear Mikhail Sergeyevich?"

"Very well, indeed," replied Gorbachev, "you look younger than ever, Ronnie".

"I feel younger whenever I see you," said Reagan, "but my dear Mikhail Sergeyevich, we can't go on meeting like this".

Gorbachev smiled. "You know, Ronnie," he said, "these people outside will never believe that we have been on first-name terms since you were acting in war movies in the East coast and I was peeling potatoes as a child for the Red Army in the Eastern Front".

"Yah, no one will believe it," Reagan said, "the trouble is that it takes so long to say a first name in Russian, Mikhail Sergeyevich".

Gorbachev interrupted him, "Okay, Ronnie. I will make the first concession in our negotiations: You can call me Misha".

"How is dear sweet Raisa, Misha?" asked Reagan.

"She is fine and right here in Reykjavik," said Gorbachev, "and she is dying to see Nancy to compare notes on the latest fashion designs".

"I am sorry, Misha, but Nancy couldn't make it this time," said Reagan apologetically, "you see she had this previous engagement for an Academy-Award ceremony, and you know the kind of gossip these Hollywood people can come up with if she doesn't show up."

(Reagan hated himself for that small lie; he knew that Nancy did not come because she was afraid of competing for attention with Raisa. Gorbachev was thinking: poor Ronnie, he is hating himself for this small lie since he knows Nancy did not come because she is afraid of competing for attention with Raisa.)

"Now, Ronnie," said Gorbachev aloud, "let's us get down to business. I take it first we have agreed to disagree, right?" Reagan nodded his approval.

"I take it second that we have agreed to disagree to agree," continued Gorbachev.

"I will agree to that," said Reagan.

"Good" said Gorbachev, "I take it then we are both agreeable to a simultaneous cutting of offensive weapons?"

"Yah," replied Reagan, "but what are we going to do with all those stocks of short range, medium-range and long-range ballistic missiles?"

"You have already found the solution, Ronnie," said Gorbachev, "dump them on someone else". He paused and then added with a mischievous smile, "you don't think, Ronnie, we are not aware of your secret dealings with the Israelis, the Ayatollahs, the Contras, do you?"

"Oh, yah?" Reagan said defensively. He was instinctively aware that his Russian friend was up to one of his old tricks; it was time to make a show of force. He stood up and started pacing around the room in his walking into high-noon gait.

"Oh, yah?" he repeated defiantly this time, "but what about all your stuff?"

"No sweat, Ronnie," Gorbachev said, "We give them to the other side".

"Agreed," said Reagan with a sigh of relief as he sat down.

"The sticking point, Ronnie," said Gorbachev cautiously, "is this SDI business. I think it will be a good idea to confine it to laboratory research for the next ten years".

"What!" Reagan retorted, again instinctively feeling there was something fishy about the Russian proposal. "Thousands of people are dying from the disease, Misha, and you want me to confine it to laboratory research?"

Reagan paused and then added emphatically, "over my dead body, Misha!"

There was an uneasy silence as Gorbachev pondered the imponderable dimensions of that prospect. Both leaders felt a bit confused, and the apparent breakdown in communication could, at least partly, be attributed to the fact that while Reagan was talking in Russian,

Gorbachev was speaking in English. It was Reagan who took the initiative to break the deadlock.

"Look, Misha," he said, "you will be fooling yourself if you think that this disease is the product of what your propagandists call the degenerating and decaying western capitalist society. It will spread to your empire soon enough because it is an international epidemic. You mark my words, Misha!"

"Ronnie," said Gorbachev, "I am talking about Star Wars".

"I haven't seen the movie," replied Reagan, "in any case, Misha, I will have to consult with Paul Nitze and John Poindexter on these matters".

"Ronnie, old chap," Gorbachev said, "there is no need to bring your hotheads into these affairs. I have my own to worry about". He reflected for a while and then said earnestly, "I think, Ronnie, you have hit on the right solution. Why don't we turn the whole SDI project into a joint giant movie production? With your advanced technology you can take care of the special effects and we will provide the extras. But the stars, directors, budget will have to be shared on a fifty-fifty basis. The budget factor will ease some of your problems with Congress. What do you think about that, Ronnie?"

"You know what, Misha," said Reagan slapping his thighs, "you've got yourself a deal".

They shook hands and Reagan commented, "There can be some acting roles for the two of us in the movie, Misha".

"I don't know about that, Ronnie," said Gorbachev, "this is a huge production and it may take more than twenty years to finish it".

"Then we will not announce it or make it public," Reagan said, "until it is completely finished and ready for release. Not a word. In the meantime we resume our covert hostility scenario. Right, Misha?"

"Yes, Ronnie," Gorbachev replied, "but who will announce our historic agreement twenty years from now?"

"Whoever of the two of us is still alive," said Reagan.

Fair was fair and there was nothing Gorbachev could complain about. But he could not help recalling the recent record of longevity in the office of his predecessors.

"Well, Ronnie," he said resignedly, "when you make that historic announcement twenty years hence from the Rose Garden, don't forget to pay a special tribute to me as one of the original co-producers".

The two leaders emerged from their closed session. The grim look on their faces said it all: no deal, period. As Reagan headed for Air Force One, he was telling his aides that he could not give in to Gorbachev's AIDS conditions. The Russian leader, driving to his ferry, was asking his aides to prepare for him a complete report on the SDI disease.

SUDAN TIMES | 17 December 1986

The 'Shata' Acquired Immune Deficiency Syndrome (SH/AIDS)

I had been living in a state of chilling trepidation since reading the interview with the Prime Minister published in early June 1987 in the weekly magazine *al-Ashiqa*. In the interview the Prime Minister ingeniously described his former Minister of Commerce and Supply, Dr. Abu Harira, as a man "with little experience who sniffed some *Shata* (*powdered chilies*) in the air and never stopped sneezing".

On the face of it the Prime Minister's description of the infirmities of his sacked Minister was almost poetic. It seemed worthy of inclusion in any dictionary of political terminology to take its place with such phrases as "diplomatic cold", "there is lust in my heart", "walking on water", "the tail wagging the dog", and the like. The list, of course, is almost endless: my own favourite, given the present circumstances of our talkative Prime Minister, is: "Shut up!"

However, upon deeper examination, the *Shata* expression began to reveal some ominous ramifications. Many mysterious questions kept bugging me. (Bugging, incidentally, is yet another political term of

31

Watergate repute but it is its medical connotations that concern us in this context). Why *shata* was in particular given that unique medical distinction by the Prime Minister? And for what reasons had he used it specifically as a sign of political contamination in relation to a Minister whom he had, until recently, given a clean bill of health?

I came to the conclusion that there must be a more sinister implication (of the *virus* type) to the Prime Minister's remarks. It certainly implied that an essential qualification for appointment to the Cabinet is the ability to sniff *shata* without sneezing. In other unhealthy words, it meant that those who make it to the Cabinet must not be infected with the *Shata Acquired Immune Deficiency Syndrome* (SH/AIDS).

It was quite natural that I became gravely concerned. All my life I had been very allergic to *shata*. Just mentioning the word was enough to send me into a fit of uncontrollable compulsive sneezing. Obviously, all my ambitious political hopes were now irredeemably shattered. But this was the least of my worries. It was the medical implications, which were beginning to drive me crazy. There was no doubt about it: I had to come to terms with the terrible reality of being a SH/AIDS victim.

I immediately went to see my doctor. He examined me thoroughly and the look on his face confirmed my worst fears.

"Give it to me straight, Doc," I said anxiously, "have I contracted the disease?"

"Well," he began evasively at first, "nothing is conclusive yet but am afraid all the tests are positive".

My knees turned into jelly as I sank to the ground pulling at my hair and crying like a baby. "It can't be!" I screamed pounding the floor, "it can't be!"

"Take it easy, old chap," the doctor was saying, "there may still be some hope. Intensive medicals research is being done to find a cure. The

French in particular are believed to be within a hundred years of a breakthrough".

"How long do I have?" I asked sobbing.

"The usual terminal period is one year," he answered, "perhaps two if you are unlucky".

The world reeled before my eyes. "But how could it happen?" I asked desperately, "I thought Sudan has a low incidence of SHAIDS that was supposed to have been weeded out in March-April 1985"

"Not anymore," the doctor said, "the disease in the Sudan has a latency period of sixteen years before symptoms become evident. According to the World Health Organization, the population base of the disease here consists primarily of the urban slums, the rural areas and the University of Khartoum".

"Why the University?" I asked startled.

"The disease is disseminated by word of mouth," the doctor explained; "particularly words directed against *shata* pushers, smugglers and the black market tycoons trying to clear Port Sudan of illegally imported goods". The doctor paused and added almost sadly, "You people in the University have been very talkative spreading the disease like a sand-storm".

"Wait a minute," I said hastily seeing a glimmer of hope, "the Prime Minister himself is not exactly of the mute type. Yet he had not contracted SHAIDS as far as I know".

"The Prime Minister is indeed talkative," the doctor conceded, "but he talks about constructive things which are never constructed. Besides, he feels very comfortable with *shata*". The doctor shook his head, "but you people are different. You badmouth *shata;* and instead of sniffing it and relaxing, you start sneezing. The former Minister of Commerce and Supply is a case in point".

"I never spoke a word against *shata*," I protested vehemently.

"You must have," he asserted, "or at least you are allergic to it".

"Then the whole country must be infected with the disease". I said.

"Indeed it is," the doctor agreed, "'what's worse is we discovered a local SH/AIDS-related virus called NIV-2"

"What does that mean?" I asked.

"Nil Value," he said cautioning me not to say one word against it.

"So nobody is safe," I said.

"Nobody," the doctor confirmed, "except the two Mafia families, the 'fat cats', smugglers, the black market manipulators and currency speculators. These people flourish in sniffing *shata*. They are addicted to it. They share hypodermic syringes and are very promiscuous in their trade interactions".

"Can I join them?" I asked eagerly.

"I don't think you have the right credentials," he said again shaking his head, "not until you kick your habit of being allergic to *shata*. And according to my diagnosis it is already too late for that".

Too late, I thought with a sinking heart. Too late to buy my children all those fine clothes imported from Korea. Too late to take my family to London for the mandatory summer vacation and the shopping spree in Oxford Street. Too late to ride around Khartoum in a gleaming Mercedes with newly reappointed security people clearing the traffic for me. Too late to appoint my relatives to strategic posts in key Ministries. Too late to include my kids in special lists to study abroad. In short, too late to sit by the telephone waiting for the call even though the telephone never worked.

Curiously enough, as I saw all my future plans evaporating into thin air, a feeling of serene peacefulness began to engulf me. If that was the way I had to go, so be it (or "beat it" as Michael Jackson would have put it.)

Then something alarming and frightening flashed in my mind. "What am I going to tell my dear wife, Doc?" I said with a look of absolute panic, "She will kill me if she knows I have SH/AIDS!"

"You don't have to worry about her facing a murder charge," the good doctor said patting my shoulder with his usual kindness, "in most civilized societies, euthanasia is a legally sanctioned practice in terminal cases".

23 June 1987

Joint Responsibility

Mrs. Margret Thatcher sat in her office at 10 Downing Street reading for the tenth time the dispatch from the British Embassy in Khartoum. She took off her glasses and sighed. "How stupid of me," she murmured to herself. "Why didn't I think of that myself". She pressed a button and said, "Tell Lord Whitelaw to come and see me immediately". She stood up and paced around the room. There was a knock on the door and Lord Whitelaw's massive head appeared. "You wanted to see me, Prime Minister?" he asked.

"Come in, Willie," she said handing him the dispatch from Khartoum.

Lord Whitelaw read very slowly and then asked: "Does this concern us, Prime Minister?"

Mrs. Thatcher gave him one of her Iron Lady looks. "Of course it does", she snapped. "You are supposed to be my political adviser. You have been advising me to dissolve Parliament and hold new elections. Why do we have to go through all that trouble and expense if I can simply dismiss the Cabinet and form a new one?"

"I am not sure that will be constitutional", Lord Whitelaw said hesitantly.

"Why not?" Mrs. Thatcher shouted. "If the Sudanese Prime Minister can do it, why can't I?" She added pounding the table, "in any case we don't even have a constitution to worry about!"

"We do have precedents and an unwritten constitution," Lord Whitelaw said mildly.

"Then we can make this a new precedent and let the unwritten constitution remain unwritten," Mrs. Thatcher retorted.

"But Prime Minister," Lord Whitelaw pleaded, "if you dissolve parliament and hold elections you can rule for a whole new term".

"Suppose we lose the election?" Mrs. Thatcher demanded. "We don't have a Falkland war to bandy on about anymore".

"We can't lose, Prime Minister," Lord Whitelaw said, "firstly, the polls show us 10 to 12 points ahead and, secondly if we start slipping we can always conjure up a new war. Our American allies have already declared a war of sorts on the Japanese and we can jump into the fray any time we like". Lord Whitelaw added emphatically, "That I assure you, Prime Minister, will be the most popular war in our history. Our 'Buy British' campaign has been most effective".

Mrs. Thatcher wondered what the old man was talking about; she thought the war with Japan ended in 1945.

"This is no laughing matter, Willie," she said firmly, "elections are still a risky business. I like the Sudanese solution".

"But, Prime Minister," Lord Whitelaw said, "their situation is different and they have many advantages that we lack. They had been blessed with a *collision* government while we have to labour under a *collegial* one. We have one Queen as Head of State, they have Five!"

Mrs. Thatcher cut him short. "Willie!" she said frostily, "I thought I told you never to mention the word *labour* again". The good Lord made the mandatory effusive apologies but he was not to be side-tracked. He made the pertinent question: "What about *joint* responsibility?".

"Simple," she answered, "Dennis and I can take care of that. After all, we took the vow of 'Till death do us apart' a long time ago".

"I mean you can't just dismiss your Cabinet," Lord Whitelaw said, "You will have to submit a collective resignation".

"This is the whole point, Willie" Mrs. Thatcher said passionately, "The Sudanese Prime Minister proved I don't have to. It is amazing to think that we taught these people parliamentary democracy and they are now teaching us how to make it work more effectively. Queen Victoria would have been amused. It is a revelation, if you ask me".

 "Will Her Majesty agree to this?" Whitelaw asked.

"The Queen reigns but does not rule," Mrs. Thatcher admonished him. She motioned Lord Whitelaw to sit down and said: "You don't seem to understand the whole range of possibilities provided by the Sudanese example, Whitelaw. Sacking the whole unharmonious Cabinet would not only an equitable dispensation of justice, but also a proper interpretation of joint responsibility".

"But if you take such an action now," Lord Whitelaw asked, "where will it leave you?"

"Minding the store all by myself," Mrs. Thatcher replied and then added almost as an afterthought, "with a little help from Dennis, of course".

"But Prime Minister, you will have to appoint a new Cabinet eventually," Lord Whitelaw persisted.

"Yes, Willie," Mrs. Thatcher replied, "and that is the beauty of the whole exercise. The name of the game as demonstrated in the Sudanese approach is *consultations*. I can take all the time in the world in the process of consultations keeping everybody in suspended animation waiting for appointment to the new Cabinet".

Mrs. Thatcher then did a very unusual thing. She smiled. But before Whitelaw could delude himself that she was human, the iron mask was resumed as she added: "the period of consultations before forming a new Cabinet can last for more years than I will get if I dissolved Parliament and called for new elections". Mrs. Thatcher paused and added pointedly, "assuming, of course, we can win the election".

"Is this what the Sudanese Prime Minister is planning to do?" Whitelaw asked.

"Read again the dispatch from our Embassy," Mrs. Thatcher said, "all the signs are there. There is absolutely no other explanation of his innovative interpretation of joint responsibility". The Prime Minister was silent for a moment looking at the ceiling. "'Incidentally, Willie," she said slowly, "Arrange for the Sudanese gentleman to make a state visit to Britain. He can personally enlighten us on the deeper dimensions of his strategic concepts of parliamentary democracy".

"Anything else, Prime Minister?" Lord Whitelaw asked.

"Yes," Mrs. Thatcher said, "I want you to brief the Party's leaders on the new strategy and prepare the decree for the Cabinet's dismissal, and for the Queen to sign, of course. Then arrange with the BBC for a prime time spot on TV for me to make the historic announcement".

Lord Whitelaw stood up and started shuffling towards the door. As he opened it, he heard Mrs. Thatcher's voice, "And, Willie," she was saying,

"One last thing, after you do all that, you better start looking for a new job".

Lord Whitelaw wasn't worried about that. He was just wondering what life was really like under Oliver Cromwell.

7 June 1987

'Friendly Forces'

The phrase 'friendly forces' kept cropping up in the media coverage of some of the bloody fighting in the South and South-West. I was very glad to read that these 'friendly forces' were helping the regular forces in their military operations. As a political analyst I assumed that these were the forces of a friendly country. Using my considerable political acumen I made a very intelligent and educated guess that these 'friendly forces' must be, in reality, units of the Ethiopian Army. The good old Ethiopians: you could trust them to come to our aid in times of need.

The more I thought about this 'friendly' gesture, the more I became fascinated with it. Indeed my fascination was such that I decided to apply it on a personal level. I must confess that I am basically a very insecure person, and the notion of having some 'friendly force' on my side had an irresistible appeal to my paranoid nature. The first person I approached was Mohammed Ahmed Senior, my long-time friend. "Mohammed Ahmed," I said, "how would you like to be my 'friendly force'?"

"Sorry, old mate," he replied, "you must have got things mixed up in your mind". He added by way of explanation, "Look you are a Northerner and I am a Northerner, too. Therefore I can't be your 'friendly force'. You have to look for a Southerner or, failing that, a Westerner. The ideal situation is, obviously, a combination of the two".

I couldn't see the logic of his reasoning. "That is discrimination against us northerners!" I protested. Mohammed Ahmed Sr. shrugged his shoulders and murmured something about the rules of the game, particularly where armed militias were concerned.

What armed militias had to do with 'friendly forces' was beyond my comprehension. I thought my friend Mohammed Ahmed was the one who had got things mixed up in his mind. I told him so in no uncertain terms and that was the end of our friendship. But that is another story.

I wasn't going to let that temporary setback weaken my resolve to form my 'friendly force'. So I went to see one of my Southern friends by the name of Any Wanya Junior.

"Any Wanya Jr.," I said, "How would you like to be my 'friendly force'?"

He eyed me suspiciously and asked, "whom are you fighting?"

The question took me by surprise. I never really thought about it. But I had to come with an answer, so I generalized the issue. "Whoever is threatening my security," I replied.

"What's in it for me?" Any Wanya Jr. asked with a greedy gleam in his eyes.

"It is all for a good cause," I began philosophically.

Any Wanya Jr. cut me short. "Look," he said, "there must be a mutuality of interests. Whoever is threatening your security must also be threatening mine".

That seemed fair enough. After some reflection I decided to put the matter more explicitly: "We do have some common enemies, don't we Any Wanya Jr.?"

"That's true," he replied, "There are those fellows in the new School of Administrative Sciences Movement (SASM) who have been trying to muscle your faculty out of business in a bid to take over the whole University. If they succeed they will turn against us".

Any Wanya Jr. paused to pull a piece of paper from his pocket and continued: "You know, they receive external support and sanctuary from their mentors and instigators in the University of Gezira and the University of Juba. If you want to know my advice you should declare an all-out open war against them instead of talking about dialogue, the prospects of a peaceful solution and other meaningless declarations". Any Wanya, Jr. put the piece of paper back in his pocket and added: "Needless to say you will need all the help you can get".

I knew, of course, that he was right. But I did not tell him that I had already decided to patch up the unnecessary quarrels I had picked with my counterparts in the Islamic University of Omdurman and Cairo University, Khartoum's branch. But that was another story.

I smiled and said: "Those peace initiatives with the SASM are just politics, Any Wanya Jr. Leave that to me".

He nodded a grudging agreement. "All right," he said. "I agree to be your 'friendly force'. I will send you a short list of my immediate requirements tomorrow".

The next day I received from Any Wanya Jr. an extensive and very expensive list that included among other things: One M16 assault rifle, packs of TNT and other explosive materials, and 10,000 in US dollars to be deposited in a secret bank account. I thought Any Wanya Jr. was being a bit overzealous and very demanding. But a deal was a deal and I had to comply. Besides, I could always pin the blame on him if things were to get out of hand.

The next week a bomb exploded in the offices of the Dean of the SASM. I made an impassioned speech at the Academic Staff Club justifying the attack as a appropriate retaliation to the terrorist and irresponsible provocations of the SASM and drawing attention to the fresh, uncontested evidence of the movement's suspicious connections with other unfriendly Universities. I praised the efforts of Any Wanya Jr as part of the continuing struggle to preserve the territorial integrity of our University.

The SASM was apparently getting scared. Predictably, their violent reactions gave substance and credibility to my accusations of the subversive, intransigent and externally-controlled nature of their movement. The escalating cycle of violence was inevitable but was readily explicable in terms of the need to "get rid of some bad blood every now and then". (I got that phrase from the *Godfather* better known as the *Imam* in the Arabic translation.) In public I sometimes took a conciliatory attitude for public-relations purposes but the relentless fight against the SASM continued. I had some trouble with a few of my colleagues, some of whom were more troublesome than the SASM. But that is another story.

Eventually, victory was at hand. The SASM was more or less (in reality, less than more) forced out of the University. I held a victory celebration in the Staff Club. In the midst of my speech my estranged friend Mohammed Ahmed, came rushing and told me that Any Wanya Jr was looking for me. I smiled and proudly told him that Any Wanya Jr was one of my 'friendly forces'.

"Not any more, old mate," he said. "He is carrying an M16, proclaiming that he intends to form his own university and is threatening to blow your brains out".

The sad turn of events was devastating. My heart sank as I pondered the fact that I would have to start all over again trying to recruit some new 'friendly forces'. It was a measure of my desperation that I began to wonder if the SASM would be interested.

The only consolation was the sickening feeling that by the time Any Wanya Jr caught up with me I wouldn't have any brains left for him to blow out. But that is another story.

8 June 1987

'Plausible Deniability'

The world watched with fascination as Admiral John Poindexter, the former national security adviser to President Reagan, took the role of the fall guy in the Iran-Contra affair. Poindexter testified before the joint congressional committee that it was he who had authorized the diversion of profits from arms sales to Iran to fund the Nicaraguan Contras. The Admiral adamantly insisted that he had deliberately kept President Reagan in the dark about the whole affair so that the President would have 'deniability' should news of the diversion were to leak out. To ensure 'plausible deniability' (the usual term of the art) meant, in this case, reading the secret thought process of the President's mind and carrying it out as policy without his knowledge but with his unexpressed approval. Poindexter was convinced that Reagan would have approved of what he did if he had asked his permission – with the unsaid corollary that the President would, in all certainty, deny the very notion of such an absurd idea. In the best naval tradition, the loyal Admiral gallantly asserted; "the buck stops here, with me". Which, of course, was very fine with the President even if he deemed it necessary to deny it.

Coming in the wake of the Ollie-mania generated by the theatrically dramatic testimony of the newly-found patriotic hero, Colonel Oliver North, the revelations of Poindexter underlined the growing prominence of the 'deniability' doctrine. The theoretical formulation of the doctrine is simple to the point of absurdity. The rules of the game require, firstly, excessive addiction to secrecy: it is absolutely essential that no 'smoking gun' is ever found. So, when you ask the Consul of your friendly Embassy for half a million Sudanese Pounds in cash, make sure you are not being bugged. *[A prominent leader of the Democratic National Party (DUP) was allegedly taped while accepting money from the Egyptian embassy.]*

An equally important but not necessarily contradictory prerequisite of 'deniability' is the rampant and free-wheeling operation of the patronage system. An elected American President can appoint friends, relatives, fundraisers, Hollywood actors, army colonels, Admirals, and even the janitor at the local K-mart, to positions of power and invest them with more authority (including that of mindreading) than they could dream to have even if they have been elected to the Presidency itself. Being unelected they are only accountable to the President. When disaster strikes and they are called upon to take the fall for him he becomes, in a sense, accountable to them.

The idea of 'deniability' is in the best tradition of the American democratic process (with the possible exception of Harry Truman's inexplicable aberration when he naively claimed the 'buck' for himself and lived the rest of his Administration Sisyphus-like unable to pass it to anyone else). Most of us recall the 'I don't recall' phenomena of Watergate fame: the parade of Presidential aides who, to the best of their recollection were suffering from a collective memory failure; the Press Secretary's definitive and authoritative statements that suddenly became 'inoperative'; and the 18 minutes of tape inadvertently erased by the elongated leg of the President's private secretary. The ultimate

50

testimony of 'deniability' was President Nixon's historic plea; "I am not a crook".

The examples of 'deniability' are abundant in American politics; one can go back in history to the bizarre affair of George Washington and the cherry tree. What I find incredible is the failure of politicians all over the world to emulate and uphold this fine American tradition More often than not this inexcusable failure led to their ultimate undoing. Would Winston Churchill have lost the 1945 general election if he had denied any role in the defeat of Nazi Germany and put the blame on the over-zealousness of Anthony Eden? (Eden, in any case had to take an involuntary fall a decade later over the Suez crisis, so he might have as well made it in 1945). Would Adolf Hitler have lost the war if he had disclaimed the writing *Mein Kampf* and fingered Rudolf Hess as the fall-guy? What would have been the outcome of the Second World War if General Togo had claimed that the *Zero* planes zeroing in on Pearl Harbor were in fact disguised Soviet planes, or if Stalin had denied that Stalingrad was named after him and renamed it instead Hitlergrad? Mussolini could conceivably still be presiding over a Roman Empire had he been ingenious enough to proclaim that the Axis really referred to a component part of a Fiat convertible.

The 'ifs' of history are endless. But even in our contemporary world, politicians still seem oblivious to the merits or even (perish the thought) the existence of the 'deniability' doctrine. Take our own Prime Minister. He could have denied any knowledge of the declaration of a state of emergency within an already existing state of emergency (his deniability would have been more 'plausible' since he was outside the country at the time). He could have claimed an undeniable memory failure about authorizing compensation payments to members of his own family. He could have made dissolving Cabinets an art in its own right by denying any intention to dissolve the Cabinet.

Instead, the Prime ·Minister found himself entangled in justifying the emergency decrees; in suspending the compensation payments (thereby implicitly acknowledging their initial authorization); and in declaring a *de Jure* dissolution of the Cabinet while, in a futile attempt to retrieve some 'deniability', claiming that it did not necessarily constitute a *de Facto* one. Apparently, the Prime Minister has never heard of "executive privilege" which gives the executive the privilege of simultaneously accepting full responsibility and denying any part of it.

As a political scientist I regard this blatant disregard of 'deniability' as a clear sign of political immaturity. I am seriously thinking of writing a book on the subject, which should be made compulsory reading for aspirant non-American politicians. 'Deniability' is inherent in human nature; our children practice it all the time. What a pity that grown-up politicians cannot come to terms with it.

Personally, I became so enchanted with 'deniability', American-style, that I have been busy applying the theory on a personal level. I have discovered that it can work wonders. Consider, for instance, the time when I returned home at about three in the morning after a (expletive deleted) night in town. My wife was awake and waiting for me.

"Where have you been?" she shouted angrily.

"To the best of my recollection," I answered, my words slurring, "the car broke down".

"Do you realize what time it is?" she demanded menacingly.

"I don't recall. I can't remember" I answered, honestly. Under the circumstances my inability to recall key facts was rather embarrassing.

"When the car broke down," she asked pointedly "Couldn't you walk home or take a taxi?"

"It was not possible," I answered evasively, "at least not from halfway on the Khartoum-Wad Medani road".

"What were you doing in Wad Medani?" she shouted again.

"I never said I was in Wad Medal," I answered, truthfully.

"What were you doing on the Khartoum-Wad Medani road?" she screamed at me.

"That is where the car broke down," I replied.

"That is not an answer and you know it!" she retorted clenching her fist.

"I don't recall how the car got there, but it clearly was looking for a signal from me whether or not to proceed along that line," I replied wondering where I got those words from.

"And did you give it?" she persisted.

"Give what?" I replied, startled that she may be stumbling on the truth.

"The signal!" she said.

"I think it is important to understand my state of mind at the time, and what things were of concern to me," I said lamely, "But going to Wad Medani was not one of them".

"I find this incredible, chilling and mind-boggling," my wife cried.

"I don't know," I said, "I just never analyzed it quite the way that you are doing right now, I suppose".

"Do you expect me to believe that?" she said vehemently.

"Why don't you ask the car?" I suggested.

My wife stormed out and I could hear shouting in the garage and pounding on the hood of the Ford. After a while she came back and sat in a menacing silence. I was beginning to worry, wondering if the Ford had done a John-Dean on me. I summoned my last reserves of courage and asked haltingly: "What did the Ford say?"

"Nothing," my wife replied looking decidedly beaten "But the words 'Fifth Amendment' were written all over the hood!"

4 September 1987

The Maddies

This piece expounds the author's views on the political situation at the time in a reflective and rather 'crazy' mood. Any reader finding that the title rhymes suspiciously well with the name of a prominent political family can rest assured that the connection is not purely coincidental!

It's good of you to come all this way to interview me. Let's sit out there in the shade. Do you find it too warm for you? You are quite right: there are some parts of your country that are even warmer. Yes, yes I have been to Arizona. May I offer you some tea? You like your tea without sugar? Aha, I see you come well acclimatized to our country. What? You don't take sugar even back home? That is good, but I did not realize that your country is in trouble with the IMF too. Frankly, I thought you people owned the goddamned thing. The IMF, I mean, not the sugar. What are you saying? So you don't eat meat and bread and have no use for oil, soap, electricity, water and other such luxuries! You can take up residence in our country and live like a king. You won't be the only king, though.

Now, what is it you wanted to interview me about? Ah, I guessed as much. Mind you it is not one of my best books. Why did I call it *The Maddies*? It is a rather complicated business, and not a very pretty story. Some time ago I came to the conclusion that the whole country must be going bananas; so I thought I might as well try to examine this strange affliction while people still had enough wits about them to understand it. Besides, nobody can question my credentials, being a certified Maddie myself. No, do not get me wrong, I am not being a pessimist. Whoever heard of a pessimist Maddie? On the contrary, I am an incurable optimist. Just like your cowboy President - although I do not share his basic philosophy of blasting the bad guys off the face of the earth to make the world safe for democracy. My Maddie-ness is of the pacifist type, if you know what I mean. Indeed, the central theme of my book is that Maddies are not mad *par excellence,* it is just that they talk too much, or too little, that they ultimately lose touch with sanity, that is all.

Let me move my chair. The shade seems to be dwindling on this side. Just like the Sudanese Pound. Why is the Sudanese Pound dwindling? My God, you must be a real stranger to these parts of the world. It is the old story of the market-place bully. It goes something like this: the Yen, the Mark and the Sterling decide to gang up on the Dollar, and finding it with its pants down, give it the thorough beating it so amply deserves. The Dollar goes about sulking and looking for a smaller fry. Along comes our poor Sudanese Pound painfully dragging its unbalanced and debt-ridden legs. Before you can say "Crash", the mighty Dollar bounces on our hapless Pound and devalue the Hell out of it. Justice is done; the meek shall never inherit the earth. Might is right. Or, the Right is might. It is the kind of movie-script that your President can act into an Oscar award.

Maybe that is why our Pound has become so paranoid that it never ventures into any market-place, local or foreign, except in very inflated numbers. Have you been to any of our local markets yet? No? You should do so. But when you do, please keep your Dollars on a short leash. Otherwise they may bounce on our Pound and short-exchange it beyond calculation. Oh, yes, you will find that we have all kinds of markets. There is the black-black-market the black-market, the not-so-black market, the almost-no-black market, the Shamasa-market, the untouchable-market, the weapons-grade-uranium market, and so on and so forth. When you come to our giant banking institutions, you will find wonders. Even your developed capitalist system, you must admit, has nothing to compare to some of our banking innovations such as the First Celestial, the National-Fundamentalist, the Chaste-Man-Haven, Seedy-Bank – to name but a few of the colourful variety of our economic enterprises.

Are you staying long in our country? A curious country, isn't it? You find it appealing? Well, that is an adjective I haven't heard for some time. Appearances, my good fellow, are indeed intriguing. But it is a curious country, I'll grant you that. You know, there is a fable that when God created our country, He laughed. There is another saying that He wept. Probably God did both the laughing and weeping, but it is difficult to determine in what order. The poor country! Just look at our politicians and you will cry your heart out laughing.

Yes, I agree with you. God's ways are indeed mysterious. Which reminds me of the story of the man drowning in the sea. A coastguard boat approached to rescue him but he waved it away saying God would save him. A helicopter hovered over him but again he shouted that God would save him. Eventually he drowned and went to the Here-After feeling bitter and disillusioned over the premature termination of his physical existence. He cried inconsolably: "God! Why did you forsake me?" A divine almighty voice boomed throughout the Heavens: "Man! We sent you a boat and a chopper; what more did you expect us to do?"

You heard the story? No? What? The Maddies? Be patient with me, I'm getting to that story. Actually, I've not really left it. For, there's a certain symmetry in the order of things. Our people have the same kind of conviction that seems to be no less self-defeating. We've, for instance, this incurable infatuation with democracy. In order to adore it more we personalize it and immediately become disillusioned with the personification. It's like being in love with a beautiful lady and bursting with the desire to wed her and live happily ever after. But hardly is the marriage consummated that the romance turns sour. Love begins to suffocate by an inexplicable process of attrition. It's like a death-wish. We have this irresistible impulse to destroy what we value most. We doubt our capacity for love, so we smother it. Tell me, my good fellow, are our dreams doomed to end in nightmares? Shall we wake up one dreaded morning to find the self-styled knight in shining armour galloping on a tank and proclaiming that he will save us from our unrequited love? Will we then cry inconsolably: "Fair lady, why did you forsake us"?

What? You doubt that? But, it is doubt which may turn out to be our ultimate undoing. In order to cease being doubtful one has to cease being – did I read that or think it myself? It reminds me of Camus and the never-ending sensation of the utter absurdity of the human condition. It's *L'Mythe de Sisyphus* all over.

What? You would like a stronger drink than tea? You people will never cease to amaze me! Am sorry but whoever bothered to tell you that this is a dry country, should have mentioned that the reference is not exclusively to the weather. Aha, I see you smile. You are too polite to take offence at my remarks. Why yes, let's have another cup of tea instead. It is not every day that I entertain a visitor who doesn't take sugar with his tea.

Yes, the sun is setting. It is beautiful, isn't it? There's always a cool breeze at exactly the time when daylight makes its hurried retreat before the looming darkness. It's as though night is celebrating a victory of sorts. I ask you: what kind of victory is that? The roles, after all, will be reversed at dawn. But try to explain this basic lesson of nature to our politicians. Those in office are celebrating a perpetual victory. Those out of office can even be worse. The most fanatic and self-righteous among them promise you heaven on earth, oblivious to the fact that their

58

concept of heaven is not commonly shared. Besides, heaven, like sugar, is best savoured when left to the last, or to the individual's taste, as you'll probably discover when you drink your heavenly cup of tea on that final Day of Judgment.

But, let's be fair to our Maddies. They're not a unique or isolated species. They're everywhere and every country has them. Yes: even your own, if I may say so. You will be surprised how many Maddies masqueraded as President in the White House at one time or another. Take, for instance, that taciturn mediocre President whose name I have now conveniently forgotten. Once, during a White House reception a lady came over to him and said timidly: "Mr. President, I made a bet with my friends that I'll make you say more than two words to me". The man glared at her and, as he turned away, said in an almost inaudible voice: "You lost"!

What? Am I sure he was one of your Presidents? Of course, I'm sure. Don't you know your own Maddies? Ah, I see from the look of recognition on your face that you recall the President I am talking about. But, please no, don't tell me his name. It has taken me quite some effort to forget it. I can't, however, forget the fact that he gained immediate immortality on the day he died. How did that extraordinary event happen? It was very simple, really. You see, on hearing the news of his death his wife exclaimed: "How can they ever be sure!"

It is getting dark out here. Shall we go inside? Allow me to lead the way. Where was I? Yes, the Maddies everywhere. Imagine, for the sake of argument, a lady going to our Prime Minister and telling him that she has made a bet with her friends to make him say *less* than two words. He will certainly ramble off on a non-stop monologue for hours on end - probably on the subject of *betting* being an un-Islamic practice. The lady will have lost the bet as sure as being told, "you lost" to her face. Now tell me, my good friend, what's the difference? Despite the difference in place and time a bet was lost in both cases and nothing was gained. Too little or too much. Which, in the final analysis, amounts to the same thing. Isn't it, really, a mad, mad world?

59

You can see that, can't you? Let me put it another way. Suppose they told you that our ex -Dictator is alive and well and living in a fabulous villa in Cairo. You would not be the good journalist that I think you are, if you fail to exclaim: "How can they ever be sure!" Yes, indeed, how can we ever be sure! For all we know he may still be ruling us under an assumed name. He may be hiding among us, scheming, conspiring, subverting.... No, don't shake your head disbelievingly! This isn't speculation beyond the realm of possibility or even of probability. The 'remnants of May' have become as ominous a phrase as the 'ides of March'. The legacy of his Imamate is still shadowing us, mocking us, as though trying to remind us that if it comes to Maddie-ness he's as good a Maddie as any other. Believe me, the maddest among us seem to be, wittingly or not, lending credibility to that absurd legacy.

Which brings me full circle to the central theme of my book. Yes, you're right. I do indeed refer to our people going bananas. I ask you: who wouldn't under the circumstances? Recently a University Professor was placed in 'protective custody', ostensibly because in a public speech he called our esteemed Prime Minister a "liar". What? You don't know, what 'protective custody' is? Let me put it to you it in Yankee terms that you can easily grasp. 'Protective custody' is the police procedure for protecting a suspect from being torn to pieces by a lynch mob before the same punishment is inflicted on him through the due process of law. Now, it's very considerate of the authorities to provide such protection for the hapless professor who, I can assure you, is a decent sort of chap much given to understatement in expressing his views. But if lying isn't a crime, how can calling someone a liar be a criminal offence? I haven't exactly been telling you the truth throughout this interview and you've probably taken note of some of my blatant lies. So what does it matter? Lying isn't just a human trait; it's a way of life as our Prime Minister apparently knows. Do you go about in your country putting all prospective presidential candidates in 'protective custody'? The real liars, my good friend, are the ones most sensitive to being called liars. They are, simultaneously, the least and the most insensitive of us all.

Of course, you'll say I'm being cynical again. No, not cynical? Philosophical? Well, I won't deny it. But you're not leaving now, are you? Yes, I must admit it's getting late. Alas, I've been talkative as usual, but I enjoyed talking to you. I hope you now have a better perspective on my book. What? You think it'll make the New York Times best-sellers' list? You're most flattering. I wish you a happy stay in our country and good speed home. Goodbye.

But tell me, my friend. Are you real or did I make you up? I see my question startles you. Forgive me, I meant no offence. It's just that am getting this Maddening feeling that I've been talking to myself.

15 November 1987

ON BEING A FIFTH COLUMNIST

Someone must have falsely denounced me, for without having done anything wrong, I was accused one day of being a 'fifth columnist'. At first I didn't take the matter seriously for the simple reason that I didn't know what being a 'fifth columnist' meant, although for some inexplicable reason the term was vaguely associated in my mind with the Olympic Games. I shrugged off the matter as yet another exercise in character assassinations that had recently gained currency in the local tabloids. Besides, I had no undue reasons for concern. A lot of people had been accused of more serious crimes (like being 'advisers' to the deposed 'Rais') and had either escaped retribution altogether or were given optional residence in Koper prison in conditions that rivaled the best five-star hotels.

Moreover, I was certain that whoever denounced me were claiming a 'pious' monopoly of patriotism to smear anyone refusing to submit to their rituals of intimidation. Surely, no one would believe their unholy fabrications. Or so I thought. It never occurred to me that they had mastered to perfection Goebbels' brilliant strategy of repeating a lie long enough until people came to believe it.

My first inkling of something going terribly wrong was when a friend came to tell me that I could no longer count on his friendship. He remarked, as he was leaving, that during the Spanish Civil War, people were shot for being 'fifth columnists'. I couldn't understand what that had to with me; to the best of my recollections, I had never joined the Republicans' International Brigade; nor could I have been even remotely associated with Franco's Fascists. Besides, any connection with the Spanish Civil War was a physical impossibility; at that time I wasn't even a twinkle in my parents' eyes.

I began also to notice that people in the streets were eyeing me suspiciously and occasionally I could hear the whispered words: "he is a 'fifth columnist'". I came to realize that people were avoiding me: whenever I approached a group I knew, everybody would fall silent and some would hastily move away. Many of my acquaintances suddenly stopped shaking hands with me.

Things became even worse with the reaction of my family. My father gave me a lecture on the shame I had brought on the family's name and said he would pray daily for salvation. My younger brother, an army officer, spoke bitterly of what he darkly called a "stab in the back" and vowed never to hold the line with me again, by which I assumed he was ending our fishing trips together. My elder brother, being a businessman and therefore a man of a practical mind, advised me to make a public repentance, recanting my crime in full 'Colours' (*Alwan*), and hailing the 'Flag' (*al-Rayah*). He added with his usual cynicism that not only could I get an immediate reprieve but perhaps even a permanent column 'On My Own Responsibility'! [*A reference to a regular column in al-Rayah by a former communist leader who recanted and became prominent in NIF circles*]

The situation at my home was even more distressing. I noticed that my wife was becoming aloof and depressed. I was increasingly feeling as though I was a stranger in my own house. When I asked her about it she didn't even bother to reply at first but finally exploded lamenting her everlasting shame in having lived with a closet 'fifth columnist' who has now been finally and publicly 'outed'!

64

I was nonplussed. Before I could recover my senses, my younger son came rushing into the room and tearfully told his mother that in school they started calling him the 'son of the fifth columnist'. I evaded the see-what-you-have-done glare of my wife and ran out of the house uncertain I would ever return.

My situation was assuming Kafkaesque dimensions. So far no one had raised the obvious question as to what exactly I was supposed to be guilty of. I decided that only legal counsel could resolve my dilemma. I went to see a lawyer friend of mine. He received me correctly but coolly. I asked him whether my denunciation as a 'fifth columnist' would lead to my arrest and trial. He was absolutely positive that it would, and that the verdict would be one of a terminal nature. I asked him what my crime was and he admitted that he didn't know; I was a 'marked' man, that was all. He paused and added that those who denounced me were invoking a divine mandate to give the charges against me a wider and spiritually sanctioned validity. The charge might possibly seem excessive, but it would be politically and morally expedient and therefore plausible. I protested, echoing the anguished words of Kafka's protagonist Joseph K. in *The Trial*: "But I am innocent, it is a mistake. Besides, how can a man be guilty of a crime he hadn't committed? Surely, we are all human beings here, one like another. Has the lie become the order of the world?" The lawyer answered that he had come to learn from long experience that it was precisely the guilty who invariably insisted on their innocence. I asked him if he would take my case. He shook his head muttering that although he sometimes defended lost causes, in my case he had a reputation and a social and religious standing to maintain.

I left the lawyer's office and roamed the streets. My mind was in turmoil and I couldn't think coherently. I sat on a bench on the Nile bank and the cool breeze began to clear my head.

I was by then beginning to entertain the possibility of my own guilt. Why should anyone denounce me if I hadn't done something wrong? But what did it all mean? Where had I gone wrong? I recalled my life history.

They were three 'fives' in my birth date. I was fifth in class in school. I spent five years in the University. I could count only five friends. My salary was regularly paid out to me in banknotes of the five-pound denomination. The soccer team I supported always lost with a five-goal margin. The more I recalled my past and present life, the number 'five' cropped up again and again like a bad penny. So, after all, there was something suspicious about this life-long association.

I then turned to the 'columnist' part of my crime. There was also hard evidence of my incriminating familiarity with the word. I had already looked it up in the dictionary and found out that it could mean 'queue' which gave me some valuable clues. Like the vast majority of Sudanese, I was an expert practitioner of the art of 'queuing' in all its acrobatic manifestations. Most of my time was in fact spent queuing for essential commodities and by a coincidence, which I could now realize was not entirely coincidental, it always happened that I was 'fifth' in the queue at the precise moment when supplies ran out. Even the articles I wrote for the newspapers almost always appeared in the fifth column of the fifth page.

I was now convinced of my guilt. Those who had denounced me were absolutely right. Paradoxically enough, although the charge against me was indeterminate and vaguely articulated, it was, at the same time, specific and effectively formulated. I was guilty because I was a 'fifth columnist' rather than for any individual criminal act that I had committed. One had to take my whole life to determine the extent of my guilt.

Once the truth dawned on me, a strange mixture of serenity and agitation settled over me. I became suddenly obsessed with the process of my impending prosecution and trial. It was as though the very revulsion of my crime somehow endowed me with a kind of macabre yet noble distinction; as though my new status amounted to some strange spiritual validation; as though my life was being given a 'divine' meaning it had lacked before. In short, if I was worthy enough to be denounced for a crime I hadn't committed, I was worthy enough to be punished for it. I must have meant something for those who had denounced me.

I now began telling people that I was really a 'fifth columnist' and reassuring them that my fate was already sealed. Some were sympathetic wishing me a smooth termination. "Don't let them mess it up as they've been messing up everything else in the country," someone advised me.

But after a while I began to get impatient with the procrastinating pace of the legal process. I wasn't even arrested. I went to see the Police Commissioner and complained about the delay. He told me that the matter was no longer under police jurisdiction and had been passed on to the courts.

I immediately made an appointment with the Attorney-General. [*At the time of writing NIF leader Hassan al-Turabi held this position*] He listened sympathetically to my passionate plea for an immediate trial with a verdict and execution that would put me out of my misery. He told me that he would do everything possible to speed up the legal process. Besides, he added reassuringly, in my case the verdict didn't come all at once since the proceedings gradually merged into the verdict. I didn't understand the legal jargon and reiterated my constitutional right for the immediate execution of the verdict. Otherwise, I told him, I would have no option but to carry it out myself.

At that he interrupted me looking greatly perturbed. He said such action on my part would be politically embarrassing to the authorities, and would unduly undermine public confidence in the credibility of those who had denounced me. It would also upset the stable legal code and disrupt the smooth dispensation of justice. That would give the authorities no end of trouble. What would the world come to, he pleaded with me, if potential victims started abusing their own human rights instead of waiting for the state to do it through due process? With tears swelling in his eyes, he begged me to be patient and promised to expedite my case. He pointed to the huge files scattered all over his office and cried plaintively: "you see, we haven't even finished with the cases of the 'first columnists'..."

December 30, 1987

The Mandate

Something very serious must have happened to my mandate. For no reason at all, it suddenly stopped functioning. I checked the electric wires and all the other connections. But they all seemed to be in perfect order. I still thought it would be no big sweat to fix it. It had malfunctioned twice last year but somehow I managed to patch it up. I could do the same this time. I got the-user's manual and went through all the complicated circuits. I pressed a button here and a lever there but to no avail. The damned mandate just sat there blankly staring at me with the reels static and the executive lights unblinking. I tried to shift from manual to auto and from auto to manual. Nothing seemed to work.

Finally I decided to call the manager of the Department of Useless Productions (DUP) who was the junior partner in my Coalition for Collision Enterprises Unlimited. It took me some time to get him on the phone.

"Hello, M.O.M." I said trying to sound cheerful, "sorry for bothering you at this time, but I seem to have a little problem with my mandate". *[M.O.M. is a reference to Mohamed Osman al-Mergani patron of the Democratic Unionist Party (DUP) and the junior partner in the narrator's, Sadiq al-Mahdi, coalition government]*

He didn't reply immediately and I knew he was thinking that I was thinking that he was thinking I was up to one of my tricks.

"You mean *our* mandate!" he retorted. I could see trouble brewing.

"Well, of course it is our mandate, M.O.M." I said soothingly, "after all we are old buddies, aren't we? I mean what is yours is half mine and what is mine..." I caught myself in time before committing to a disastrous blunder and said correctly, "well, any way, the Mandate isn't functioning anymore".

"What have you done with it this time?" he asked in a very suspicious tone.

"Nothing really," I said hastily, "I was just processing my latest version of the transitional charter after running through the substitute September laws rituals when suddenly the mandate overheated and began emitting strange noises like the Koka Dam crowing of a cock. Then it went dead".

"You haven't been overloading the mandate by trying to erase the May Remnant's symphony, have you?" he asked. The tone of suspicion in his voice had considerably sharpened.

"No. honest to God, M.O.M" I said, "I wouldn't do a big job like that on such a fragile mandate, and, surely, not before checking with you first".

"What do you propose to do?" he asked in a non-committed voice.

"Well," I began, choosing my words carefully, "I think if I and you sit together to re-examine the mandate and perhaps do a little reshuffling of the connecting parts, we may get it to function again".

70

"That won't do," he said with a finality that alarmed me, "we tried that twice before and it didn't work. You always insisted on fixing it your own way".

He was right, of course. But I couldn't tell him that. Somehow I never acquired the habit of admitting that anyone else was right since it implied I was wrong. It was the way I was brought up, I suppose.

"Look M.O.M." I suggested, "we can buy some new spare-parts instead of re-fixing the worn out ones".

There was a long pause at the other end.

"That means going back to the manufacturers," M.O.M. said slowly. I could imagine him grinning at the thought.

I knew I had a problem there. Not that there would be any shortages of spare-parts but the idea of getting hold of the manufacturers and bringing them together was enough to drive one crazy. No one had to remind me that their holding company was called the Constituent Assemblage of Absentees.

"If you go back to the manufacturers," M.O.M was saying, "we will have to draw up a new memorandum of misunderstanding".

That was typical of M.O.M. His unfounded trust in my intentions knew no boundaries.

"But how can we get them to form a quorum?" I remonstrated, my exasperation beginning to show.

"Perhaps" he suggested, "if you get your Finance Controller to order a new batch of Cressidas ..."

"That won't do," I interrupted him, "they haven't yet sold all the ones we have already distributed to them and we don't want them all to become used-car dealers, do we?".

There was another long pause. I could hear his mind racing up and down.

Finally he said: "Why don't you organize for them al-Zahara wedding festival?"

Instinctively, I realized that M.O.M. had come with an ingenious solution. He was being smarter than I usually gave him credit for.

"M.O.M," I said trying to suppress my enthusiasm, "that's really a very neat idea. I will take it up immediately".

"Okay, you do that and keep in touch" he said. He paused and added pointedly as though he was reading my mind, "and don't go around doing anything behind my back".

I put down the receiver. What a wonderful idea. al-Zahara wedding festival! Produced, directed and acted all by myself. No one would miss that. The Constituent Assemblage of Absentees would be conspicuous by their presence.

I looked at my mandate sitting idle on my desk. It looked old and useless and I hated it. Suddenly with a stroke of genius I knew exactly what I was going to do. Instead of asking for some spare-parts I would demand a brand new mandate.

Yes, that was it: a brand new mandate with new specifications. I wrote those down immediately. First, a higher voltage with at least a two-year guarantee; second, exclusive use by me alone; third, no questions asked as to how I use it.

I chuckled as I thought of poor MO.M. I would give anything in the world except, of course, my new mandate, to see the expression on his face when he discovers that I had double-crossed him. I had him over a barrel, the silly old buffoon. He should have kept the idea of al-Zahara wedding festival to himself. I was jumping for joy up and down the office when there was a knock on the door. My secretary came in and said hesitantly: "Your brother-in-law is waiting to see you". *[A reference to Hassan al-Turabi, leader of the National Islamist Front (NIF)]*

"I don't want to see him," I said impatiently, "and you know we are not on speaking terms, so tell him to go away".

"He said you would say that," the secretary said timidly, "all he wants is to make the arrangement for al-Zahara wedding ceremony with you".

I was struck dumb. That treacherous M.O.M.! The scheming bounder has lost no time in leaking my plans, and leaking them to my worst enemy. My brother-in-law indeed!

The secretary was looking inquiringly at me. "What shall do?" he asked, "he says his Holier-than-Thou company has exclusive and fundamentalist rights to all al-Zahara wedding festivals".

Well, I will be damned. I sat down pondering over this unwelcome development. I looked at the broken down mandate. I knew I must have a new one and if having it meant striking a deal with my hated brother-in-law so be it. My principles were not that inflexible.

"Let him in," I told the secretary.

And as my brother-in-law walked into the office, I was all smiles, spreading my arms to take him in a big hug.

"Come in and welcome," I found myself saying, "where have you been all these years my one and only trusted 'adviser' ...."

30 March 1988

DUPed!

The gangster-style atmosphere of this article describes a political scene characterized by gangster-like relations between the three main political protagonists: the Umma Party of Sadiq al-Mahdi, the Democratic Unionist party (DUP) of Mohamed Osman al-Merqani and the National Islamic Front (NIF) of Hassan al-Turabi.

I Don Ossamanario il Morgosino, chief of the Catimoro clan and patron of its established Family (the Democratic Unionista Partito), being of sound health (so far) and sane mind (so they tell me), hereby write this testimony to be kept hidden in a safe place so that no one will ever lay eyes on it until someone can make me an offer I can (safely) refuse, or until I go (God forbid) into the deep freeze, whichever happens first.

This testimony bears witness to what many might consider the shabby way in which my Family had been DUPed. May I hasten to add that in revealing this rather sordid affair I am breaking no law of Omerta (deadly silence) and so no curse of the Costa Nostra (the powers that are) can be invoked against me.

First, let me make one thing clear. In making this sacred testimony, I am in no way whatsoever complaining about the Machiavellian, double-faced, creeping, abominable, stealthily and mean actions of my past, present and maybe (hopefully?) future partner, the most honourable Don Sadi ('Big Mouth') i1 Matti of the Ummarta family (no relation to Omerta, deadly or otherwise).

Having stated this, and before going any further, let me reconstruct my testimony. (My Family had been doing very well in the reconstruction before the other Mafioso began to muscle their way into our turf). My reconstructing concerns the troubled nature of my relationship with Don il Matti since we went into partnership way back in April 1986. This was after the self-proclaimed Capo of all Capos, the dreaded Don Tutela ('the Imam') Nomario was surprisingly (to us) liquidated by the small unprofessional gang of the Alleanza per la Savezza della Patria.

Don Sadi i1 Matti arranged with me to move into the vacant territory after easily shoving aside the inexperienced Alleanza gang.

"We will be equal partners, Don Morgosino" Don Sadi assured me. But he soon began a series of pushover operations. The first victim was one of my young lieutenants by the name of Joe Abborira. Some black market Mafiosos of the Matti clan took him for a walk from which he never returned. How I grieved for Abborira! He was outspoken and rash, yes, but he was a brave and young soul. My consigliore (chief aide) Scerifo ('The Indian') Zaino wept like a baby and then went into hiding claiming that the Mattis would be gunning after him. I decided to break up my partnership with the Ummarata Family. I went to see Don il Matti.

"Don Sadi il Matti" I said to him, "you put a very unsocial hit contract on my man Abborira".

Don il Matti interrupted me saying: "so what? Pick any of my men and put a social contract on him. You can start by taking solo ('Hot Temper') Salami for a walk if you want to".

I didn't want to take anyone for a walk. I couldn't stand the sight of blood.

"You see, Don Morgosino" Don Sadi was saying, "You can have a tit for tat if you like it that way. I liked your Abborira. It was not personal but strictly business that he was eliminated. He was a bit overzealous. I ask you as a reasonable man, what was he doing trying to control the ports and block all the smuggled stuff and disrupting our supply lines and market operations? Your own people would have suffered too from his unnecessary meddling. Besides, he 'couldn't sniff cocaine without sneezing'".

I was silent. Don il Matti kept on talking. I realized why they nicknamed him 'Big Mouth'. He could talk you out of your last shirt. He smiled benevolently at me and said, "Don Morgosino, I will make you an offer you can't refuse".

Suddenly I was all ears and he must have seen the look of eager anticipation on my face for he smiled in his usual sly manner and said, "If you forget about Abborira, God rest his soul, I will..." He whispered into my ear (the right one) something which the harsh laws of Omerta forbid me from revealing.

I went back to the waiting chiefs of my Family. "If you find the body of Abborira," I told them, "give him a decent burial and forget about the whole affair. I have struck a new deal with Don Sadi il Matti"!

Things went smoothly for a while. Don il Matti was always courteous when we met. And he was right about Abborira. Some of the contraband merchants in my own Family did indeed want him out of the way.

Then there was the sordid affair when one of my top operatives was bugged while trying to shake down a foreign businessman for 700,000 pounds. Don il Matti laughingly referred to my implicated aide as "the walking cassette" and jokingly asked why he had failed to round the figure to make it a cool million. But I knew he could use the tape to blackmail my Family so I kept my mouth shut.

At about the same time a member of my family was forced to make a voluntary retirement from the Grand Council of the Costa Nostra. I nominated as a replacement one of the old-guard of the Family by the name of Amado ('Sidi Sadino') Ammadore. Word came to me that Don il Matti wanted to see me.

"Look, Don Morgosino," he said to me, "we can't have your nominee. He was associated with the Mayo clan of the hated fugitive Don Tutelo (the Imam) Nomario". I could see nothing wrong in that. Don il Matti explained that as a result of that association my nominee had acquired the stigma of "Sadinism" (an incurable disease). He suggested that we appoint someone "nazionale" (of a healthy character). I said that I would have to consult with members of my family. But before I could get home I heard over the car radio that Don il Matti had already appointed an obscure gangster to the seat of the Grand Council.

Naturally my Family was furious. "He can't keep on treating us like that," said my consigliore Scerifo il Hindi, who had reappeared from hiding. He did his hair-splitting bit and disappeared again. The Family took a vote and decided that the partnership with the Ummarta Family be irredeemably dissolved.

"You can't do that," Don il Matti shouted when I told him the grave news, "You will be forcing me to take up partnership with Don Assasino ('Lucky Monsignor') il Turbo, and you know how I hate him. That crafty fanatic will have all of us excommunicated unless we subscribe to his cult rituals". I knew that the Monsignor has the habit of taking his victims to the confessional before making them 'give up the ghost' (rest in peace).

But I told Don il Matti that he could do what he liked but he wouldn't have me to kick around anymore.

"Look, Don Morgosino" Sadi said to me in his most charming manner, "I know you are upset and I don't blame you. I will make it up to you by making you an offer you can't refuse". He leaned over and whispered into my ear (the left one) something which the binding laws of Omerta forbid me from revealing.

"Everything is all right," I told my assembled Family when I got home, "forget about Amado. The Don had just made me a new offer I couldn't refuse". My consigliore Scerifo, who miraculously materialized from nowhere, went into one of his usual fits crying that if I kept on giving in to Don il Mati I would soon find no place to hang my turban on. He cleared his nose and disappeared again.

Cordial relations with the Ummarta Family did not last for long. Don Sadi summoned me one day to say that he had prepared a policy statement for the Assembly of the Families. But he was evasive about its contents. "You know, Don Morgosino," he said, "things are getting a bit out of hand and we need more control and discipline. I want to reorganize the whole affairs of the Costa Nostra, with your help, of course". He paused and added slowly, "I need an open-ended contract to get things done".

"What kind of contract is that?" I asked.

"There are all kinds of contracts" he said his eyes uneasily shifting, "social contracts, charter contracts, hit contracts, mandated contracts. The most preferable are, of course, the mandated ones".

I did not like the idea of all these contracts. I had the uneasy feeling that any one of them could be placed on my head.

I told Don il Matti that with all due respect (of course) I had no option but to oppose his policy statement.

The whole of my Family cheered when I told them of my irrevocable resolve to stand up to the Ummarta Family once and for all. My consigliore who mysteriously emerged from his disappearing act gave a fiery speech proclaiming that our soldiers were immediately to 'take to the mattresses' (prepare for all-out gang warfare).

News came to me that Don il Matti was having secret talks with Don Assasino ('Lucky Monsignor') il Turbo. I countered by making contacts with the small 'Sicilian' (Southern) gangs. The lines of battle were drawn. Our tactics would be hence force confrontational.

Then to my utter surprise Don il Matti carne to see me. "Don Morgosino," he said in a conciliatory manner, "what is this I hear about your soldiers going to the mattresses? I never wanted things to come to this". I didn't answer and he continued, "I know you are angry because I have been seeing Don il Turbo. But that has been strictly family (with a small 'f') business. As you know, we are related by a marriage of inconvenience. Besides, Monsignor Assasino il Turbo is not a bad sort really. He has his religious peculiarities but so do we all deep in our hearts".

Don if Matti lowered his voice and chuckled, "but when it comes to the nitty-gritty he is as sharp a shark as any in the business".

I didn't need to be reminded that the specialty of the good Monsignor was loan-sharking. I didn't even mention that the Monsignor, who was a special *consigliore* (adviser) to the deposed Don of the Mayo clan, was supposed to be afflicted with the now seemingly curable disease of 'Sadinism'.

Don il Matti has a short memory indeed. But he was still talking.

"Let me put it this way, Don Morgosino," he was saying, "The three of us must form a Costa Nostra Nazionale. Otherwise that upstart renegade,

80

the self-styled Joe Gringo of the Poplo liberazione Movimento operating in our southern turf can come and pick up the pieces after we exhaust each other fighting. Or, worse still, the corrupt cops under our pay can seize the opportunity to milk the town dry while we languish in Koper prison - if we are that lucky".

Don if Matti kept on talking. After a while I couldn't hear a word he was saying. I could see his lips opening and closing in rapid movements, his tongue darting in all directions and a sound like the missing of a snake emitting from his mouth. Then I thought I heard the word "offer" and he must have seen the gleaming glint in my eyes. For he stopped and smiled cunningly, "Yes," he said, "I will make you an offer you simply can't refuse".

He leaned forwards and whispered into my ears (both left and right) something which the strict orders of Omerta forbid me from revealing...

24 April 1988

On Being A Double Agent

The National Islamic Front frequently accused this writer of being a 'leftist' and then generously upgraded his status to 'Communist' and 'KGB agent'. During the transitional period their pamphlets labeled him the 'Red Minister' but after the onset of the Third Democracy period the Islamist mouthpiece Alwan inexplicably changed tack and promoted him to the status of a 'CIA agent'. In this response, he has sought to dispel any ensuing confusion by demonstrating that a little ingenuity can ensure dual membership in both illustrious fraternities.

It was about three in the morning when the telephone rang. Perhaps the reason I did not wake up immediately was that I thought I was dreaming. My telephone had been dead for such a long time that I had notified the Telephone Corporation several times to remove it and give it a decent burial. They did not bother even to send me their condolences. My children had ripped off the telephone's cord and used it as a skipping rope.

So no one could seriously blame me for thinking that the ringing of the telephone was part of my dreams. I rubbed my eyes and looked at the telephone. It was still cordless but it was deafeningly ringing. By then I was fully awake. I picked up the receiver and heard the operator's voice saying that there was an urgent call for me from overseas.

"Will you accept a person-to-person collect call?" Again I thought I must be dreaming. Not only was my telephone working but the very idea that, like any other civilized country, we had caught up with a collect call system was beyond my comprehension. We do not even have public telephones. I inquired about the identity of the caller, but the operator only repeated, like a taped message, if I would accept a person-to-person collect call from overseas. I must admit that my first impulse was to throw the receiver away. I was not going to start talking to strangers at three in the morning even if it meant that the life in my telephone had been miraculously resurrected.

But curiosity was getting the better of my lower instincts. Who was calling me and why? What had I got to lose? Possibly quite a number of Sudanese pounds for accepting the collect call but those were worthless any way. There was also the enticing possibility of turning this worthless loss into a windfall if I could convince whoever was making the call to refund me in another currency. My mind quickly calculated the current foreign currency exchange rate in the black market before I told the operator to put the call through.

"This is Misha," I heard somebody say, "Listen, I am calling from a secure line. Is yours secure?"

"It is working and that is security enough for me," I said, "but who are you?"

"I am speaking in my recently Americanized voice," he said with a heavy Russian accent, "but I thought you would still recognize me, my dear Mohamadov Bashirovich Hamiditry".

On hearing that, I almost jumped out of bed. I pinched myself very hard and the pain confirmed I was not dreaming. It was incredible, incredulous, mind-boggling! What was Mikhail Sergeyevich Gorbachev calling me for in the small hours of the morning?

"Is that really you, Misha?" I asked in a voice that was almost inaudible.

"Of course it is me," Gorbachev replied and then asked suspiciously, "Were you expecting a call from someone else?"

"No, no, Misha," I said hastily, "it is only that you never called me on the phone before".

"I am using the phone," he explained, "because a matter of the utmost urgency has cropped up".

That set me worrying. I knew that Gorbachev did not use the word 'urgency' lightly. "What is it, Misha?" I asked trying to hide the tremor in my voice.

"It concerns you, Mohamadov Bashirovich," he said slowly. I could feel the menace of his words sweeping through to my cordless receiver. I could not trust my voice so I kept silent.

"I have before me a very disturbing report about you," Gorbachev said, "and it concerns an article which I read in *Alwan* newspaper dated the 14th of July 1988".

I couldn't believe my ears. I was so incredulous that I was no longer frightened or apprehensive. What on earth would make the Secretary-General of the Communist Party of the Soviet Union read an article published in one of the organs of the National Islamic Front?

Before I could find any words to say, Gorbachev continued, "The said article describes you as one of the representatives of the 'American Left' and as being a 'prominent leader in the CIA fraternity'".

On hearing these words my surprise vanished and my apprehensions rushed back with a vengeance.

"I didn't know, Misha," I said trying to side-track the issue, "that you read *Alwan* newspaper".

"I am a regular reader of *Alwan*," Gorbachev said emphatically. I could swear that there was an unmistakable note of pride in his voice. "I never miss an issue," he added, "I read it before I even glance at *Pravda*". He paused and then asked me a puzzled voice, "don't you read it yourself?"

I knew I had to cover my tracks and come up with a plausible excuse. "You see, Misha," I said truthfully, "as a matter of principle I can only afford to read the publications of the gutter press like *Le Monde* and ..." I was about to mention the *Sudan Times* but I thought better of it. I did not relish the idea of Bona Malwal throwing a libel suit at me.

"Well," Gorbachev said, "you don't know what you are missing. Frankly, Mohamadov Bashirovich, I can never understand how you people could make such impressive and outstanding advances in journalism while miserably failing in everything else. I am amazed at the high caliber of first-rate, responsible and responsive reporting of *Alwan*. Such fine investigative journalism is hard to come by these days. Where do you suppose they get all these official documents from?"

I didn't answer that but I made a mental note to order an annual subscription to *Alwan* first thing in the morning.

"Now about this article," I heard Gorbachev saying, "I must say it made our KGB people very upset. Why do you think *Alwan* should have you mixed up with the CIA?"

I could sense trouble before I saw it coming and what he said was very big trouble indeed. I was by then sweating profusely. But my mind was racing frantically as it usually did whenever I was in a tight spot. I knew better than to make an outright denial. For one thing, the KGB must have verified the authenticity of the article. Besides, I realized that a prestigious newspaper like *Alwan* would never publish sensitive material of that nature unless its resourceful reporters had it double-checked first.

"You know, Misha," I said straining to recover my composure, "*Alwan* must have intended the article as a special favour. What better cover for me than to be associated with the CIA fraternity?"

I thought that was a neat answer. Gorbachev was silent for a while, probably assessing how neat it was.

"But, my dear Mohamadov Bashirovich," he said at last, "*Alwan* had described you many times in the past as a communist and a KGB agent. In fact it was on the strength of those reports that we recruited you after our people checked and found your name missing from our lists. Why should *Alwan* change its mind now and link you with the Americans?"

It was typical of Gorbachev to be inflexibly persistent and to complicate matters unnecessarily. No wonder Ronald Reagan looked as though he had aged far beyond his shining black hair after his last negotiation round with Gorbachev in the Moscow summit. I decided to counter the tough questioning with my let-me-tell-you-something technique.

"Let me tell you something, my dear Misha". I said with enforced cheerfulness, "the people behind *Alwan* are very charitable and they must have been concerned with my individual welfare. It could have come to their attention that I was having difficulties trying to exchange your Russian Rubles in the black market. Naturally, they would think, bless their souls, to give me access to some U.S. Dollars".

"Are they indeed that charitable?" Gorbachev asked. I could not tell whether he was being sarcastic or not.

"They are Heaven's gift to the wretched of the earth," I said, warming up to the subject, "why, one of them came up with an ingenious solution to our housing problems by the simple expedient of building a villa in the shanty town area. Now that they have joined the government they are working hand in hand with the Prime Minister to implement a new social contract of mandatory equality".

"What is mandatory equality?" Gorbachev asked.

"It is the equivalent Sudanese term to your own Perestroika policy of 'restructuring'," I said, "only that we take it to mean 'de-structuring' because basically it involves the equitable distribution of suffering. That, incidentally, is why we are all drinking mud water these days. We call it the policy of abundance in scarcity".

Gorbachev did not respond immediately and I could bet my last Ruble that he was wondering why Marx had failed to see the potential of such a dazzling idea. I could hear the faint sound of the scribbling of a pen on paper. I braced myself for a lengthy exposition of the social contract of mandatory equality about which, I must admit, I understood very little.

But Gorbachev again surprised me. "This is all very well, Mohamadov Bashirovich" he said, "but there are still some points in the article in *Alwan* newspaper which need some clarification".

I kept silent and Gorbachev continued his questioning: "What is the 'American Left'?" he asked.

That was easy. "It is the code name for Ronald Reagan," I answered quickly.

"One of the things that puzzled us," Gorbachev said, "was that some of the people mentioned in *Alwan* as being representatives of this American Left carry the name of Bashirovich either as a first, second, or third name. What is your explanation for this rather curious coincidence?"

"It is easy to explain," I replied, "the name Bashirovich is very common around here so anyone carrying it is more likely than not to be endowed with communist tendencies. Failing that the person becomes eligible to be called an American leftist allied to the communists or, better still, a secularist. You simply cannot be entitled to be called a secularist unless you can definitely prove first that you are a communist".

"This is most unfair," Gorbachev said, "Ronnie Reagan and Maggie Thatcher are more secular than me".

"You never know, Misha," I said, "they may be communists without even knowing it".

"I will check that out," he said "and now what about this CIA fraternity? How does one become a member?"

"This is rather a tricky business," I answered, "Because we are talking here about a very exclusive club of private bank investors who speculate in agricultural crops, hard currency and the like. Some international finance firms based in Geneva and registered in the Bahamas are known to be behind this kind of international capitalist wheeling and dealing. I presume the CIA connection refers to the Bahamas where they do a very lucrative business mixing cocaine with flour and insecticides".

"And how did you manage to be a prominent leader of this CIA fraternity, as *Alwan* reported?" Gorbachev asked.

The question alarmed me and I immediately realized that I needed to maneuver carefully to avoid self-incrimination. I decided that a partial denial or at least a heavily qualified admission was the best course to follow.

"I am not even a member, Misha," I said, "but it is true that I have put in an application with the local branch here of Faisal Islamic Bank". I paused and then added slowly, "Now, in the light of what *Alwan* reported I can only assume that my application has been given the green light".

"I see," Gorbachev said, and from the tone of his voice I could not determine how much he was able to see. But my explanation seemed plausible, at least to me.

Indeed, I was on the point of congratulating myself on my performance so far when Gorbachev dropped his bombshell. "So you want to be a double agent, Mohamadov Bashirovich?" he said without betraying any emotion.

I realized at once that the crafty Russian had known all along about my dubious status. I was on very slippery ground and could already feel the icy coldness of the Siberian wilderness seeping into my bones. But I knew better than to break down at that point. Gorbachev was a practical man and he was testing my mettle. So I followed my technique of answering an unanswerable question with another question.

"Do you want me to be one, Misha?" I asked.

He didn't answer. I knew that the final decision was his but I could prod him to make it a favourable one.

"I know the hazards of being a· double agent," I said earnestly, "but I am prepared to take the risk, Misha".

There was a long silence before he asked: "what guarantee can we have that as a double agent you won't betray us to the Americans?"

"You don't have to worry about that, Misha," I said truthfully, "you know I hate American movies, particularly Western and gangster films. Besides, you know you can always take the Americans for a ride; they are so gullible. Do you know how many sleepless nights Ronald Reagan spent waiting for you to accept his invitation to visit Washington last year?"

There was no response from Gorbachev. I found myself shouting into the receiver: "Look Misha, if these people could believe Ollie North they would certainly believe me. I can help to get George Bush elected".

Another tong silence. I made my last silent plea: "Come on, Misha, gimme a break, will you?"

I was about to give up all hope when I heard Gorbachev saying: "Look, Mohamadov Bashirovich, I will have to consult the Central Committee about this but you don't have to worry because I have decided to put in a good word for you". He paused and added, "in the meantime please see to it that your name does not appear in *Alwan* as a prominent representative of the Cooperative Society of the Chinese Intelligence Service".

I was profuse in my assurances and thanks to Mikhail Gorbachev. I put down the receiver with a huge sigh of relief. That was a close call. I made a solemn vow not to miss a single word in *Alwan* newspaper in the future. I looked out the window. Dawn was breaking. I felt that my spirits were rising too. But the harrowing experience with Gorbachev had left me mentally drained and physically exhausted, and I drifted into sleep. Suddenly my slumbers were interrupted by the ringing of the telephone. I woke up with a start wondering who it could possibly be. Obviously Gorbachev could not have assembled all the members of the Central Committee in such a short time. But with these Russians one could never tell.

I picked the receiver and heard the operator asking if I would accept a person-to-person collect call from overseas. I told him to put the call through.

"Is that you, Mohammed?" I heard a voice saying, "I am speaking to you in my recently acquired Russian accent". The voice was familiar and I had heard it in some of the worst B-grade Hollywood movies.

"Yes, it is me, Ronnie," I said as my heart sank to my feet.

"Listen, I am speaking from a secure line," said Ronald Reagan "is yours secure?"

I did not bother to answer.

"Look, Mohammed," Reagan said, "I have before me a very disturbing CIA report about you".

"Don't tell me, Ronnie," I said wearily, "you have been reading *Alwa*n newspaper too!"

"How did you know that?" Reagan said in a surprised voice. When I did not reply he continued: "As a matter of fact it concerns an article published in *Alwan* on the14th of July, 1988 ..."

31 July 1988

The Case of the Missing Credibility

This article originally appeared in Arabic in al-Ayam daily on 8 April 1989 and was translated into English with some modifications. It is a commentary on the lack of credibility in the governing style of Prime Minister Sadiq al-Mahdi.

I woke up one morning and discovered that my Credibility was missing. The first inkling I had of something going amiss was when I neatly tied on my turban and looked at myself in the mirror. As my reflection stared back at me I realized with utter bafflement that my Credibility was no longer there. At first I thought I must have misplaced it somewhere. My eyes darted around the room. I looked into all the closets. There were a lot of skeleton but no Credibility. I peered under the bed. There were lots of dirty linen but no sign of Credibility. I flung open all the drawers and emptied their contents on the floor. Nothing! At that moment my wife walked in and looked aghast at the mess in the room. "For Heaven's sake" she gasped, "what are you doing?"

"I am looking for my Credibility" I said meekly, "have you seen it?"

"Which one of them do you mean?" she asked a bit puzzled.

"Well it is the one..." I began and abruptly stopped. How could you describe your Credibility? Would you say it was the thing you had since you were born; the thing that had made people believe you and believe in you. Or was it something you acquired with cunning and deviousness? Was it something you inherited with the family's name and fortune? Or was there more than one Credibility at your disposal, using each according to circumstance? I must admit I was not sure. Funny thing you could not find a definite definition of your own Credibility.

I was beginning to get worried. I had a packed schedule on that particular day. First I had a press conference that morning which I had specially arranged to ask myself all the pertinent questions that the biased reporters had invariably always failed to ask. Second, there was to be an All-Families Grand Council session in which I would clarify and qualify all the answers I gave in the press conference. More importantly, I had to deliver a statement to the Assembly of Absentees reversing my earlier argument that the chicken came before the egg. Finally, I had to make the opening address to the Family Plan Syndicate's conference on "How to Change Your Partner without Really Trying". I was also planning to squeeze in a brief encounter of a double-crossing kind with a prospective new partner.

Needless to say, I could not really afford to be at any of these important functions without my Credibility. That would be the first thing to be noticed, particularly by the bloody reporters. You could imagine the avalanche of embarrassing questions that would be heaped on me:

"Don Hamido, did your Credibility disappear of its own free will or did someone take it for a ride?"

"Is it true that it had been seen flirting with someone else?"

"Is it on a private visit abroad for some cosmetic surgery?"

94

"Did you garrote your Credibility because it could no longer smell shata without sneezing?"

"Sir, was your Credibility involved in plea-bargaining?"

What would I say? I could not possibly confess that it was missing. I could already see in my mind the screaming headlines:

BIG MOUTH ADMITS CREDIBILITY MISSING

MOB DECLARES MOBILIZATION AS MILITIAS START STREET SKIRMISHES

SPLM FAMILY DENIES RESPONSIBILTY

INTERPOL SENDS TOP INVESTIGATORS

The gossip columnists would have an inexhaustible mine of gossip. I could well foresee the malicious and unfounded allegations:

"Reliable sources confirm that top associates were implicated in the untimely disappearance of Credibility and suggestions of manipulations in shady deals have been strongly hinted at ..."

"An inside informer, who understandably wishes to remain anonymous, told our reporter that the Credibility had sustained extensive bruises after slipping on a judicial banana peel and was flown for immediate surgery in a friendly country. Brain damage cannot be ruled out ..."

Even worse, viewers would make nasty and demeaning remarks when I appeared on national TV.

"You know what," some jerk would say, "he looks more credible without his Credibility. The man is a real magician after all".

There was equally the disturbing certainty that a spoilt brat would point at me on the TV screen and shout, as though discovering an age-honoured truism, that "the emperor has no clothes!" The TV announcer might even feel constrained to warn viewers beforehand that, "the following scenes are not fit for people under the age of forty ... " That would be the ultimate humiliation: ending up with an XXX rating!

How did I get into such a mess? It seemed incomprehensible that only three years before I had won my Credibility with flying colours. It was sweet, adorable, healthy and the envy of all the other Families. Everyone had great expectations of it and I carried it around with all the pride of someone who had garnered all the gold medals in the Olympic Games. I often had visions of myself sitting in the grandstand and saying to some jealous Don: "See that one who just broke the world record? That's my Credibility". I would then beam with self-satisfaction and self-congratulation.

After all I was not called the Capo of all Capos for nothing. But as time passed something seemed to happen to my cherished Credibility. It began to lose its radiance and vitality. It lost weight and began to wither rapidly. Indeed it so shrank that I was forced to put it on the top of my big nose so that everybody could see it was still there. But I never figured that the day would come when it would disappear altogether.

I was suddenly jolted from these depressing thoughts by the sharp voice of my wife saying: "Perhaps your brother-in-law pinched it. He is always borrowing your things without telling you". There was a note of unmistaken disdain in her words.

It was a measure of my desperation that I immediately rushed to the telephone and called my brother-in-law. In my haste I had forgotten about the row we had recently had which ended our brief reconciliation and partnership.

And sure enough, before I even said a word he started complaining how he had lost his own credibility and nobody cared; how my new-old allies are muscling him out of business and nobody seemed to care.

As I listened to the litany of his recent misfortunes I had the uneasy feeling that it was a replay of my own. I put down the receiver trying to avoid my wife's questioning glance. "It's no use," I said at large, "the man has the nerve to blame me for the loss of his own credibility".

At that point I realized I had no alternative but to call in the 'doctor'. He might be an old 'buffoon' or a 'witch doctor' as my wife usually called him. But he was an old buddy of mine. He was my *consigliere'*, to be exact. I could still recall the many occasions he was able to extricate me from some tight spots into which he had unwittingly placed me. I went to my study and made the call ordering the doctor to report to me immediately. Before I put the phone down, the good doctor was standing before me, like the proverbial genie out of the bottle.

"Here I am Sidi," he said bowing, "your word is my command".

I knew I had to handle him carefully for he was infamous for his volatile temper.

"We seem to have a serious problem", I began slowly.

The doctor's temper flared up. "It's that Medani Gang again, isn't it" he started to shout racing wildly around the room. "I will crush their bones, I will riddle their bodies with bullets!" He swung his AK-47 assault rifle hitting a table lamp and sending it crashing to the ground. "I will send our militias into the streets".

I raised my hand and stopped him. "It is not that at all," I told him, "it is my Credibility. It seems to be missing".

To my utter amazement, the doctor went into a fit of compulsive laughter. "Is that all, Sidi?" he said trying to muffle his laughter, "I thought it was something serious".

"It's serious" I admonished him.

"What's serious about it, Sidi?" he said still chuckling, "Who will notice a missing credibility?" He looked closely at me and added, "You look fine to me".

"I can't go out without it", I said sharply, "not with all those damned reporters following me everywhere".

"Let the reporters say what they want," he said, "who believes them anyway".

I tried to explain to him that under the prevailing circumstances nothing was certain. Even the Cops have taken to issuing warning memoranda. Obviously, it was to our advantage to keep a low profile, at least for the time being.

I could see that the doctor was not convinced.

"Look," I earnestly, "restoring my Credibility is very important to me. My standing with the other Families is at stake. I want that Credibility back right now and with the least possible fuss". I paused and then added pointedly, "Otherwise, I may have to retire from the family business and resign all my official and unofficial functions".

That seemed to have had the desired effect. The doctor looked anxiously at me and said, "You don't have to do that, Sidi. I will get you your Credibility back in no time at all. You don't worry about that, O.K?" As I nodded he headed for the door. "I will be back in a jiffy" he said.

I waited for what seemed to be ages. It was already past the time scheduled for the press conference and the reporters would be restless. But they would wait, as usual.

There was a knock on the door and the doctor came into the room with a big grin on his face. "Eureka! Eureka!" he shouted triumphantly. Behind him was a man who looked like a Sufi with a distinct religious air about him.

"This is the best Faki in town," the doctor said, "and he will restore your missing Credibility for you". He turned to the man and said, "Isn't that so my good Faki with the Baraka?"

Before the man could answer the doctor turned back to me and whispered, "...and to make it a tight case with some religious balance thrown into the bargain, I have also a most reputable priest waiting outside".

18 April 1989

"Take Me to Your Leader"!

The Arabic version of this article appeared a few days before the 30 June 1989 coup that put an end to press freedom. This English version of the article appeared the day before the coup.

I felt very upset and annoyed when I read in a recent New York Times editorial that if a Martian arrived on earth and said, "Take me to your leader" he would immediately be taken to the Kremlin to meet President Mikhail Gorbachev. I am certain that any fair-minded person would find my annoyance and resentment more than justifiable. The editorial was obviously yet another stark example of American ignorance of world affairs and a gross misjudgment of leadership qualities: Even Pravda would never make such a silly claim. Any impartial observer would certainly assert that a visiting Martian would be gravely misled if he was not led at once to see me.

Mind you, my resentment of the editorial did not imply any personal animosity towards the Soviet leader. I would, honestly, readily acknowledge his popularity and potential resourcefulness as a leader. After all, the demonstrating Chinese students had been adulating him instead of the lackluster George Bush, and many world leaders had been falling over each other to be nice to him. Even Maggie Thatcher seemed to have developed a late-age adolescence crush on him.

But it must be realized that as a leader he could not possibly compete with me. For one thing, he was not the first to come to real political power at the ripe age of thirty. Nor could he claim to be a great-grand son of the Romanovs or any other sectarian dynasty.

Furthermore, a man who did not believe in God and the merits of the social contract could hardly qualify to represent the human species before a visiting extra-terrestrial. Nor is his country, great as it is, unique enough to rival my domain. The emerging nationalities' problem in the Soviet Union is kid's stuff compared to ours and perestroika or not, the country has yet to make it to the list of the most impoverished countries. So neither the man nor his country possessed the essential credentials to play host to any visiting Martian dignitary.

My assessment and line of reasoning was unmistakably and almost miraculously confirmed a few days ago when my Minister of Interior rushed into my office shouting at the top of his voice: "Sidi, Sidi, a very extraordinary thing has happened!"

"A Martian has landed in our country," I found myself saying with a knowing smile.

"How did you know that, Sidi?" he asked amazed.

"And the Martian told you to take him to your leader," I added with the air of a man who could read minds.

"That is exactly what he said," the Minister replied with deepening amazement.

"Where is he now?" I asked matter-of-factly.

"He landed in Abu Genzir Square," he replied, "I took him to the Ministry for interrogation for not having an exit visa from his country. The crowd in the Square was mobbing his space-craft thinking it was a new vehicle for public transportation. When I left they were still quarrelling whether its route should be al-Kalka-Saturn or Buri-Jupiter".

"You must stop all that nonsense at once" I told him firmly, "and bring the distinguished visitor from Mars to see me at once".

"Yes, Sidi" he said as he left hurriedly, I paced up and down the room impatiently waiting for the historic encounter. I called my secretary and told him to bring in more microphones even if that meant removing some of the furniture in the office. I also gave instructions that the backup generator should be ready in case there was the usual electricity shutdown. It was not every day that one had a Martian visitor and obviously everything possible should be made to leave a favourable impression.

The Minister of Interior returned accompanied by a small creature no more than three feet tall, with a massive head and elongated neck and arms but with almost no legs at all. I immediately noticed that the tip of his right index finger was radiating a glow of light.

My back ached as I bent to hug him. He seemed nervous and bewildered almost frightened as my huge frame engulfed him.

I was about to launch into one of my customary welcoming speeches when I suddenly realized that there might be a language problem.

"What language shall we converse in?" I asked courteously.

"I am programmed to speak any language on earth". The little creature said in perfect English, "but personally I prefer Latin".

Since Latin was Latin to me I decided it would be prudent to stick to English.

"I would like to say," I began expansively, "that it is a great honour to us all that you decided to land in our country".

"No other country would have me," the little Martian mumbled miserably.

"How is that?" I asked taken aback.

"It is a long and sad story," he said shaking his, massive head, "I first landed in a place called Red Square. Before I could ask them to take me to their leader they unceremoniously bundled me back into my space-craft and told me in no uncertain terms that the last person who had tried that kind of prank spent nine months in a Moscow jail and was lucky to avoid being sent to Siberia. That was not hospitable of them, was it?"

I wanted to enlighten him that was typical of those cold-blooded Russian commies. Instead I asked him what happened next.

"I took off and landed near a place called the Lincoln Memorial," the Martian said, "and I was immediately told that the place was off-limits. I begged them to take me to their leader but they told me that for the time being they didn't have any because the President was visiting abroad and a guy called Dan Quayle was ostensibly supposed to be in charge. A secret service man sternly told me to take off unless I intended to assassinate Quayle. I didn't want to assassinate anyone so I asked them where I could go. They laughed and suggested I fly to the Tiananmen Square in a place called Beijing". The little creature paused and added sadly, "they seemed to think I am the biggest joke since ...."

He stopped again looking nervously at my Minister of Interior. I reflected on the inconsiderate arrogance of the Yankee Imperialists. But I was becoming completely engrossed in Martian's extraordinary tale.

"Did you go in Beijing?" I asked.

"Yes I did," he replied, "but the Tiananmen Square was filled with thousands of young people yelling and shouting. When I heard the crack of what sounded like fireworks I took off without landing. I didn't even get the chance to ask them to take me to their leader".

I wondered whether the cheering students and the fire-crackers were part of a Chinese reception party but I did not tell that to the Martian.

"What did you do after that?" I asked.

"Well," he said, "I tried over a hundred other places but everywhere I went I was met with the same hostility. Nobody seemed to take me seriously".

I could see that tears were swelling in the poor creature's eyes. He continued in a choked voice: "Then I landed in a place not far from here called Addis Ababa. When I asked them to take me to their leader they told me he was busy entertaining some of his would-be successors. They told me, however, to come here assuring me that your country is very famous for its hospitality and that any stranger can come and go as they please".

The Martian looked at me through misty eyes and said: "they also mentioned something nice about you".

"What was that?" I asked my face brightening up with eager anticipation.

"They said that by the time you made up your mind what to do with me, my mission would already be accomplished".

"And what is your mission?" I demanded feeling a bit disappointed.

"I only wanted some children to play with me, that's all," he said looking forlornly at the glowing tip of his finger.

I felt a spasm of compassion for the poor creature. "I think that can be arranged, after the necessary consultations, of course". I said smiling, "and in the meantime I can assure you that you will be very welcome here".

"I thought so at first," the Martian said uneasily, "When I landed the crowds in the square rushed enthusiastically to me, but I soon discovered that they were more interested in scrambling into my space-ship. I kept pleading with them to take me to their leader but no one took any notice of me. Why is everybody in such a hurry to leave this place? Don't you have your own space-crafts?"

"Well," I said trying to put on a straight face, "we seem to have some fuel shortages at the present".

Fortunately the creature from Mars did not seem to comprehend my lame excuse. He fumbled fretfully with his hands. "Then this person came," he said apprehensively pointing to the Minister of Interior, "and demanded to see the exit visa on my passport. I did not know what that is. But he kept shouting about someplace called Ambo and threatened that if there was a travel ban on my passport he would never allow me to leave this place". The Martian wiped the sweat from his brow and said as though muttering to himself, "I wish I never took the advice of those people in Addis".

I looked darkly at my Minister and then turned with a smile to the visitor from Mars. "You don't have to worry about anything," I said reassuringly, "and as to the conduct of my Minister I will form an investigation committee to look into that".

The Minister turned pale and pleaded with me to be kind to which I responded kindly: "All right, I will make that a fact-finding committee". The Minister looked relieved.

I put on all the charm I could muster and said to the Martian visitor: "and now, honourable guest of ours, what can we do to make your stay with us a pleasant and memorable one?" The little creature lowered his head and said almost inaudibly, "I want to go home".

His words struck me like a thunder-bolt. For, at that very moment I was thinking of what funds I could divert from my booming economy to pay for the satellite link-up that would beam to the whole world the Martian historic visit to my country.

For a while I remained speechless. The Minister of Interior shuffled his considerable bulk to lean over and whisper to me, "I am not sure his spacecraft will still be there, Sidi. The way that crowd was scrambling, it could be half the way to Saturn 3 by now".

The Martian must have overheard that. He lifted his head and said, "you don't have to worry about that". He paused sucking at his finger and added, "all you have to do is to call a certain Mr. Steven Spielberg explaining to him my present predicament and telling him I promise never to leave the Hollywood studio on my own again!"

SUDAN TIMES - 29 June 1989

The World of Arif: Abundance in Scarcity

My friend Arif, a brilliant economist, came to see me the other day with this observation: he had noticed, he said, a curious counterproductive pattern to all the measures taken by the government to control price increases, black market activities, scarcity and shortages of essential commodities. Whenever the government takes such measures, the effect is always the opposite of the one intended and the situation usually worsens instead of improving.

"Take the recent measures to inspect and control bakeries in order to ensure an adequate supply of bread", he said, "Before these measures were announced, one usually went straight from one's work at about 2 o'clock, queued up for say 2 or 3 hours and then returned home, bone-tired for sure, but nevertheless with that small treasure of bread loaves. Now, after these measures, one goes home at 2 o'clock but without the loaves, because almost all the bakeries run out of supplies by mid-morning!"

I had to admit that there was a certain truth in what he said. "But", I asked him, "What do you expect the government to do – stop taking any measures?"

"That would be a step in the right direction", he answered. "However, more positive steps can be taken. For a start the government can issue counter-measures – for instance, ordering all bakeries to dispose of at least 90 percent of their allocation of flour on the black market, We can all wait and see what happens next".

Seeing the puzzled look on my face, he continued, "What's more, this policy can be applied in other fields as well. Order a blackout of the Three Towns and nobody will complain about electricity cuts!" Arif grinned and added, "I bet even the Electricity and Water Corporation wouldn't be able to do that!"

"But will it work?" I incredulously asked.

"Of course it will", he replied firmly, "for it makes good economic sense. After all, I call it the theory of abundance in scarcity".

"Look", I said at length, "Why don't you go and see the Commissioner of Khartoum and put your ideas to him?"

Arif pondered my suggestion for a while and then he said, "Yes, I think I will".

He must have done. Because on the afternoon radio news I heard the following 'local orders': (a) All bakeries are henceforth to use only one per cent of the flour allotted to them for baking bread; (b) The Electricity and Water Corporation is to cut off all supplies for 25 hours a day from all districts in the Three Towns; (c) Petrol is to be distributed free to all car drivers and the tank of each car must be topped up every time it stops at a gas station. The announcement said that more 'local orders' along these lines would be forthcoming shortly.

The next morning, I went to my local bakery. The place was deserted except for the owner who sat staring gloomily at the heaps of bread, of all sizes, piled in front of him.

"Can I have five loaves, please?" I asked.

"Sure", he said resignedly. "Wouldn't you like a hundred?"

"No, thank you", I said. "But what has happened to the queues?"

"There are no more queues", he sighed. "There is so much bread available now that we don't know what to do with it. This new local order is the ruin of us all. The black market has been so glutted with flour that people don't know what to do with it. Some are trying to sell it back to the bakeries at loss. I have heard of one baker in Omdurman who has been arrested for exceeding his allotted quota in making bread".

"I'm sorry to hear that", I said, "It's certainly no fun anymore buying bread without having to queue up for it".

"Still", the man said "our situation is not so bad compared to what's happening at the gas stations. I heard they are offering a spare-tire with every gallon you take. But people are still refusing to take petrol unless they have to queue and pay for it. Old habits die hard, you know".

The man refused to take any money from me, saying that I was really doing him a favour by taking any bread at all. As I started walking away, he shouted pleadingly to me, "I'll give you two pounds of sugar for every extra loaf you take!" I had to move away quickly before he made me an offer I couldn't refuse.

That same day, the newspapers reported that the Commissioner of Khartoum had made an inspection tour of the Three Towns the previous night and expressed his satisfaction that not a single ray of light had broken the darkness of the capital.

However, there were rumours that the lights were still on in al-Sahafa, al-Thawra and Haj Yousif areas. At first the Commissioner's office issued strong denials of these "malicious rumours".

But it soon became public knowledge that there were local demonstrations protesting against the continuation of electricity and water supplies to these areas. In al-Sahafa district, a citizens' committee was immediately formed to demand 'blackout parity' with the rest of the capital. Said one infuriated member of the committee, "We won't stand discrimination, we want a blackout too! We will cut water and electricity supplies ourselves if the government doesn't do it for us!"

An official statement from the Commissioner's office announced the sacking of the Director of the Electricity and Water Corporation for his incompetence in disconnecting supplies. The statement said that efforts to cut supplies from al-Sahafa had finally succeeded (due largely to self-reliance on the part of the residents), but admitted that difficulties were still being encountered in disconnecting the other two districts because two generators simply couldn't be shut off. The statement said that the Commissioner was having talks with the Army Command to explore the possibility of enlisting the military's help in blowing up the two generators.

The next day, an Army spokesman said that a demolition team would shortly be flying to the U.S.A. for more advanced training. "The turbines of the two bloody generators just won't stop rotating!" he said.

Meanwhile, the Commissioner of Khartoum announced that in deference to the wishes of the people of the capital, who wanted to demonstrate solidarity with the residents of the two afflicted districts, the lights would go on all over the Three Towns, until the two generators were finally dealt with.

Nobody has complained of bread queues, petrol shortages, or electricity and water cuts since then. And rumour has it that, come the next cabinet reshuffle, my friend Arif is sure to end up with the portfolio for Economy and National Planning. I haven't met him since these rumours started but I have been told that the mere thought of it is already driving him crazy!

SUDANOW - July 1979

Waiting to Inhale

While the world is being distracted at one moment by peace-mongering in the Gulf of Aqaba and, at the other, by war-mongering in the Straits of Taiwan, the military Islamist government of Sudan has been relentlessly pioneering election-mongering in what may well turn out to be the most significant breakthrough in democratization processes since the idea of "one man, one vote" was first conceived. The fact that this historic event has largely been ignored by the international media only serves to confirm my suspicions of a worldwide conspiracy to subvert and undermine the "Islamic civilization project" currently underway in Sudan. But that's another story.

The basic concept behind this unique experiment is simple to the point of absurdity—which, no doubt, explains why no one but the resourceful leaders of the ruling National (really International) Islamic Front (NIF) can come up with it. The process involves making the rationing of everything from sugar to salt an inescapable fact of daily life. The principle is known in NIF ideology as "abundance in scarcity" or, alternatively, "the equitable distribution of distress". Once the government is certain beyond any reasonable doubt that everyone is on its rationing lists, the names are automatically transferred to what is known in the trade as voter registration lists. The government then announces the holding of both presidential and parliamentary elections.

The ingenuity of the NIF's democratic innovations goes beyond the usual electoral practice of simply stuffing the names on the voter registration lists into the ballot boxes of the government's official candidates. Other individuals, whose main qualification is the absolute inability to oppose, are invited or induced to run as opposition candidates. The only snag is that once they declare their candidacy, these candidates are not allowed to withdraw from the race, even when it finally dawns on some of them that their chances of winning are on the same par as balancing the US budget. With the possible exception of Pat Buchanan, no other regime seems to subscribe to this democratic notion of non-withdrawal. But that's another story.

After the voting is over—with or without the involuntary participation of the electorate—the election results are not immediately announced. The democratic rationale behind this is to allow for a mandatory period of electoral suspense. Indeed, speculations of election upsets are officially encouraged. Thus, the former internationally unknown swimming champion running against the president can be forgiven for momentarily taking his mind off the campaign to make mental measurements of the presidential swimming pool. When the results are finally and dramatically announced, they are not the avalanche of 99.999 percent usually inflicted on some run-of-the-mill banana republic. Nor are they the puny 50 percent often considered for some mysterious reason as a landslide in the so-called democracies in the West. Instead, the winning margin is a neat and solid 75 per cent—a real testimony to the ideals of democratic modesty and electoral self-sufficiency.

Mind you, the NIF leaders will be the first to admit that their considerable democratic achievements are still far from perfect—and we are not merely concerned here over the fate of the missing 25 percent of the vote. The problem is the notorious lack of conformity among the Sudanese people, many of whom have somehow managed to avoid participation in the electoral process by surviving outside the rationing system altogether. But we can all rest assured that such reprehensible acts of voter apathy will not be allowed to endure for long. Come the next election and a new system for air rationing will certainly be in place. Any Sudanese claiming to have exhaled when he was supposed to inhale will then be unceremoniously deported to the US to join company with President Clinton. But that's another story.

AL-AHRAM Weekly (Cairo) 4-10 April 1996

The United Nations Period

"It has always been the way of the world to resent gravity in a humorist. It is a little strange that this should be so, for an absolutely essential part of any real humorist's native equipment is a deep seriousness and a rather unusually profound sympathy with the sorrows and sufferings of mankind".
- **Mark Twain**: *Autobiography* Volume 3 (University of California Press, 2015)

"God created war, so that Americans would learn geography."
- **Mark Twain**: *The Innocents Abroad* (1914)

HAPPY HOUR I

These humour articles were written while the author was serving as United Nations Civil Affairs Coordinator for Bihac Region in the UN Mission in Bosnia and Herzegovina during the late 1990s and early 2000s. The articles, which survive from a greater number that was inadvertently deleted, were circulated among the UN international and local staff.

R&W

Yesterday I drove to the office minding my own business and feeling a bit disoriented following a tiring and sleepless weekend (what with these interminable UN reports!). As I was getting out of my car, whom do I see waiting for me but my old friend Brendan (*Head of UN Transport at Bihac Region*). Now, Brendan is a jolly good fellow but under normal circumstances I have difficulty understanding more than 10% of what he is saying in what sounded to me as a heavy Ukrainian accent. When, being the true Irishman that he is, he also happens to be nursing a slight hangover that percentage drops to zero. So I may be forgiven for assuming that he was inviting me for a typically British afternoon tea at 15:30 hrs in the conference room (why at that time and location was beyond my comprehension, but from past experience I've learnt never to question an Irishman's drinking habits).

So I walked into the conference room at the anointed time, expecting to assuage my still dry tongue with an ice cold cup of tea, only to discover that a meeting of the R&W was about to start. Now my understanding of abbreviations is at best lousy so I listened and nodded my approval to everything being said (my usual practice when the proceedings are over my head – a bad habit I've picked from my student days). Janet (*the Head of UN International Police Task Force- IPTF*) apparently understood what was going on for she, foolishly in my view, volunteered IPTF organization of a Happy Hour (whatever that means) on Friday. I could not help thinking "there but for the grace of God goes our RIP (Regional Implementation Report)". I failed to warn IPTF not to count on Civil Affairs advice on the political implications of this Happy Hour (it's not in the mandate, see?); but then neither did I commit Civil Affairs support for it. Which is in the best traditions of, or what usually goes for, inter-agency cooperation.

Immediately after the meeting, I went to see John at JCAU (*Head of the UN Judiciary Action Unit*) to enlighten me on the meaning of R&W. The indefatigable John immediately called Azira and Azra (*local lawyer assistants*) into conference and all huddled together going over DPA, BPA, the BiH constitution, the MUP Book of Rules, HDZ HNS 'self-rule' manifesto, and whatever lawyers read before they say the obvious. Hours later John, bless his soul, came smiling to my office. "Bingo, we found it!" he says, "it is a new rap group called 'Rock and Wriggle'. But we're not sure whether it's Austrian, Irish or Pakistani". That was good enough for me.

From now on, I declare myself R&W biggest fan this side of IPTF Operations room. To prove it I've decided to start this weekly column as part of Civil Affairs contribution to Rock and Wriggle. Indeed, this column will be called Happy Hour (although John is still researching the exact meaning of that). So here go with this week contribution in which Civil Affairs make fun of themselves. (Diabolical isn't it? so when we go after the others, particularly our friends in IPTF, no one will have reason to complain. So all ya members of the R&W fan club BE WARNED!

HAPPY HOUR II:

Elvira's Car Accident

Elivira, Amira and Aida were local secretaries and translators in the office of the UN Civil Affairs Coordinator; Carol was the international Administrative Assistant and Elise was international staff member and Deputy to the Coordinator.

Many of you may not realize this but for the last two weeks Civil Affairs has not held a single official meeting or sent any report (official or otherwise) or done any of the tasks enshrined in our job descriptions. The telephones go on ringing unanswered, mobiles are screaming to nobody, the fax machine is churning out heaps and heaps of unread messages, and no one even notices whether the e-mail and VSAT (satellite) are down or not. All of you are in blissful ignorance of what has befallen us. You see us coming to the offices as usual every morning and leaving as usual every evening. How could you have known that every moment of our lives these last two weeks has been consumed with only one thought: Elvira had a car accident, or more accurately Elvira's

125

car had an accident! Yes, Elvira was driving it at the time but that's beside the point.

How did it happen? I really don't have a clue or rather I heard so many versions of what happened that I really don't have a clue. That's why we're all awaiting those NASA satellite photos to determine what exactly took place at that precise moment in time when Elvira's car had the unfortunate encounter of the fifth kind with a car driven (can you believe this?) by a student driver. (Apparently Elvira doesn't: she keeps screaming: "the bloody student is so old, almost sixty years old, what did she want to learn driving for?" She has a point, you know. That's why I've been hitching rides with IPTF ever since. But that's another story). Poor Elvira! She really can't quite make up her mind whether the offending car (you need an offending car to have a two-car accident, right?) came from the left, the right, the front, the back, from above or down under. You see theoretically the point of impact changes depending on the angle from which you view the accident. We decide to resolve the issue by having a look at Elvira's badly mauled car.

The car is really in a sorry state. From the looks of it, the offending car could have come from right, left, front, back, above or under. Or there could have been multiple accidents all rolled in one simultaneously with Elvira's car the epicenter of impact. Amira, after a thoughtful eyeing and circling of what has once been a car, makes the insightful remark that it is quite conceivable that Elvira's car managed to make the accident all by itself. "You really don't need an offending car for that kind of damage, you simply have to drive into a brick wall, reverse into another, and then roll over twice," Amira observes philosophically. Whereupon Elvira bursts out crying mumbling rather incoherently that she knew her car very well since she was a baby (that's Elvira and not the car) and it never exhibited any suicidal tendencies! Elise and Carol hug her and start crying too. Aida accuses Amira, quite justifiably in my view, of being insensitive because she has a brand new car. Amira smiles mischievously. I light my pipe pondering the intricacies of Bosnian car accidents. But that's another story .

We troop back to the office to discuss other aspects of the car's tragic demise. Elvira solicits opinion on how much she should expect from the insurance company. A deadly silence falls over the room. As I'm the only one who had not the privilege of seeing the car when it was healthily driving on four wheels, I break the silence by suggesting 500. Whereupon Elvira again bursts out crying ("my car is worth much more than that," she screams) Elise and Carol joining her in a crescendo of orchestrated wails (French splendidly mingling with English). I've to beat a hasty retreat, lamely (and untruthfully) explaining that I was speaking of 'dollars', upon which Elvira sobbing (and the accompanying Anglo-Franco chorus) hit an even higher pitch. I'm frantically trying to recall a currency of a higher value (the Sudanese pound and the Iraqi dinar flash in mind), when the thoughtless Aida comes up with an outrageous idea, asking Elvira whether she has considered paying the insurance company instead. To my utter surprise, Elvira seems intrigued by the suggestion and asks if that can bring her car out of comatose. Amira, enigmatic smile in place, spends the next four hours expounding on the virtues of that idea. I finally join the heads nodding in approval .

I inadvertently pick one of the ringing telephones. Jaque Grinberg (*Head of Civil Affairs in Sarajevo*) is on the line.

"What the hell is going on in Region Bihac, we haven't heard from you for two weeks!"

"Elvira's car had an accident," I reply, truthfully.

"Is she hurt?"

"No, but the car is, badly".

"What about insurance?"

"Funny you mention that, Jaque, but we've just been discussing it. As the value of the car is about 123 KM we figure that if we pay the insurance company $345,000 as compensation for insuring it, they'll not sue us".

A long pause; hushed voices in the background: (Grinberg consulting with Gravelle? (*Chief of Staff*) The suspense is beginning to tell on me.

"Look Mohamed, I'll have to go over this with Jacques and Souren *(Chief of UN mission and Chief of Personnel respectively)*, possibly also with New York. Will get back to you," Grinberg says at last.

Hours pass. The others watch me as I nervously pace up and down the office. Elvira has long stopped crying looking expectedly at the phone. Carol and Elise are working on some figures on a calculator. Aida's eyes are darting between her watch and the phone (you never know with Aida whether she's waiting for the call or for going home). Amira is smiling mischievously to herself.

As we're preparing to call it a day and leave, the telephone rings. It's New York HQ switch-board! I pick up the receiver with a trembling hand. A gentle voice, African but with an unmistakable British accent (*Kofi Anan*) asks softly, "now Mr. Hamid, how much did you say that insurance company is asking for"?

HAPPY HOUR III

On Leave Subpoenas!

John was the head of the UN Bihac Region legal office. Baron Radoukov is a reference to Zahary Radoukov a former Bulgarian diplomat who ran the Bihac Region Civil Affairs local office in Livno. Ms Mulic was the secretary/translator at the Livno office. Lieutenant-Colonel Thompson was the commanding officer of the Canadian contingent of Stabilization Force (SFOR) NATO troops in the Bihac. Ms Sushada ran the Civil Affairs office in Prijedor.

Those of you who have been wondering what happened to Civil Affairs Happy Hour are probably unaware of the troubles visited on me during my short-lived leave. I had hardly disembarked at Washington D.C. Dulles airport when a consortium of lawyers descended on the terminal, falling over each other to slap me with subpoenas (boy! was I glad John wasn't among them!). One said he represented a Baron Radoukov who alleged that I had threatened to give him a haircut (I wasn't even aware of the restoration of the Monarchy in Bulgaria).

Another said he represented the Canadian Defense Ministry suing me for slanderous remarks I reportedly made about a Lieutenant-Colonel Thompson's cuisine (truth be told, the BBQ at Stabilization Force (SFOR) was the only sustenance to help me endure all those Principals meetings). A third said she represented a Ms. Mulic who was accusing me of 'palatable' harassment of her coffee. (This case was the first I deftly defended in court. I pleaded that I actually liked Ms. Mulic's coffee so much that I actually dreaded going back to Bihac and so I actually started dreading going to Livno because after savoring the coffee there I actually dreaded going back to Bihac! The judge bought it hook, line and stopper. Which made me wonder if I had chosen the wrong vocation but then I thought of John and decided I hadn't).

Others were shouting allegations of copyright infringements of A Christmas 'Carol' and Elise in Wonderland. (Which, incidentally, reminded me to do something drastic about two of my international staff). I had no difficulty recognizing the International Police Task Force (IPTF) attorney, with the two NCRs (*Non-Compliance Reports*) sticking out of his uniform's pocket like sore thumbs even before he started co-locating me. (That was my second deftly defended case. I pleaded Suchada's absolute absence of malice as she methodologically decapitated the entire IPTF contingent in Prijedor. The good judge took one look at her innocent face in the photo I presented as Exhibit A and promptly threw out the case. IPTF had threatened to retaliate and were desperately trying to enlist SFOR support. Mr. Gravelle (*Civil Affairs Chief of Staff in Sarajevo*) was reported to be on the warpath, which probably means the whole International Community in Bosnia would be history before I returned from leave. Nice exit strategy, Bob.)

So to all of you who have survived, I rest my case. Little did I know in overcoming these travails, I would be coming back to a Bihac under Security siege. But let me not run ahead of myself and reveal this extraordinary event before its time.

HAPPY HOUR IV

How to Beat Security and Live Happily Thereafter without Tickets

The visitor to our Regional HQ may be forgiven for assuming that we are running an auction for UN vehicles. What with all these stranded Toyota 4-Runners and Patrols and Jeeps and International Police Task Force (IPTF) personnel milling around, poking their heads under bonnets and kicking at the tires as though to ascertain that the vehicle would still stand intact. The visitor, however, will be surprised to see the cars still in sedentary positions and none being taken for a test drive or driven off after a sale.

The unsuspecting visitor may then assume that our Regional HQ is suffering from an acute fuel shortage. This mistaken assumption is certainly reinforced by the sight of Janet *(Head of Regional IPTF*) arriving to work on a bicycle, Eckehart *(Regional Admin*) jogging his way in (and looking twenty years younger), our young lawyer John atop a skatingboard (and looking twenty years older), and myself uncertainly negotiating the HQ gates on the back of a donkey. (And looking exactly like my usual fun-loving twenty-year old self). Brendan, with typical Irish shrewdness, has elected to stay home ("nothin' movin', mate" he cheerfully proclaimed).

Truth of the matter is that all UN Bosnia Mission personnel (except Security) had been disqualified from driving by the edicts of UN Regional Security Supervisor. Now, Mr. Noory is a fine specimen of a gentleman with an ever-present smile decorating his unmistakably Afghan face. Trouble is Mr. Noory is addicted to issuing traffic violation tickets the way some people are addicted to eating and breathing. My own personal tally is 15 tickets dished out within a two-week period. 10 were for driving under the influence (of music); 4 for keeping the engine running at a traffic light (gross disregard for energy conservation); and one for failing to give a lift at night to a suspicious looking character. (Mr. Noory swore that the character in question was Radovan Karadzic *(the Serb war criminal)* and lamented the glory that would have been ours, or more specifically his, had I given the guy a lift in a UN vehicle all the way to the Hague).

I don't know what the others did to deserve their tickets but it must have been for infinitely less serious violations because Mr. Noory keeps on saying that he has a special consideration for me. Neither do I know how or why I earned that dubious distinction but I suspect it has to do with my nationality. 'Cause for unfathomable reasons, Mr. Noory's heart (if any such thing exists) seems to have a soft spot for the fortunate nationals from countries suspected of sponsoring international terrorism.

If you think that the immobilization of all our vehicles has affected Mr. Noory's insatiable appetite for issuing tickets, think again. A UN helicopter pilot who made the mistake of landing at our HQ was slapped with thirteen tickets (why thirteen, only Heavens and Mr. Noory know). Mr. Noory told the bewildered pilot that if he could land through all the

132

high-tension cables camouflaging our HQ, then he was a sneaky... (expletive deleted). This was followed by a lecture ("what do you think this is, Pearl Harbor?") and a stern reminder that in Afghanistan they used to take helicopters for a turkey shoot. Rumour has it that Mr. Noory had been moonlighting with the MUP (the Ministry of Interior), which might explain why the streets of Bihac seem almost deserted. It has also been noted that he was making forays into turf as far as Banja Luka and Mostar to pick on unsuspecting prey. Stabilization Force (SFOR) was reported to be planning relocation to Belgrade (now that Mr. Milosevic is safely in the Hague) but were at a loss on how to move their tanks and APCs without their ticketed drivers.

Needless to say, UN Bosnia Mission mandate implementation has been brought virtually to a standstill. Janet, Eckehart, John and myself met to discuss the issue.

"Can't the Chief Administrative Officer in Sarajevo do something about this?" an exasperated Janet asked Eckehart.

"Not since Mr. Noory ambushed him with a couple of tickets on the way to Mostar last week," Eckehart explained.

John was going for the third time through the UN Charter for Human, Civil and Political Rights muttering miserably to himself, "I just can't pin down this guy".

I suggested it was time to have a serious talk with Mr. Noory; "explain to him, you know, that he cannot single-handedly ground the UN Bosnia Mission". The others agreed on condition that I did the talking. Mr. Noory joined us with a broad smile on his face and a huge UN Security Rules and Regulations under his arm. We all pretended not to notice that Noory's assistant Haris (who also doubled as his bodyguard) was strategically positioned at the door with a cocked Kalashnikov in hand.

"Look Naqib, we know you're doing your duty", I said forcing a smile, "but we also have to do ours"

"That's correct, sir, but who is stopping you?"

"How can we do that without using our cars" Janet implored.

Mr. Noory meticulously started leafing through his book. For what seemed to be ages, he lectured us on how car security was the cornerstone to the successful implementation of DPA and BPA. "UN must set an example to the whole country by adhering strictly to rules and regulations governing everything that moves on wheels", he proclaimed grandly waving his book like a banner. I began contemplating how to strangle the guy and spare the world more pain but a look from John reminded me of the Kalashnikov parked at the door. But Eckehart's eyes alarmingly reflected that he was beyond caution or reason. At the very moment that his hand gripped the telephone and precisely a few seconds before that small communicating machine fatally impacted on Mr. Noory's skull, Brendan (bless his Irish soul) burst into the room blurting out something to the effect that all our problems were solved. Without explaining how he managed to drag himself from bed, Brendan talked breathlessly and excitedly non-stop for about an hour after which John proceeded to give us a translation. "Brendan says we no longer need transport or indeed to move from our offices at all. Something about the UN subscribing to this virtual reality thing, like we can do all the field trips by just beaming there just like in Star Trek. Brendan swears he tried it himself and it works wonders. Been to Sarajevo and back in a jiffy. IPTF monitors could now safely break the sound barrier without SFOR (or Noory for that matter) breathing down their necks".

The others left (Eckehart to make a bonfire of all MOP forms; Janet to plan a 10-minute virtual reality trip to the States; John to beam unannounced into the safe office of Mr. Mirsad Veladzic; and Brendan presumably to resume his siesta). I was left alone with a very despondent Mr. Noory. I could read his thoughts and suddenly felt very sorry for him. "Forget it, Naqib", I said consolingly as I read his mind "these instant beaming machines don't even have a windscreen to stick your tickets to". There was a long silence before Mr. Norry asked

134

plaintively with tears streaking down his cheeks whether OSCE and OHR were also using these beaming machines. Much as his contemplation of a job change was appealing to me (I was even prepared to write a sterling recommendation for him), I did not have the heart to lie to him. "Look, Naqib", I said honestly, "if the UN is now subscribing to these machines, then you can assume they are obsolete in other parts of the world". The look of misery on Mr. Noory was enough to break the heart of Slobodan Milosevic. But suddenly his face began to brighten and finally broke into a huge grin. "Why didn't I think of this before," he kept on shouting triumphantly as he jumped around with joy. My heart began to sink as it dawned on me that he must have found a way to ticket our new virtual reality. So you can imagine my relief when at last he chanted gleefully, "no more cars, no more hops, Brendan now has lost his job!"

HAPPY HOUR V

Judgment at UN House

Deep in my heart I always knew that my preoccupation with Happy Hour would lead to my ultimate undoing. But I never thought the end would be so self-inflicted and come so soon and so drastically. I should have become cautious when malicious rumours (no doubt hatched in Janet's office) began to spread in the Regional HQ that I managed to do all those Happy Hours because I had nothing else to do. My demise became unmistakably imminent the day I made the fatal mistake of telling Janet how to "doctor the reports". Stupidly enough, I thought I was cleverly showing her the UN ropes.

"You mean you've been making up all those DSRs (Daily Status Reports), Weekly Assessment and Special Reports?" she slyly asked.

I grinned like an idiot as I confided in her that the whole Regional Implementation Plan was the brainchild of my imagination. The "I see" with which Janet commented jolted me into realizing the magnitude of my blunder. I implored her, actually going down on my knees, not to disclose my little secret. "Sure", she responded evasively and I immediately knew that my goose was cooked. Serves me right for being such a trusting blithering fool.

So it really came as no surprise when one morning Naqib accompanied by his armed guards marched into my office and curtly informed me that I was under arrest. "I've orders to transport you to Main HQ in Sarajevo under guard immediately", he said waving a piece of paper, "anything you say would be taken down and used in evidence". I requested to go to the bathroom; Naqib promptly jotted that down. I should have known better. That was obviously not an 'authorized' place to waste time in.

As I was led away with my wrists handcuffed to my ankles, the atmosphere in Civil Affairs offices was not exactly gloomy. Elise chided me with an unsympathetic 'regarde ce que tu as fait!' and then started appreciatively eyeing my swivel chair. Carol lost no time confiscating my office and car keys, my ID and (this really hurt) my ration card. Amira was jumping around shouting excitedly, "can we take the day off?" Aida was busy placing a call to East Timor presumably to inform her significant other of a new vacancy in Civil Affairs. Only Elvira seemed a bit perturbed wondering nervously to anyone who cared to listen if the falsely glowing recommendation I had made up for her upgrade would now mean demotion. As I was led past Criminal Justice (CJAU) offices I thought of sending a SOS to John but then I thought better of it. The worst I could get as my own counsel was life imprisonment in Stabilization Force (SFOR) stockades. With John defending me I ran a serious risk of ending up in front of the SFOR firing squad, probably with John himself tied up next to me.

The trip to Sarajevo (in a convoy of five UN Security and IPTF cars and three SFOR APCs) was uneventful except for an insignificant little mishap. Russ (bless his British heart) rolled over the lead security vehicle while trying to demonstrate, apparently to the local crowd in

Travnik, an elaborate advance-to-the-rear maneuver. (That was the third UN vehicle the Brit managed to total in the two weeks he had been in the mission. At this rate, Rubina's record was in dire danger of being overtaken in a matter of weeks. And to think that they were taking me to the cleaners for some harmless embellishment of the bloody DSRs!)

The courtroom in UN House was packed. I did not recognize the presiding judge (a big fellow with a huge cigar) but I didn't like the look on his face. The second judge sitting to his right was a General in French gendarme uniform (I didn't like the look on his face either). But I recognized the third judge sitting to the left as our own Mr. Grinberg (the look on his face sent a shudder down my spine). As I usually do in such circumstances, I considered carefully the options open to me: I could refuse recognition of the court's jurisdiction (Hell, if Slobodan could do it why not me?), or I could throw myself at the mercy of the court. But the look on Mr. Grinberg's face made it abundantly clear no quarters should be begged as none would be given.

So I kept my trap shut as the presiding judge asked whether I wanted to be represented by counsel and whether I wanted the indictments read out to me (that's his problem, yes?). The judge then called for the Prosecutor who like a genie materialized from nowhere as though by a magic wand. This was the most frightening Kafkaseque moment in my trial. (I recall repeating to myself in absolute panic "this ain't fair, this really ain't fair at all. Milosevic gets the gentle Carla Del Ponte and they throw Bob Gravelle at me!") For what seemed ages Gravelle fixed me with his trademark stare. I thought miserably to myself "stop the theatrics, Bob, for Heaven's sake. I saw you doing that stunt to the unhappily departed Minster of Interior Matic, and if you think it's scaring the shit out of me, you're damn right. So let's get on with the lynching".

The lynching was vintage Gravelle. I was asked to identify a photo of a man I've never seen before in my life. "Item one, ladies and gentlemen of the jury" Gravelle triumphantly proclaimed, "the defendant has just failed to recognize Canton 1 Minster of Interior Babic with whom, according to his reports, he had regular weekly meetings for the last eighteen months". Gravelle then proceeded to read highlights from my reports ("I'll spare you the details, ladies and gentlemen"). "Item two: Karadzic and Mladic get SFOR permission to help with mosque reconstruction in downtown Prijedor. SDA Bihac rally celebrates Fikret Abdic's election as Canton 1 Governor. HDZ organizes a 'welcome home' festival for Serb returnees in Drvar. 600 surplus prosecutors in Canton 10 re-deployed to New York City. Bosanski Grahovo celebrates new status as BiH prime tourist attraction". Gravelle paused for dramatic effect before proceeding with more of my gems. "Item three: according to the defendant's latest Regional Implementation Progress report, 999% of our mandate has been achieved. The defendant has single-handed (pause and yet another glare at me) tilted the ethnic balance so that TSG now has a 95% Serb majority while Mrkonjic Grad has become 90% Croat and Livno almost 100% Bosniac? No wonder the few remaining Serb officers in Prijedor PSC can't find a place to hang their hats on, and the handful of Croats in Livno and TSG are unable to find their way to the local branch of Hercegovacka Banka. Now we need an UNMIBH 2 for remedial reversal to post-war percentages".

By the time Gravelle got to "item two hundred", I had already lost track of the court proceedings. I couldn't understand why he kept flogging a dead horse. When the time of my sentencing came, the courtroom was overflowing. I had steeled myself for the worst but the severity of the sentence really stunned me. A gasp ran through the hushed courtroom as the presiding judge intoned: "you're to be taken, under heavy IPTF and SFOR escort, to a place of incarceration in a new Civil Affairs office in Neum. There you will spend the remaining days of the Mission's mandate deprived of doing any form of reporting whatsoever. Under no circumstances are you allowed to venture near Bosanski Grahovo, Drvar, Prijedor, Bihac or Livno. Your movements are by court order restricted to Split and Dubrovnik. May heaven have mercy on your soul!"

So if any of you can spare a thought for me, be kind and remember me in your prayers. And, please, do send me some of those lovely Bosanski Grahovo postcards!

8 July 2001

Double Occupant Cows

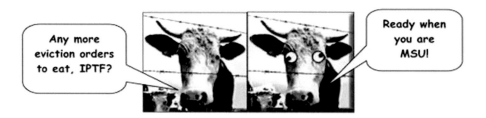

"We've a crisis on our hands", Baron Radoukov said tersely on the phone.

Now the Baron has this annoying habit of calling me, just as I am about to take the first sip of my first morning coffee, to report one crisis or another in Canton 10, thus spoiling my taste for coffee and ruining the rest of my day.

"Before you say anything," I replied, "are you on a secure line?"

"Of course," he said a bit offended, "this is the new line especially installed for us by the Livno PTT office".

I gave a sigh of relief. Good old Zahary! Since he recently converted to monarchism and styled himself a Baron (claiming unconvincingly that the new King of Bulgaria bestowed the title) his security awareness has attained new heights.

I decided to make a few guesses of the nature of the new crisis.

"Livno municipality's Odjel za Graditeljstvo has sent a team to dismantle the bridge on the Drina and move it to Livno, is that it?"

"I reported that last week, yes?" he said, "but this one is more serious".

"Tom Kile (the head of Internatinal Police Task Force in Livno) hasn't put a bullet into Cosic's head (Minister of Interior in Canton 10), has he?"

"Well," the Baron replied, "he was talking about it last night but we convinced him that he needed something larger than a bullet to get through Cosic's steel-plated skull. He wasn't sure SFOR would lend him a bazooka so he placed an order with the National Rifle Association's local branch in Georgia".

Good grief! With a bazooka the guy would wipe out the entire MUP. And to think that I stuck out my neck recommending an extension for him! I could only hope that the American time-honoured policy of arms embargo to Bosnia is still holding.

"Don't tell me, Baron" I said making my third guess, "that Colonel Thompson's tanks have strayed again into a minefield?"

"They're doing that now on a regular daily basis, so it's no longer news," the Baron replied, "by my reckoning, they'll run out of tanks and APCs by the end of the month. The Colonel tells me they expect replacements by 3008, yes?"

"Has the crisis then something to do with our friends in OHR and OSCE insisting on a coup d'etat to remove the present HDZ government and establish a Hague-like tribunal to try Jelavic and company?"

"No," the Baron reassured me "not after I held a press conference and praised the Livno government as a fine example of multi-ethnic and multi-party democracy, yes? I told OHR and OSCE that instead of being negative, they should help us replicate similar governments in all other Cantons and the RS as well. I told them in no uncertain terms that if they wanted our honest opinion, the principle of self-rule should not only be implemented here but also exported beyond BiH borders. Why shouldn't the Confederate flag be officially re-hoisted on Atlanta city hall? Tom is very adamant about this. He's so furious with Cosic for displaying the Federation flag instead of the sahovnica; that's why he wants to blow out his brains. After all, where would the Balkans be now without the Wilsonian notion of 'self-determination', yes?"

I shook my head in disbelief pondering the many lessons that Canton 10 could teach to the outside world. The British should have never allowed the Americans to get away with that Boston tea party. No taxation without representation, my foot! Look at those HDZ wizards siphoning all the Cantonal financial resources and yet able to come up with an honestly compassionate, popularly representative and universally beloved administration. Compare that to the French self-destructive impulses in making life miserable for themselves and their democratically elected President over some minor financial transactions, just as the Germans tarnished their own image and that of the best Chancellor they had since Bismarck over some lousy foreign donations. Talk about wasting national resources! Look at the British making bonfires out of all that mad cow livestock, the fools. HDZ authorities would have sold the whole lot to Canton 1 and made a killing, literally. The mind boggles at these lost opportunities.

My thoughts were interrupted by the Baron shouting "Hello, are you still there, yes?" I told him that I was. I could hear a sigh of relief as he said, "I was afraid we got disconnected, yes? Our friends in the Livno PTT have assured me this line will never break down and even if it does, they'll provide us with tapes which keep recording even when the line is down". My admiration for the Baron's negotiating skills went two notches higher.

"Look Zahary, I give up. What's the crisis?"

After politely reminding me to use his official title, he said gravely "we've two double occupant Croat cows in Kupres. UNHCR reconstructed their barn in Bugojno with running water, electricity supply and plenty of hay but, despite our pleas, they refuse to budge".

This was shattering news to me as Croats had made an art of voluntarily vacating illegally occupied premises. The long queue of double occupants waiting for hours, come hail or fire, to hand over the keys of apartments has stressed to the limit the resources of Housing Commissions in Drvar, Bosanski Grahovo, Glamoc, Kupres and other places. And now two bloody cows are setting a very dangerous precedent.

"Has eviction papers been served on the cows?"

"Yes," the Baron replied, "they ate them!"

Holy cow! I thought, this is the ultimate defiance. But worse was still to come.

"Has the local police tried forcible eviction?"

"Yes," the Baron answered, "four are in the hospital with broken ribs and legs; one is in critical condition; six sustained minor injuries and have requested redeployment to Britain where they say they'll be safer with the real 'mad cow' variety. One IPTF monitor received a vicious kick in the groin which the doctor says is likely to affect..." the Baron, ever the perfect gentleman, paused apparently searching for the right phrase, "shall I say likely to affect some marital-like activities, yes?". Another pause before he added politely "I'm glad, sir, it wasn't you or Tom Kargbo". Or you too Zahary! I thought. I don't know about you Tom old feller, but boy, am I glad it wasn't me!

I asked if SFOR could help with the eviction. "Not with all those tanks stranded in the minefields" he observed.

"Is there any way of enticing the cows out? Getting one of those Spanish bulls standing outside, you know, and making certain overtures?" I asked delicately.

"We tried that," said the Baron, "but the bull took one look at the cows before he made a mad dash all the way back to his Madrid bull fighting arena".

"Look, Baron" I said decisively, "we can't afford to let this kind of behaviour spreading to infect Bosniac and Serb cows. It would be worse than the 'foot and mouth' epidemic. Get one of those tranquilizer dart-guns they used to immobilize Milosevic before they packed him off to the Hague, and then transport the cows back to their reconstructed barn in Bugojno. But, Baron, make sure only the British SAS do the job. We don't want a repeat of the 4 April fiasco with these cows chasing the Italian MSU all over the Canton!"

Before the Baron replied, there was a sound of a door opening and then I could hear what sounded like a heated conversation in the background. After what seemed ages, the Baron was back on the line.

"I'm afraid we can't do that. A friendly delegation of HDZ Association for the Care and Protection of Animals is now in the office reciting to me the animus corpus of cowo sapiens..."

Bihac, 5 August 2001

من أعمال المؤلف

The Politics of National Reconciliation in the Sudan
CCAS Georgetown University publications, Washington DC, 1984

Perception, Preference, and Policy:
An Afro-Arab Perspective of Anti-Americanism
A. Rubinstein and D. Smith eds.: Anti-Americanism in the Third World, Praeger, New York 1985

الشرعية السياسية وممارسة السلطة: دراسة في التجربة السودانية المعاصرة
المستقبل العربي بيروت ١٩٨٦

Devolution and National Integration in Southern Sudan
& Aspects of Sudanese Foreign Policy:
'Splendid Isolation, 'Radicalization' and 'Finlandization'
P. Woodward et al, Sudan since Independence, Gower, London, 1986

Some African Perspectives on Democratization and Development:
The Implications of Adjustment and Conditionality
Reports No 7, Center for the Study of the Global South, the American University Washington D.C. 1994

ازمة الديمقراطية وبناء الدولة: الخيار الفيدرالي في التجربة السودانية
(إشكاليات التحول الديمقراطى في الوطن العربى) القاهرة ١٩٩٦

Economic Sanctions versus Critical Dialogue:
The Role of the UN Reconsidered
Bertelsmann Foundation and University of Munich Project, Germany, 1996

(الغريب) ما بين ألبير كامُو وكمال داوود: قراءة نقدية مقارنة ٢٠١٦

كتاب جديد قادم 2018

A Contemporary Record of Sudanese Politics: 1976-1989
Publisher: tajmultimedia, Virginia, USA, 2018

المجموعة الكاملة لإعمال المؤلف في
www.mbhamid.com

هواجس ساخرة في السياسية السودانية

١٩٧٩ – ٢٠١٧

محمد بشير حامد

الطبعة الأولى 2018 © Mohamed Beshir Hamid

ISBN 978-0-692-05125-2
www.mbhamid.com

رسومات: محمد بشير حامد

تصميم الكتاب: تاج السر الملك

ساهم في التصميم ومراجعة النص الانجليزي: بشير محمد بشير حامد

الناشر: تاج ملتميديا 2018

الطابعون: Bookmasters Group: 30 Amberwood Parkway, Ashlan, Ohio 4480 USA

الفهرست

III

شكر وتقدير

للحياة في الغربة سلبياتها ولكن من جوانبها المشرقة فرصة التعرف على العديد من السودانيين الذين تلعب ظروف الغربة نفسها دوراً كبيراً في توثيق عُري التواصل والصداقة معهم بشكل قد لا يتوفر عادة في السودان. وفي السنوات الطوال التي قضيتها في الدراسة والعمل والتقاعد خارج السودان أسعدني الحظ بالتعرف على الكثيرين الذين أصبح بعضهم أصدقاء أعزاء، وأخص بالذكر هنا نفر كريم تعرفت بهم في السنوات الأخيرة وكان لهم فضل كبير في أن يكون هذا الكتاب بين أيدي القراء.

تعرفتُ على تاج السر الملك قبل أن ألتقي به عبر كتابه (الدغمسة) الذى قدمتُ عرضاً نقدياً له في ندوة لنادي الكتاب السوداني بواشنطون. وأُتيح لي بعد ذلك معرفته عن قرب وكان أول ما استرعي انتباهي أن الله قد حباه بمواهب عدة فهو كاتب يتناول قضايا السودانيين في المهجر بحس فريد من السخرية الهادفة، وهو فنان تشكيلى ومصمم (غرافيك) ومصور فوتوغرافي متمكن احترف العمل الفني وأسس بجهده الذاتي مسيرة فنية ناجحة في بلد– غير بلاده –يحترم الموهبة والإبداع والاجتهاد. ولهذا فإن توليه الإشراف الفني على الكتاب، والتعليق الناقد على رسوماته، له وقع خاص في نفسي بحكم مشاركتي له حب الكتابة الساخرة والرسم، فله من الشكر أجزله على هذا الإخراج الرائع.

ومع أنني والدكتور عبد الرحيم محمد صالح لم نتعارف إلا في المهجر فقد كان لانتمائنا وتصادف حضورنا معاً بجامعة الخرطوم – هو كطالب في كلية الاقتصاد حين كنت أقوم بالتدريس فيها– عاملاً كبيراً في تعميق وشائج الألفة والاحترام بيننا. فالانتماء لذلك الصرح التعليمي العريق كان بمثابة الانتساب لأسرة واحدة كما يعرف كل من كان له شرف الدراسة أو التدريس هناك في ذلك الزمن الجميل. ولا شئ يملأ بالفخر نفوس أمثالي من الأساتذة القدامى أكثر من أن تجمعنا الظروف بأحد طلابنا مثل الدكتور عبد الرحيم بعد أن شق طريقه في مجال العلم والتعليم مرتقياً درجاته بعزيمة ومثابرة ليصل مرتبة التدريس في إحدى كبريات الجامعات الأمريكية. فله مني الكثير من العرفان لما غمرني به من احترام ومودة ولتتويجه فضائله بتقديمه هذا الكتاب.

وكلما قرأت أو سمعت عن مأساة التعليم في السودان تقفز إلى ذهني أمثلة لا تحصى لهجرة العقول السودانية بسبب السياسات الخرقاء والظروف الطاردة، وكما في حالة الدكتور تاج السر حمزة الريح يكون المستفيد دائماً هو بلد المهجر. فالرجل موسوعة في مجال تقنية النظم والمناهج التعليمية وعمل في مجال تعليم اللغة العربية للناطقين بغيرها وتدريب معلميها وإدارة برامجها في السودان والمملكة العربية السعودية وإندونيسيا والولايات المتحدة الامريكية ويشرف حالياً على برنامج تعليم اللغة العربية بالمعهد الدبلوماسي بوزارة الخارجية الأمريكية. ولهذا ما كان لي أن أتمني من هو أفضل أو أعلم منه ليتولي مراجعة مسودة الكتاب وليقوّمّ بمهارة الخبير العارف ما اعترى نصوصها من سقطات إملائية أو لغوية. فالشكر والامتنان للدكتور تاج السر على سخائه المعهود بوقته الخاص وعلى رحابة صدره في شرح ما خفي عني من آليات تصحيح اللغة العربية وعلى روحه المرحة وملاحظاته الثاقبة والفكهة على المقالات.

وقبل أن تصبح المقالات التي كتبتها في فترة حكم الإنقاذ نواة لهذا الكتاب كنت قد نشرتها أولاً في موقعي الالكتروني الخاص وفي عدد من الصحف الالكترونية (الراكوبة وسودانايل وحريات). والمقالات نفسها يعود الفضل أصلاً في كتابتها لنفر عزيز من الاصدقاء وأفراد الأسرة الذين أوحوا إليّ بعض المواضيع أو ساهموا في بلورة بعض الافكار أو قاموا بمراجعة المسودة مع مسؤوليتي التامة بالطبع عن كامل صياغتها في شكلها النهائي. أخص بالذكر منهم أصدقاء العمر منذ زمن الدراسة الدكتور خالد حسن إدريس والسفير يوسف سعيد وعلي الخليفة الحسن وعلي سليمان الوكيل. وقد كان لمؤازرة ولديّ خالد وبشير وابنتي دينا ومساعدتهم الفضل الكبير في النقلة التي قمت بها في عمر متأخر نسبياً إلى عوالم الحاسوب والانترنت مما سهل كثيراً – مع إسهاماتهم الضاحكة – في عملية العمل الخلاق. أما رفيقة الدرب و(أم العيال) آمال شديد فأكتفي بالقول عنها في هذا المجال بأنها دائما أول مَنْ يقرأ المسودة الأولى لكتاباتي وعلى رأيها ومشورتها يتوقف اعتماد أو تعديل أو شطب ما كتبت. أما بالنسبة للرسومات الكاريكاتيرية فأنا مدين لابني الأصغر بشير الذي ورث عني هواية الرسم ولكنه تفوق عليّ بإصراره على التفرغ لدراسة فنونه الجميلة من تشكيلي و(غرافيك) وغيرها

فتخرج متخصصاً في فن (الميديا الإلكترونية) وأصبح هو معلمي ومدربي في فنون الرسم الرقمي (الديجتال) في انعكاس للأدوار لا تخلو وقائعه من طرائف.

وعن فترة الديمقراطية الثالثة أشعر بالامتنان لعميد الصحافة السودانية محجوب محمد صالح في صحيفة (الأيام) وللأخ بونا ملوال في صحيفة (سودان تايمز) ليس فقط لنشر مقالاتي – والتي كان بعضها مثيراً للجدل – من غير أن يطلب أحد مني حذف أو تغيير كلمة واحدة، بل أيضاً لاهتمامهما بإبلاغي ردود الفعل لها إيجاباً أو سلباً في الأوساط السياسية والدبلوماسية. ولا يفوتني أن أذكر بالعرفان أيضاً الزميل والأديب الراحل على الملك لاهتمامه بنشر بعض مقالاتي في العدد الأسبوعي الثقافي لصحيفة (الأيام) الذى كان يشرف على تحريره. وقد يكون من المفارقة أن آخِر مقال لى في تلك الفترة ("خذوني لزعيمكم") نُشر في العدد الثقافي في الاسبوع الأخير من شهر يونيو ١٩٨٩ وكأنني أردت أن أحكي من غير قصد وبدون عِلم مُسبّق (قصة موت معلن) للديمقراطية الثالثة.

ميريلاند، الولايات المتحدة، يناير ٢٠١٨

تقديم:
الدكتور عبد الرحيم محمد صالح

أتذكر جيداً كنا نسكت تأدباً حتى حين نلمحه قادماً وهو يمشي في خطوات هادئة واثقة من الطرف الشرقي في ذلك الدرب الترابي المؤدي إلى شعبة العلوم السياسية بجامعة الخرطوم، تلك القلعة التعليمية التي قام عليها التعليم العالي وكانت كلياتها مركزاً للفكر في السودان. كنا نفعل ذلك احتراماً وإجلالاً لأساتذة لنا كانوا بين طلابهم كالشموس حيث أساتذة الجامعة في سنوات تألقها لا يرفعون الكلفة بينهم وبين الطلاب الذين يذكرون أسماء أساتذتهم بألقابها تفاخراً واحتراماً. ما كنّا نعرف له قبيلة ولا أثنية وما سمعنا منه عنها شيئاً لكنّنا نعرف أنّه من نفرٍ اختاروا الأكاديميات ولذلك ذهب مذاهب الذين لا يكتفون من العلم بحد الكفاف. خرج أو أُجبِر على الخروج من وطنه ليلقي عصا ترحاله وعلى قدميه تراب بلاد السودان ومصر وبلاد أفريقيا والبلقان وأوربا في الولايات المتحدة حيث تعرفت عليه عن قرب فعرفت عنه أنه رجل رقيق المشاعر مع أن احتقان قسمات وجهه وصرامتها وقسمات الجدِّية التي تعقد حاجبيه لا تفصح عن ذلك. جمعتنا العديد من الندوات والنشاطات في منطقة واشنطون وأنشأنا مع مجموعة نشطة من الزملاء دائرة الكتاب السوداني الأكاديمية، التي يلتقي روادها بصورة شبه منتظمة، وتهتم بما يكتب في السودان وعنه.

(هواجس ساخرة في السياسة السودانية) يعد انموذجاً فريداً يوظف الكاتب فيه المقدرة على الكتابة الساخرة بلغتين ويتمكن في كليهما من الكتابة المميزة مع سلامة الأسلوب الساخر واستقامة اللغة. فهو طوال صفحات الكتاب يغير المسارات متهكّماً أحياناً، مسلّياً أحياناً أخرى، يجمع الترفيه بالقلق والألم والضحك، يكوي القبح بيننا كياً، كاشفاً أماكن الزيف فينا، ساخراً من ما يظنه بعضنا ثوابت ويعجن اليقين بالوجل والاضطراب والتوهم بالحقيقة مثل عطار ماهر. وعلى عكس كتاباته الأكاديمية التي يلتزم فيها بالحصافة والضبط الأكاديمي نلاحظ أنّه يبتعد في كتاباته الساخرة سواءً بالعربية أو الإنجليزية عن

المصطلحات المعقدة ما أمكنه ذلك وإن كان أحياناً يستعير ويشرح تعبيراً من لغة أجنبية مثلاً (Déjà vu) في حكاية (حول العالم في١٨١ يوماً)، وتعبير (A fly on the wall) في حكاية (ذبابة على الحائط في جوهانسبيرغ)، كمدخل لمقارنات ساخرة مع الواقع السوداني ويركز بذلك على تهيئة خيال القارئ بالإيضاح والتشويق والتأثير ثم حبكة الفكرة لتختمر في عقل القارئ ويتركه ليسبر غورها ليصل إلى كنهها.

يروي لنا الكاتب بين ثنايا كتاباته الساخرة حكايا عايشها اضطرمت بدواخله أحداثها فترك مداد ريشة قلمه تسلك دروب الكلم في كل وجهة ومضمار لتنير لقرائه الطريق فكلماته الساخرة تخترق لب المواضيع وتَنْفُذُ لتفنِّدَ جوهرها أو تتركها لتدحض مدلولاتها بذاتها. يتناول الكتاب بلمساته الساخرة أحداث شاركت أو كانت ورائها شخصيات وقادة من الأنظمة العسكرية والأحزاب السودانية رغم أنّه ضنين في تناوله المباشر للخطاب اليساري أو الأحداث التي شاركت فيها قوى اليسار السودانية أو التحولات الكبرى التي حدثت في صفوف وقيادة اليسار وخطابه في الثلاثة عقود الماضية رغم تجربة الكاتب وإلمامه بأوضاعها ورغم تناوله لليسار العالمي ونقده للشيوعية السوفيتية في حكاية (العميل المزدوج) وسخريته على ما يُعرف باليسار الأمريكى. وأذكر أنه رد على ملاحظتي هذه بأنه يمكن إدراجها في قائمة الأشياء التي قد ينتبه إليها القارئ من غير أن يفكر الكاتب فيها أو يقصدها مُركِزاً على أن الموضوع أو الحدث هو الذي يفرض نفسه على الكاتب في مجال الكتابة الساخرة أكثر من الحرص على التناول المتكافئ الذى يتسم الكتابة الأكاديمية عادة. كما أشار إلى أن غياب اليسار النسبي عن دائرة الحدث الذى تتفاعل معه الكتابة الساخرة في فترة الإنقاذ بالذات قد يكون قد جنب اليسار لحد كبير من الوقوع تحت مطرقة النقد الساخر من غير أن يعفيه من نقد مبطن بالسلبية والانحسار.

الكتابة الساخرة معول من معاول النقاش الفكري تتناول مختلف أوجه الحياة السياسية والاجتماعية وأساليبها، حيث المواجهة المباشرة مع مختلف هموم المجتمع وتعرية الواقع المعاش بعيداً عن الأفكار غير المؤسسة أو المسبقة. وهو ما استخدمه المؤلف حين وظف فيه براعة فن المتضادات حيث يكون المزج بين الخيال والواقع أو الجمع بين الممكن

والمستحيل في التعليق على الحياة السياسية ونقد الممارسة السياسية عبر النقاش في حوار إفتراضي مختلق ومباشر بينه وبين شخصيات وأفكار الكتاب وأحداثه. الكتاب في جوهره تجربة ناضجة لرجلٍ أمضى عمراً في أوكار القراءة والكتابة يملأ مساحات من المعرفة الحية والوعي الخلّاق، وإن شئت، الإبداع البشري الذي لا يعرف الحدود.

في رأيي هذا الكتاب يطرح قضايا جوهرية واجهت الدولة والمجتمع السوداني لأكثر من ثلاثة عقود ويناقشها دون أن يكتب وصفة للحل أو أن ينطلق من منطلقات فكرية معينة عدا الواقعية وتوظيف العقل والحس السليم في استكناه المسائل والقضايا التي تعثر بناء الدولة الوطنية. وخير مثال لذلك تناوله الموضوعي لإشكالات الممارسة الديمقراطية الثالثة فيتحدث عن العلاقات المتأزمة وعدم الثقة بين زعماء الأحزاب (الصادق والميرغني) والدور الانتهازي الذى يلعبه الترابي في الوقيعة وتأجيج الخلافات في حكاية (التفويض). كما يتناول أسلوب صحافة الجبهة الاسلامية ودورها في إضعاف الممارسة الديمقراطية باستغلال حرية الصحافة والتعبير في (الطابور الخامس) و(العميل المزدوج)؛ والتدخل المصري في الشأن السوداني في (حكاية الهوية المتبادلة)، وضعف إدارة حكومات الصادق الذى كاد أن يصل مرحلة الشلل السياسي في (المجانين). وفي نقاش افتراضيّ جزل يمزج المؤلف (محمدوف بشيروفتش حامديتري) المفارقة بالهزل في محادثته الهاتفية التخيلية مع الرئيس السوفيتى قورباتشوف في حكاية (العميل المزدوج)، أو مع الرئيس الأمريكي أوباما في (ممكن ضنبنا يلولح كلبكم)، أو الرئيس الروسي بوتين في (بوتين والأنتنوف وأنا) أو رئيس الوزراء الإسرائيلي نيتانياهو في (الساطور) مما يعطي بعداً أعمق للرسالة السياسية التي يريد إيصالها للقارئ.

استفاد الكاتب من خلفيته كدارس للعلوم السياسة ليجري مقارنات ساخرة بين الممارسة الديمقراطية في فترة الديمقراطية الثالثة وبين الديمقراطية في دول متقدمة كالولايات المتحدة وبريطانيا مثلاً في حكايات (خذوني لزعيمكم) و(المسؤولية التضامنية) و(المجانين)، وفي الجزء الثالث باللغة الإنجليزية مثل مقال (نظرية الانكار). كما أن معظم مقالات الجزء الثاني تحوي مقارنات ساخرة مماثلة بين مبادئ ومفاهيم الديمقراطية والحرية في الغرب والاستبداد والكبت تحت حكم الإنقاذ (يوم يُذبح الثور الأبيض)، و(حكاية قوش والإفراج

والحاجة كلتوم) و(بلة الغائب وبلاد الجن الأحمر) و(ما بين تيس نفيسة وتمومة الجرتق) على سبيل المثال لا الحصر حيث ينصح الرئيس الأمريكي قائلاً "كويس ذكرتني بحكاية المفوضية يا بركة. نحن برضو عندنا (مصمم) انتخابات عبقري ممكن يظبط ليكم كمان تنظيم عملية الانتخابات فأرقد قفا من الحكاية دي". وفي حكاية (القرين) يعطينا الكاتب مثالاً حياً لانعكاس السخرية على الواقع عندما يكتشف عشية الانتخابات الرئاسية أن (الديكتاتور) قد اصبح قريناً ملازماً له يُكبل خطواته وتنعكس صورته له كلما نظر في المرآة وكأن حاله أضحى كحال الشعب السوداني بأكمله .

عبدالرحيم محمد صالح

لانهام ميريلاند، الولايات المتحدة

السخرية عبر سيكلوجية النص والخط

تاج السر الملك

السخرية عند محمد بشير حامد، لا تقف عند حدود الكتابة، فهو ساخر يستخدم مقدرات ابداعية أخرى، قلما تتوفر لكتاب المقال الساخر، فهو رسام من الطراز الرفيع، حاذق ومجود وموهوب،يستخدم الرسم الكاريكاتوري للتعبير عن رؤاه الساخرة، بحساسية فنية عالية، وحرفية مذهلة، قلما تتوفر لكبار رسامي الكاريكاتور، فالسخرية عنده مطبخ متكامل يستخدم فيه الأداة المناسبة للمادة المناسبة.

خطوط التشكيل عند محمد بشير حامد تتجاوز خطوط الإحترافية بدرجة عالية، تتشكل مدعمة بقاعدة معرفية ثقافية اكاديمية متأصلة، ولو قدر له أن يكون فناناً للكاريكاتور فقط، لبز معاصريه دون أدنى شك، وقد نزيد قليلاً دون أن نبالغ فنقول، بأن اسلوبه في تنفيذ المقال الساخر عبر الرسم، لا يقل في قوته عن تنفيذه بالنص المقالي، وقد نضيف بأنه، كان بالإمكان أن يؤسس لمدرسة سودانية، إن لم نشتط في رأينا فنقول، مدرسة على نطاق العالم العربي والأفريقي. فهو لا يقل في اقترابه من تشخيص رؤاه الساخرة، عن "ناجي العلي" و"سونيت بريدجز"، منضوياً بامكانياته في قائمة ثلة من كبار رسامي النكتة العرب والأفارقة. فبصمته واضحة بمجرد أن تتآلف مع أعماله، وموهبته لا تخطئها العين، إضافة إلى سعة افق افكاره الساخرة، التي يطرحها عبر الرسم.

ينفذ الأستاذ محمد بشير أعماله بذكاء واقتصاد شديد، قد لا يحتاج معه إلى وضع تعليق في معظم الأحيان، فقدرته على توصيل الفكرة بالخطوط، بتصور بالغ الحساسية، يغنيك عن إضافة أي نص لتوصيل الفكرة، يتضح ذلك للمتلقي من الوهلة الأولى، وأعظم ما يميز كلا كتاباته ورسوماته، وأول ما يلفت الإنتباه إليها، سعة الخيال عنده، وسعة المعرفة، وتفرد الطرح، يأتي ذلك مذكراً لقولة اينشتاين الشهيرة "الخيال اكثر أهمية من المعرفة"، وفي كليها فقد بلغ الاستاذ محمد بشير شأواً عظيماً.

معرفة الاستاذ محمد بشير الحصيفة بشأن المعالجة الفنية، واسلوبه في العمل، يثيران الإهتمام، لأنهما لا يرتبطان بالضرورة بمنهج سياسي معين، فأتت أعماله تبعاً لذلك، خالية من أي صبغة جهوية او بروباغاندا سياسية. ليس من طلاء عليها، غير صبغة المفكر المستقل غير المنحاز، المهتم بالشأن العام والشأن العالمي، يرفد ذلك بخبراته السياسية والإجتماعية العالية كمحاضر واستاذ للعلوم السياسية، وتاريخ عملي مشهود، نستقيه من المراكز التي تبوأها في حياته، والمؤسسات الأكاديمية العالمية العليا، التي تردد في ردهاتها معلماً ومتلقياً للعلم، ومعرفته اللصيقة بالخفايا المعرفية التي لا يتوفر لكثير من الناس سبر غورها ، وقدرته على التنبؤ السياسي وقدراته التحليلية الرفيعة.

وقد حرمنا من التمتع بهذه الثروة الفنية المدهشة، لأسباب قد يكون من بينها، انشغاله بعمله البحثي الأكاديمي، واسفاره المتعددة للتدريس بالجامعات في مجال تخصصه، واسباب منها ظروف اوطاننا الطاردة، وتقلبات مناخها السياسي الذي يتعذر معه العيش الحر الكريم.

تاج السر الملك
فيرجينيا، الولايات المتحدة

14

مقدمة

الكتابة الساخرة هي تعبير تجريدي عن المفارقة في المشهد العام قرباً وبعداً عن المألوف ويكون ذلك في دنيا السياسة أو المجتمع أو المعتقد. وتعد المفارقة من أبرز التقنيات الإبداعية في النص الأدبي فالهدف انتقاد الممارسة النشاز أو الفهم السطحي وبمعني أعم تعرية أوجه القبح في المجتمع. وبعد فيها التبصير والإيضاح والتفهم وفيها الإمتاع. والأدب الساخر بتعدد أنواعه ومجالات التعبير عنه عرفته أمم كثيرة ومن قديم الزمان وبرعت فيها شعوب دون غيرها. ولست هنا بصدد الاسهاب في تعريف الكتابة الساخرة فلا المجال هنا يتسع لذلك ولا الحديث في خصائصها ومجالاتها كان أصلاً من مقاصدي. ثم أنني أتفق لحد كبير مع الكاتب المصري الساخر بلال فضل في قوله: "لست من الذين ينشغلون بتعريف ما يشتهون ممارسته، بل يكتفون باقترافه بشغف".

وقد اقترفتُ بشغف كتابة هذه المقالات القصصية الساخرة في فترة زمنية تمتد لحوالي الأربعين عاماً. وأغلب المقالات في الجزء الأول الذي يغطي فترة الديمقراطية الثالثة كتبتها أصلاً باللغة الإنجليزية لصحيفة (سودان تايمز) اليومية وقمت بترجمتها في نفس وقت كتابتها تقريباً لتنشر في صحيفة (الأيام). وقبل هذه الفترة كانت لي تجربتان في الكتابة أو التعبير الساخر في ظل أنظمة ديكتاتورية أولها كرسام كاريكاتير في مجلة (صوت المرأة) التى كانت تصدرها المناضلة الراحلة فاطمة أحمد إبراهيم وذلك في مطلع سنوات دراستي بجامعة الخرطوم. وأذكر أنني تسببت في اغلاقها في السنة الأخيرة لحكم عبود عندما رسمت كاريكاتيراً لشخصين في مقهى يحمل أحدهما صحيفة كتب فيها بالمقلوب (ماذا يحدث في الجنوب؟). وقد سمعت وقتها أن الأمن عند استجوابه للسيدة فاطمة ادعت أنها هي التي رسمت الكاريكاتير وعندما أبدوا تشككهم من ذلك زجرتهم قائلة: (يعني عشان مَرَة قايليني ما بعرف أرسم) أو بكلمات بهذا المعنى. ولا أستطيع أن أقطع بصحة ما سمعته ولكنه يتفق تماماً بما عُرف عن الراحلة (فاطنة) من تضحية ووطنية وجسارة في التصدي لكل غاشم مستبد.

وكنا في تلك المرحلة الدراسية نصدر جريدة حائطية باسم (سلامات) نعلق لوحتها في شجرة أمام قاعة الامتحانات الكبري تجمع بين الرسومات الكاريكاتيرية والشعر (الحلمنتيشى) ولعلنا كنا من أوائل رواد تعاطيه في ذلك الوقت، وقد ضمت مجموعتنا حينذاك الزملاء محمد عبد الله الريح (وكان وقتها معيداً بكلية العلوم) وعلى سليمان الوكيل وطه امير طه والقونى إذا لم تخني الذاكرة. واذكرني أن صديقنا الشاعر الراحل محمد عبدالحي ساهم احياناً بأبيات مرتجلة لعله حاول من خلالها تعليمنا كيف نقرض الشعر قرضاً حسناً من غير نجاح يذكر في حالتي شخصياً على أحسن تقدير، ونذكر من أبياته التي عاشت في الذاكرة طوال هذه السنين:

الجبل الأبيض يشرب من خرم الإبرة
والوغوغة إندلعت .في شلالات الصحراء الكبري
والشاعر والشاعرة ركبوا سرج القافية
الميمية والنونية

وقد تكون تلك المرحلة هي التي مهدت لانتقالي من الرسم الكاريكاتيري إلى الكتابة الساخرة وإن كنت لا أدري لو كان ذلك انتقالاً بالمعنى المفهوم فقد يكون أقرب إلى التراوح في مكان واحد بين أسلوبين في التعبير يتمازجان في الذهن لدرجة التماهي. فأحيانا يأتيني تصور لمقال وأنا أخربش رسماً لا تزال مخيلتي في مرحلة ولادة عسيرة لفكرته. وأحيانا يكون العكس هو الصحيح. وغالباً ما تتمخض الفكرة فتلد تؤامين متلاصقين: الحكاية الساخرة والكاريكاتير.

التجربة الثانية كانت أيضاً قصيرة الأجل تحت نظام النميري عندما بدأتُ كتابة صفحة بعنوان "العالم كما يراه عارف" (The World According to Arif) في مجلة (سوداناو) الشهرية التي كانت تصدر باللغة الانجليزية من وزارة الثقافة والإعلام. في مقالي الأول (Abundance in Scarcity) وصفت كيف استطاع عارف بعبقرية متناهية حل كل المشاكل التي يعاني منها الجمهور. ومر المقال من مقص الرقيب بسلام وكذلك سلسلة من الكاريكاتير عن الرئيس المصري السادات عقب توقيع اتفاقيات (كامب ديفيد) والتي اثارت احتجاج

السفارة المصرية وكانت بداية مآخذ (أمنية) من جانب السلطات المصرية على شخصي تزايدت حدتها عبر السنين. ولكن المقال الثانى (The 100 Per cent Solution) والذي تقمصت فيه شخصية (عارف/نميري) وتحدثت فيه عن مشروعي الكبير لاستجداء التمويل من جيراني لزراعة الخضروات في حديقة منزلي الصغيرة لأجعل منها "سلة غذاء" لحينا وللأحياء المجاورة، تم سحبه من المطبعة في أخر لحظة بعد أن تم اكتشاف "رمزية معانيه". وهكذا انغلقت حتى تلك الكوة الصغيرة التي اردت من خلالها التسرب للقراء.

تابعت مواصلة كتاباتي الاكاديمية والتي نُشرت في الخارج وبالتالى لم تخضع لرقابة سوى التحكيم العلمي ولكن حتى الكتابة العلمية لم تمنع المشاكل داخلياً من اعتراض طريقي – أو بالأحرى لم تُحل دون سعي اللاشعوري في البحث عنها، ولكن تلك قصة أخرى ليس هنا مجال الخوض فيها. فتح مناخ حرية التعبير الذي أصبح متاحاً في فترة الديمقراطية الثالثة المجال واسعاً لإشباع هوايتي في التعبير الساخر. بدأت بالكتابة بالانجليزية سلسلة من المقالات في (سودان تايمز) تعرضت فيها لممارسات ما أسميته (المندوب السامي للإمبراطورية المصرية) في اشارة لتدخلات السفير المصري السافرة في الشأن السوداني بما فيها ما يخصني شخصياً. واذكر أن الصحافي الكبير محجوب محمد صالح أخبرني أن المقال الأول أثار "طنيناً" (buzz) في الأوساط الدبلوماسية في الخرطوم وأقترح محاولة ترجمة مقالاتي للعربية حتى تصل لأكبر عدد من القراء. قمت بترجمة المقال الثاني (حكاية الهوية المتبادلة) وكانت تلك بداية الكتابة في (سودان تايمز) و(الأيام) في نفس الوقت تقريباً عن نفس الموضوع ولكن بلغتين وهو تواصل من خلال المواظبة على الترجمة حاولت المحافظة عليه وإن لم أنجح في ذلك دائماً.

المقالات التي نشرت في تلك الفترة تناولت بالضرورة مواضيع سياسية كان البطل في غالبيتها – أو بالأحرى الضحية – هو السيد الصادق المهدي رئيس الوزراء. في حكاية (التفويض) اتقمص شخصية رئيس الوزراء ("لابد أن عطباً خطيراً قد أصاب تفويضي فقد توقف فجأة وبدون سبب واضح عن العمل") وكذلك في (حكاية المصداقية المفقودة): ("صحوت ذات صباح لأكتشف أن مصداقيتي قد اختفت"). وهناك بعض المقالات كانت دوافع كتابتها

شخصية ولكن مواضيعها تضمنت الكثير مما يخص الشأن العام. حكاية (الطابور الخامس) كانت رداً على اتهام صحيفة (ألوان) لي بالعمل سراً لصالح الحركة الشعبية، وكذلك كان مقال (العميل المزدوج) رداً على اتهام (ألوان) لي بالعمالة لأمريكا مما بدا متناقضاً مع دمغهم لى بالشيوعية فقررت أن أبين أنه بقليل من المهارة يمكن الجمع بين الأختين.

أما السيد محمد عثمان الميرغني فقد ظهر كضحية أكثر من بطل في عدد من المقالات لعل أطرفها في نظري حكاية لم أتمكن من ترجمتها ولكن يمكن قراءتها في نصها الانجليزي الأصل بعنوان (DUPed). الحروف الثلاثة الأولى ترمز للحروف الأولية من اسم الحزب الاتحادي الديمقراطي والكلمة تعني (المخدوع) في اشارة للعلاقة الائتلافية المتأزمة بين الميرغني والمهدي. وفي هذه الحكاية شبهت العلاقات الحزبية بعلاقات عصابات (المافيا) يتآمر فيها الشريك الأكبر (Don Sadi 'Big Mouth' il Matti) على شريكه الثاني(Don Ossmanrio il Morgosino) في حين يعمل الثالث (Don Assasino 'Lucky Monsignor' il Turbo) ليخدع الاثنين. وللأسف فقد فقدتُ أيضا النسخ العربية لعدة مقالات تمكنت مؤخراً من اعادة ترجمة أربعة منها بتصرف: (متلازمة نقص المناعة المكتسبة من الشطة) و(المسؤولية التضامنية) و(حكاية المصداقية المفقودة) ونظرية (الانكار المعقول). والمقال الوحيد باللغة الانجليزية الذى لا يتطرق للسياسة في السودان هو مقال (The Secret Agreement of Reykjavik) الذي يتحدث عن لقاء القمة بين ريجان وجورباتشوف في آيسلاند والذي يتفقان فيه على انهاء الحرب الباردة بالاشتراك معاً في إنتاج وإخراج وتمثيل فيلم سينمائي عن (حرب النجوم). ولم أتمكن أيضاً من ترجمة مقال (القوات الصديقة) مع وجود الأصل باللغة الانجليزية (Friendly Forces) ولكن للمفارقة فأنه يوجد مقال في الجزء الخاص بفترة الانقاذ، كتبته في مايو ٢٠١٤ عن (قوات الدعم السريع) من دون أن أتذكر أنني تناولت موضوعاً مشابهاً قبل ذلك بقرابة ثلاثين عاماً ولعل اللاوعي أراد تذكيري بالمقولة الشهيرة أن التاريخ لا ينفك يعيد نفسه أولاً كمأساة وثانية كمهزلة.

الجزء الثاني والأكبر من الكتاب يتضمن المقالات التي كُتبت خلال السنوات الماضية من حكم الانقاذ ومواضيعها تتعلق بأحداث وشخصيات لا تزال حاضرة في الأذهان. ونلاحظ في مادة التعبير وأسلوبه أن اللوحات الساخرة الأخيرة انتظمت بغزارة الصور التي تفرزها جهالات ولاة الأمر وتسرعهم للتصدي لكل حدث، فأثرت لنا مفردات السخرية مثل "لحس الكوع" و"الدفاع بالنظر" ("ما يُعرف في أدبيات العرب العسكرية بنظرية زرقاء اليمامة") وسلاح "الساطور" ("والذي يجرى تطويره للساطور2 والساطور3") و"شذاذ الآفاق" و"سلخ النملة" و"تمومة جرتق" إلى أخر تلك الدرر التي يندر أن يجود بها عهد آخر. أما الجزء الرابع والأخير فيتضمن المقالات التي كتبتها أثناء عملي في بعثة الأمم المتحدة في البوسنة ومع أن مواضيعها تتسم بالخصوصية المهنية إلا أن فيها أيضاً من عموميات الحدث ومفارقاته ما يسهل الفهم خاصة مع بعض التوضيحات القصيرة في مقدمة وصلب كل مقال والتي راعيت فيها عدم الاخلال بانسياب السرد القصصي قدر الامكان.

مع أن مقولة الراحل صلاح أحمد إبراهيم (لم يعد في العمر ما يكفي بدايات جديدة) تكاد تنطبق على الكثيرين منا إلا اننا لا ننفك نلقي جديداً أو يلاقينا الجديد المتجدد في كل منعطف في حياتنا. ولذلك عندما أتأمل رحلتي مع الكتابة الساخرة أجد أنها منعرجات صعوداً وهبوطاً. فتنفس هواء الحرية في ربيع الديمقراطية القصير أعقبه خنق للأنفاس فعلياً ومجازياً خلال سنوات الاستبداد والقهر السياسي والهوس الديني التي لا زالت ظلالها السوداء تكتنف بلادنا في ليل طال أمده. ورغم مرارة سنوات المهجر إلا انها أيضاً كانت ولا زالت مجالاً واسعاً للتعبير عما يجيش في النفس من أشجان وأحزان بأسلوب ضاحك وهو ما يمكن أن نسميه (جدية السخرية) التى لا تقل بالتأكيد مضموناً وتأثيراً عن الكتابة الجادة. ولا شك أنني تعلمت الكثير خلال رحلتي هذه فالممارسة في حد ذاتها خير مؤشر في التبصير بأنجع الوسائل في الارتقاء بالأداء وبتجنب مزالق التنكيت الساذج على مظاهر الأشياء لمجرد استجداء الضحك (ما يسميه محمود السعدني "ضحكاً هلفوتياً"). ولعل أكثر مما ساعدني على ذلك بدايتي الكتابة الساخرة باللغة الإنجليزية والتي بحكم الخلفية الأكاديمية في التعامل معها تطلبت نوعاً من التحليل العميق للأحداث والأشياء حاولت المحافظة عليه عندما انتقلت للكتابة باللغة العربية. كما ان تجربتي في الكتابة الساخرة

اثناء عملي في الأمم المتحدة فتحت أمامي آفاقاً جديدة للانفتاح على نوع جديد من القراء وعلمتني أن السخرية لا تعرف حدوداً للغة والأجناس والثقافات والأوطان وأنها يمكن أن تشيع روح المرح والألفة وتجعل مني ومن وطني صديقاً لأناس لم يسمع بعضهم بموطني من قبل.

هذه الروح هي ما اتمنى أن يشيعه هذا الكتاب وسط القراء. وبعد أقول لعل في العمر ما يلهم بدايات جديدة تعبق حرية وديمقراطية وسخرية.

محمد بشير حامد
باثيسدا، ميريلاند ، الولايات المتحدة، يناير ٢٠١٨

20

فترة الديمقراطية الثالثة

"لك في هذا الكتاب ثلاثة أشياء تبين حجة طريفة، أو تعرف حيلة لطيفة أو استفادة نادرة عجيبة. وأنت في ضحك منه إذا شئت، وفي لهو إذا مللت الجد...وكيف لا يكون موقع الضحك من سرور النفس عظيماً، ومن مصلحة الطباع كبيراً، وهو شيء في أصل الطباع، وفي أساس التركيب. لأن الضحك أول خير يظهر من الصبي...ولفضل خصال الضحك عند العرب تسمى أولادها بالضحاك وببسام وبطلق وبطليق وإذا مدحوا قالوا: هو ضحوك السن وبسام العشيات، وهش إلى الضيف، وذو أريحية واهتزاز. فالناس لم يعيبوا الضحك إلا بقدر، ولم يعيبوا المزح إلا بقدر. ومتى أريد بالمزح النفع، وبالضحك الشيء الذي له جعل الضحك، صار المزح جداً، والضحك وقاراً".

أبو عثمان الجاحظ في مقدمة كتابه (البخلاء)

متلازمة نقص المناعة المكتسبة من الشطة (SH/AIDS)

ظللت أعيش في حالة من الرعب منذ أن طالعت حديثاً صحفياً لرئيس الوزراء في مجلة (الأشقاء) الأسبوعية في أول يونيو ١٩٨٧ وصف فيه وزير التجارة والتموين السابق د. محمد يوسف أبو حريرة بأنه "قليل التجربة ما كاد يشم الشطة حتى انتابته نوبة عنيفة من العطس المستمر".

وللوهلة الأولى يبدو أن وصف رئيس الوزراء لحساسية وزيره المفصول المفرطة تجاه الشطة تشوبه مسحة شاعرية قد تجعله مؤهلاً ليأخذ مكانه في أي قاموس سياسي مع أمثلة مثل "نزلة برد دبلوماسية" أو"المشي على الماء" أو"الذيل الذي يهز الكلب" أو "ادخار الكعكة وأكلها في ذات الوقت" وما شابه ذلك. وقائمة الامثلة تطول وأنا شخصياً أفضل في ظروفنا الراهنة تعبيراً في حق رئيس وزرائنا نفسه تمنعني الرقابة الذاتية قبل اللباقة الدبلوماسية من ذكره في صحيفة محترمة مثل (الأيام).

ولكن بعد التمعن تبدت لي أبعاد مزعجة ومتشعبة في تعبير (الشطة) وتواترت في خاطري أسئلة سوداء منذرة بالسوء. لماذا أعطي رئيس وزرائنا هذا التميز الطبي الفريد للشطة بالذات؟ ولأي أسباب قام بتشخيصها بالتحديد كعلامة لتلوث سياسي يتعلق بواحد من أبرز وزرائه كان يطنب لوقت قريب في الاشادة بعافيته السياسية؟ وهل اتخذ إجراءات

وقائية لوضع الوزير المنكوب تحت الحجر الصحي أو على الأقل إبلاغ رئيس حزبه وذويه بالمصيبة التي حلت به؟ وبعد تفكير مضن توصلت لقناعة بأن تعبير الشطة بحمل في طياته دلالات خطيرة تمسني شخصياً. فهو بالتأكيد يعني أن المقدرة على عدم العطس عند شم الشطة تشكل مؤهلاً ضرورياً لأي تعيين في الوزارة أو الاستمرار فيها، وبمعنىً آخر غير صحي فإن من يتطلع للوزارة عليه أن يكون متأكداً من عدم الإصابة بمتلازمة نقص المناعة المكتسبة من الشطة (SH/AIDS).

وبالطبع كان من الطبيعي أن يسبب لي هذا الاستنتاج الواقعي قلقاً مزعجاً للغاية. فطوال حياتي كانت لي حساسية شديدة تجاه الشطة فمجرد ذكر اسمها كان كفيلاً بأن يرسلني في نوبة لا يمكن كبحها من السعال القسري. ولهذا فقد بدا لي جلياً أن احتمال تبدد كل أحلامي الوزارية، رغم ما ينطوي على ذلك من فجيعة، سيكون من أقل همومي إذا اتضح أن حساسيتي للشطة تعني أنني أضحيت من ضحايا مرض نقص المناعة المكتسبة من الشطة.

ذهبت لتوي لمقابلة أحد أصدقائي من الاخصائيين المشهود لهم والذي قام بإجراء الفحوصات اللازمة. سألته ملتاعاً: "قل لي يا دكتور بكل صراحة: النتيجة كيف؟"

أجاب وهو يتحاشى النظر إليّ: "والله طبعا ما في حاجة مؤكدة لكن نتيجة الفحوصات ما كانت سلبية".

وللحظة كدت أن أقفز فرحاً لو لم يجهض فرحتي وميض في ذاكرتي بأن نفي النفي اثبات، فرمتني صدمة هذا الهبوط المفاجئ أرضاً في انهيار يحسدني عليه دفاع فريقنا القومي. حاول الطبيب إيقاف نحيبي وعويلي الذي ملأ ارجاء العيادة: "أتصبر شوية يا راجل وما تفضحنا قدام المرضي. بعدين ياخي البحوث الطبية شغالة بتركيز عشان يلقوا علاج وبيقولوا الفرنساويين بالذات يمكن يعملوا اختراق كبير بعد مية سنة تقريبا".

تمالكت نفسي ومسحت دموعي وسألته وأنا أتظاهر بشجاعة زائفة: "فضل ليَّا كم يا دكتور؟"

قال وقد سره –أو رُبما لم يسره – على ما يبدو تماسكي الظاهري: " والله الفترة الافتراضية المعتادة في حالتك هي سنة وممكن تمتد لسنتين لو كنت سئ الحظ".

دارت الدنيا أمام عينىّ: "لكن ده حصل كيف يادكتور؟ مش نسبة حدوث نقص المناعة المكتسبة من الشطة كانت منخفضة ومفروض تكون تمت إزالته في أبريل ١٩٨٥؟"

أجاب الطبيب: "ده كان المفروض والناس فرحت لمن فترة تفشي المرض انتهت بعد السطاشر سنة الأخيرة لكن حسع أعراضه بدت تظهر تاني وحسب تقارير منظمة الصحة العالمية فالقاعدة السكانية للمرض المرة دي زي زمان ومركزة في حتات السكن العشوائي وتجمعات الشماسة والمناطق الريفية وجامعة الخرطوم".

صحت فزعاً وقد أنستني الدهشة مصيبتي الشخصية: "وليه جامعة الخرطوم يا دكتور؟"

أجاب: " المرض ده ينتشر بواسطة الكلام وخاصة الكلام الموجه ضد تجار الشطة ومهربي السوق الأسود الشغالين في تفريغ البضائع من ميناء بورسودان". سكت الطبيب برهة ثم أضاف وهو يهز رأسه بأسَى شديد: "لكن إنتو يا ناس الجامعة بالغتوا في الكلام الكتير وقاعدين تنشروا في المرض زي الكتاحة، شنو ما عارف ندوات ومؤتمرات وتوصيات اقتصادية واجتماعية وسياسية التقول عاوزين تحلوا مشاكل البلد كلها براكم! الكلام الكتير ده كان لازمتو شنو؟"

قاطعته وقد لاحت لي من كلامه بارقة أمل: "لكن رئيس الوزراء نفسه أبو الكلام وعمو وخالو كمان وما خلّي حاجة ما اتكلم فيها ولم نسمع إنه لقط المرض اللعين ده".

قال الطبيب: "أيوه رئيس الوزراء كلامه كتير ولكن كلامه بنَّاء وهادف حتى لو لم يبنِ أي حاجة او يحقق أي هدف لغاية دلوقتي. ثم يا خي هو مرتاح جدا مع الشطة ويستمتع بشمها. لكن إنتو يا ناس الجامعة زي العندكم تار مع الشطة وبدل ما تقعدو تشمو وتسترخوا وتستمتعوا تروحوا طوالي في القحة الشديدة زي ما حصل لصاحبكم وزير التجارة المرفوت".

قلت محتجاً: "لكن أنا يادكتور ما قلت أي كلمة كعبة في الشطة".

فأجاب: "لازم تكون شتمتها في سرك وبعدين يا خي حساسيتك نحوها دي برضو فيها استفزاز كتير".

قلت مستسلماً: " يعني نص البلد معرضة للمرض ده؟"

قال: "ده صحيح وكمان قالوا اكتشفوا فصيلة جرثومة محلية للمرض أسمها (NIV-2)".

سألته: "ودي كمان معناها شنو؟"

أجاب وهو يشير لي محذراً من التفوه بحرف ضدها: "(Nil Value)".

قلت: "يعني ما في أمان لأي زول؟"

قال: "ما عدا ناس حزبَي المافيا الكبيرين ومعاهم المهربين وتجار السوق الاسود والمضاربين في العملة. ديل يا زول من شدة إدمانهم للشطة بدؤوا يستعملوا ويتبادلوا الحقن الملوثة وليهم علاقات متعددة غير مشروعة في معاملاتهم التجارية يختلط فيها الحابل بالنابل".

قات متلهفاً: "بالله يا دكتور في أي طريقة انضم ليهم؟"

قال وهو يهز راسه نافياً: "يا خي ما عندك طريقة قبل ما تتخلص من الحساسية الشديدة للشطة وعلى حسب تشخيصي لانتشار المرض فقد فات الوقت لذلك".

فات الوقت. غاص قلبي لأخمص قدمى وكلمات الطبيب تنزل كالمطرقة على مسمعي. فات الوقت لأخذ عائلتي خلال إجازاتى الصيفية للندن ليستمتع أطفالي بالتسوق في (اكسفورد ستريت). فات الوقت لمشاهدة رجال الأمن الذين كانوا يرعبونني في الماضي وهم الآن (بعد أن أعادوهم للخدمة) يفسحون الطريق أمام سيارتي (المرسيدس) خلال تجوالي في شوارع الخرطوم. فات الوقت لتعيين أقاربي في وظائف الدولة المرموقة. فات الوقت لضم أسماء

أبنائى في قوائم الدراسة الخاصة في الخارج. فات الوقت للانتظار متشوقاً لمكالمة من (سيدي) لن أعرف أبداً أنها لن تأتي.

وللمفارقة فقد اجتاحني شعور غامر بالارتياح وأنا أري أحلامي وطموحاتي السياسية تتلاشي أمام ناظري ولعل إحساسي بدنو أجلي قد أكسبني نوعاً من الراحة النفسية والقناعة الروحية فجميعنا محكوم علينا بالإعدام بشكل أو بآخر وإن اختلفت الاسباب والأوقات.

وفجأة ومض في ذهني أمر غريب ومفزع جعلني أسال الطبيب ونظرة من الرعب الشديد ترتسم على وجهي: "ولكن يا دكتور أقول شنو لام العيال؟ حتكتلني لو عرفت أني لقطت المرض اللعين ده!"

أجابني الطبيب الطيب وهو يربت على كتفي مطَمْئناً: "يا زول ما تخاف عليها وما بتجيها أي حاجة فحتى في بلدنا المتخلف ده الكتل الرحيم لا يعتبر جريمة في الحالات الميئوس منها زي حالتك!"

٧ يونيو ١٩٨٧

المسؤولية التضامنية

جلست السيدة مارجريت ثاتشر في مكتبها في (داوننق ستريت) وهي تقرأ للمرة العاشرة البرقية العاجلة من السفارة البريطانية بالخرطوم. تمتمت لنفسها وهي تتنهد: "يا لغبائي! لماذا لم أفكر في هذا الأمر بنفسي". ثم ضغطت على زر لتستدعي مستشارها السياسي (لورد وايتلو) الذي جاء مسرعاً ووقف منتظراً تعليماتها. أعطته برقية السفارة فقرأها بتمعن ثم سألها مستفسراً: "هل يخصنا هذا الأمر يا سيدتي؟"

قالت بحدة: "طبعا يخصنا، فقد ظللتَ تنصحني بحل البرلمان وإجراء انتخابات جديدة. فقل لي: لماذا كل هذا العناء والتكاليف في حين يمكنني حل مجلس الوزراء وتشكيل وزارة جديدة؟"

قال لورد وايتلو وهو يختار كلماته بعناية: "ولكني لست متأكداً بأن ذلك يتوافق تماماً مع الدستور"

قالت ثاتشر: "ما الذي يمنع ذلك؟ إذا كان رئيس الوزراء السوداني يستطيع أن يفعلها فما الذي يمنعني؟ ثم أنه ليس لدينا أصلاً دستور نشغل بالنا به".

قال لورد وايتلو بهدوئه المعتاد: "إن لدينا سوابق وتقاليد وأعراف تشكل في مجموعها دستورنا غير المكتوب".

قالت ثاتشر بضيق: "إذن يمكننا أن نبتدع سوابق جديدة ونترك الدستور كما هو غير مكتوب"

قال لورد وايتلو : "ولكن سيدتي اذا قمتِ بحل البرلمان وإجراء انتخابات يمكنك أن تحكمي لفترة برلمانية جديدة".

قالت معترضة: "وماذا إذا خسرنا الانتخابات؟".

قال مطَمئناً: "لا يمكننا أن نخسر فنحن نتقدم بعشر نقاط على حزب العمال في أخِر استطلاع للناخبين وحتى لو حدث تراجع فيمكننا تلفيق أزمة خارجية لحشد الدعم الشعبي كما فعلنا في حرب الفولكلاندز. وقد لا نحتاج لمثل هذه الحلول الدرامية الآن فحلفاؤنا الامريكان قد أعلنوا نوعاً من الحرب التجارية على اليابان ويمكننا أن نقفز للمعمعة في أي وقت نشاء".

صمت لورد وايتلو برهة ثم أضاف وهو يتصنّع الضحك: "وإن فعلنا فستكون تلك يا سيدتي أكثر حروبنا شعبية فحملتنا لمقاطعة منتجات اليابان (تسَوقّ بريطانياً) قد لاقت نجاحاً كبيراً".

وقبل أن يهنئ وايتلو نفسه على هذا التحويل البارع لدفة الحديث فاجأته ثاتشر قائلة: "ليس هذا مجال الهزل يا وايتلو فالانتخابات مثل الحروب غير مضمونة العواقب"، وأضافت بنبرة حاسمة وهي ترمقه بنظرة نافذة كأنها تضع حداً للنقاش: "أنا أفضل الحل السوداني".

ولخبرته الطويلة في التعامل مع (المرأة الحديدة) تجاهل لورد وايتلو نزعتها الاستبدادية وقال محاولاً أن يضفي على النقاش نوعاً من واقعية السياسة المقارنة: "لكن علينا أن نتذكر أن الوضع في السودان يختلف عنا فلهم مزايا لا نتمتع بها: لنا حزبان رئيسيان ولهم

ثلاثة، وعندنا ملكة واحدة كرأس الدولة وعندهم خمسة، ولهم رئيس وزراء مشهود له بالبلاغة الكلامية المفرطة في كثرتها". سكت وايتلو برهة ثم أضاف مبتسماً: "وأنت سيدتي مشهود لك بالبلاغة الكلامية المفرطة في شُحِها".

وللحظة لم تعرف ثاتشر تماماً إذا كان الداهية يريد مدحَها او قدْحَها وقبل أن تقرر إذا كان الترقي لوزارة الخارجية أو الفصل من الخدمة هو الاجابة المناسبة، سمعته يقول متابعاً: "ثم أن المشكلة في الحل السوداني أنه يتجاهل مسألة جوهرية تتعلق بالمسؤولية التضامنية".

سألته ثاتشر بحدة: "ماذا تقصد بالضبط يا وايتلو؟"

قال متردداً: "أقصد أنه لا يمكن تجاهل (جماعية) الجانب (التضامني) فيها، فحل مجلس الوزراء بهذه الطريقة يتطلب استقالة جماعية للكل".

قالت ثاتشر بحماس: "ولكن يا وايتلو هذا هو بيت القصيد، فقد برهن رئيس الوزراء السوداني أن الأزمة يمكن حلها بحل المجلس وليس باستقالة جماعية تشمله هو أيضاً. أليس مدهشاً أننا علَّمْنا هؤلاء الناس مبادئ الديمقراطية البرلمانية والآن هم يعلموننا كيف نطبقها بطريقة أكثر فعالية؟ إنه لأمر كان سيدخل البهجة إلى نفس الملكة فكتوريا، فمن يستطيع الآن أن يدعي أن سياسة الامبراطورية الاستعمارية لم تكن لها فوائدها؟"

ويبدو أن ذكر الملكة فكتوريا قد ذكّر لورد وايتلو بسليلتها الحالية (اليصابات الثانية) وبمشكلة جديدة قد تلوح في الأفق: "ولكن هل ستوافق الملكة على التفسير السوداني لمبدأ (المسؤولية التضامنية)".

ردت عليه بنبرة بين الزجر والعتاب: "أنت يا وايتلو أول من يجب ان يعرف أن الملكة تسود ولا تحكم".

وأطرق وايتلو من غير تعليق فأردفت ثاتشر قائلة في شبه اعتذار: "يبدو أنك لم تتفهم بالكامل مدى الاحتمالات التي يفتحها امامي النموذج السوداني، فإقالة كل مجلس الوزراء

المتنافر مرة واحدة لا يعني فقط توزيعاً منصفاً للعدالة الجماعية من غير تمييز بل أيضاً تفسيراً صحيحاً للمسؤولية التضامنية يجعلني أتولي إدارة الامور لوحدي من موقع المسؤولية"

قال: "ولكن اليس عليك تعيين مجلس وزراء جديد في أخر الأمر؟"

ردت وابتسامة ماكرة تتراقص على شفتيها: "نعم يا وايتلو وهذا هو أجمل ما في الأمر، فاسم اللعبة كما برهن على ذلك رئيس الوزراء السوداني هو (التشاور)، فيمكنني أن أمضي الوقت بأكمله في عملية التشاور هذه تاركة كل الآخرين في حالة من التعلق والأمل يحدو كلاً منهم انتظاراً للتعيين في المجلس الجديد". وقبل أن يفيق لورد وايتلو من دهشته لمقدرة ثاتشر على الابتسام كان قناعها الحديدي قد ارتد لوجهها وهي تتابع: "وبالطبع فترة التشاور اللازمة قد تمتد إلى أي وقت يحلو لي قبل أن أقرر تشكيل الوزارة الجديدة". سأل لورد وايتلو وقد بدأ القلق يعتريه للمنحى الخطير الذي بدت تسير عليه الأمور: "هل هذا ما يخطط له رئيس الوزراء السوداني؟"

قالت وهي تهز رأسها مؤكدة: " اقرأ برقية سفارتنا في الخرطوم، فكل الدلالات تشير إلى ذلك وليس هناك بالتأكيد أي تفسير آخر لقراءته المبدعة والمبتكرة لمفهوم المسؤولية التضامنية"

صمتت ثاتشر وهي تتأمل سقف الغرفة وكأنها تستدعي الالهام ثم قالت بحزم: "أريد منك يا وايتلو أن تبدأ فوراً التحضيرات اللازمة لدعوة رئيس الوزراء السوداني لتشريفنا هنا في زيارة رسمية على أمل أن يقوم شخصياً بتنويرنا عن تصوراته للأبعاد الاستراتيجية للحكم في نظام ديمقراطيتنا البرلمانية".

مرت فترة صمت أخرى ثم تابعت ثاتشر قائلة: "وقبل ذلك عليك تحضير مرسوم الاقالة لكل الوزراء ونوابهم والتأكد من أن الملكة قد وقّعت عليه دون تأخير، ثم أخبر (البي بي سي) لإلغاء برامجهم استعداداً لخطابي التاريخي للشعب البريطاني هذا المساء".

وهو يجرجر ساقيه متوجهاً للخروج سمع لورد وايتلو صوت رئيسة الوزراء وهي تناديه قائلة: "ولا تنسى يا وايتلو أن تضيف اسمك في مرسوم الإقالة".

ولم يشعر لورد وايتلو بالانزعاج وهو يسمع ذلك فقد كان ذهنه وقتها مشغولاً بالتفكير في ما كان عليه الحال في بريطانيا اثناء ديكتاتورية (اولفر كرومويل).

٢٩ يونيو ١٩٨٧

(الإنكار المعقول)
Plausible Deniability

لا بد أن بعضكم سادتي قد تابع بإعجاب واندهاش الأميرال جون بويندكستر مستشار الأمن القومي للرئيس ريجان وهو يتحمل المسؤولية الكاملة في فضيحة (ايران-كونترا) امام لجنة التحقيق المشتركة للكونجرس. لقد اصر الأميرال بإلحاح في شهادته على أنه هو الذي صدّق على تحويل أرباح بيع الأسلحة لإيران لتمويل ثوار (الكونترا) في نيكاراغوا وأنه تعمد اخفاء الأمر برمته عن الرئيس ريجان حتى يمكنه من إنكار معرفته به – وبالتالي مسؤوليته عنه – في حالة تسرب الخبر لأجهزة الاعلام.

وحتى يبدو الإنكار معقولاً فإن ذلك كان يتطلب في هذه الحالة مقدرة الاميرال على قراءة أفكار الرئيس الخفية وتنفيذها كسياسة من غير معرفته ولكن بموافقته غير المعلنة. وبدا الاميرال متأكداً أن الرئيس كان سيوافق على ما قام به لو أنه طلب منه الأذن مسبقاً ولكنه أغفل ان يذكر أنه حسب منطوق الإنكار المعقول فان الرئيس كان سينكر بالطبع مجرد التفكير في الموافقة على مثل تلك السياسات الخرقاء. وعليه فإن الأميرال الهمام عندما قال للجنة التحقيق في شهامة تليق بتقاليد وسمعة البحرية الأمريكية: "إن المسؤولية عما حدث

تقع على كاهلي" كان يعي جيداً أن الرئيس سيوافقه سراً على ذلك حتى لو رأى ظاهرياً ممارسة حقه الرئاسي في تحمل المسؤولية بالاستغناء فوراً عن خدماته.

قد استرعت انتباهي – سادتي – نظرية (الإنكار المعقول) هذه فهي في غاية البساطة في تركيبتها النظرية رغم ما يبدو عليها من تعقيد عند ممارستها عملياً. فأول متطلباتها أن يسود الادارة المعنية ولع مهووس بالسرية بحيث يصبح من الصعوبة بمكان أن يظهر للعيان أي دليل قاطع لا يمكن إنكاره أو ما يسمونه في قاموس السياسة الأمريكية ('smoking gun') وهو تعبير يتماشى تماماً مع ثقافتهم السائدة قد لا يسمح المجال هنا لشرح مرجعيته في شغف الأمريكان المجنون بامتلاك المسدسات والبنادق والرشاشات ومدافع الهاون.

والشرط الثاني لعملية الإنكار يتمثل في تفشي المحسوبية والغرض الشخصي والحزبي في تعيين شاغلي كل وظائف الدولة والذي قد يبدو متعارضاً مع متطلبات السرية (بحسبان عددهم الهائل) ولكنه في الحقيقة مكمل لها لأنه يمثل خط الدفاع الثاني في حالة فشل السرية في التستر على أدلة الفضيحة. وقد لا يعرف بعض المعجبين منكم بالديمقراطية الامريكية أن طبيعة نظامها على كل المستويات تقوم على أسس من المحسوبية والمحاباة والرشوة والفساد يطلقون عليها من غير مدارة نظام الغنائم أو السبايا (spoils system) يتضاءل بجانبه ما نمارسه على استحياء من تعيين لأبناء عمومتنا في الوزارة أو التوسط لأبناء قبيلتنا لدخول الكلية الحربية.

الفوز عندهم يعني الاستئثار بكل شئ، فالرئيس الامريكي المنتخب يمكنه تعيين أصدقاءه وأصدقاء اصدقائه وأقرباءه ومعارفه والمساهمين مالياً ومعنوياً وإعلامياً في حملته الانتخابية ومؤيديه من ممثلين هوليوود وجنرالات وأميرالات في أي مراكز في السلطة يراها رغم قلة الخبرة والمؤهلات عند بعضهم وأحياناً جهلهم الفاضح. ولكونهم غير منتخبين فولائهم الأول والأخير للرئيس وكل فرد منهم مسئول امامه وعندما تقع الأزمة أو الفضيحة يتعين عليه أن يقدم نفسه قرباناً في مذبح الإنكار المعقول.

فكرة (الإنكار) اذن تقع في صلب التقاليد السياسية الامريكية وقد ترجع تاريخياً إلى قصة جورج واشنطون الغريبة مع شجرة (الكرز) والتي يقال أنه فشل في صباه أن ينكر لوالده أنه قام بقطعها ولا أشك مطلقاً في أنه كفر عن تلك الهفوة الصبيانية قبل اعتلائه سدة الرئاسة بوقت طويل. كما لا يفوتنا أن نتذكر طابور مساعدي الرئيس وهم يرددون امام لجنة الكونجرس للتحقيق في فضيحة (ووترقيت): ("لا اتذكر شيئا" أو"هذا أفضل ما تفضلت ذاكرتي بتذكره" أو "لا يمكننى استرجاع تفاصيل ذلك" أو"ينبغي تفهم حالتي الذهنية في تلك اللحظة" أو "لم يبد لي الأمر مهما وقتها") إلى أخر تلك الدعاوي وكأنهم – والعياذ بالله – يعانون من فقدان جماعي للذاكرة.

ولعل أبلغ شهادة في الإنكار (غير المعقول) قد قام بها رئيسهم نيكسون عندما صاح قائلاً والفضيحة توشك أن تبتلعه: "أنا لست مجرماً" ("I am not a crook!"). وبالمقابل نجد بعض الاستثناءات النادرة مثل الحالة الشاذة للرئيس ترومان الذي وضع لافتة على مكتبه تقول: "المسؤولية تنتهي عندي هنا" (The buck stops here) وعاش بقية فترة رئاسته يتمنى انكارها.

وما يثير تعجبي هو أننا في دول العالم الثالث اخذنا بعض مظاهر هذه الديمقراطية الأمريكية مثل المحسوبية والمحاباة والرشوة وشراء الأصوات والذمم من غير أن نتبحر في تجلياتها البليغة المتمثلة في نظرية الإنكار. خذ مثلاً رئيس وزرائنا الذي كان بإمكانه أن ينكر أي علم بإعلان حالة الطوارئ في داخل حالة طوارئ قائمة بالفعل وكان انكاره سيكون اكثر (معقولية) لو القي باللائمة على وزير داخليته خاصة وإن سيادته كان خارج البلاد في ذلك الوقت. وقد كان بإمكانه أيضاً أن يدعي حالة من فشل الذاكرة بشأن التصديق بدفع التعويضات لعائلته مع التلميح إلى أن المسؤولية يمكن أن تُعزى لقلة خبرة وزير ماليته الشاب في معالجة مثل هذه الأمور الحساسة. وكان بإمكانه أن يجعل من حل مجلس وزرائه فناً في حد ذاته لو قام بتفسيره كمجرد حل نظري (de jure) لا يمثل بالضرورة حلاً بحكم الواقع (de facto). ولكن رئيس الوزراء وجد نفسه بدلاً من ذلك كله متورطاً في محاولة تبرير حالة طوارئ لم يك من داع لإعلانها، وفي ايقاف صرف التعويضات لعائلته معترفاً بذلك

ضمنياً بتصديقه على صرفها، وفي التشاور لتكوين وزارة جديدة لتحل محل الوزارة التي لم يعترف تماماً بحلها!

وكدارس للعلوم السياسية فإنني أعتبر هذا التجاهل لنظرية الإنكار علامة لعدم النضج السياسي المتفشي عندنا وأفكر جدياً في تأليف كتاب عن مآثرها بعنوان (دع القلق وابدأ الإنكار) يتوجب جعله قراءة الزامية على كل سياسي متطلع خارج حدود الولايات المتحدة. فالإنكار جزء لا يتجزأ من طبيعة البشر فأطفالنا يمارسونه طوال الوقت ولكم هو مؤسف أن كبارنا لا يحتذون حذوهم.

وأنا شخصياً اضحيت مولعاً بالإنكار على الطريقة الأمريكية ومنذ ان بدأت ممارسة نظرياته اكتشفت أنها تصنع العجائب. خذ مثلاً المرة التي رجعت فيها لمنزلي في الثالثة صباحاً بعد (سهرة) مع الصحاب لا تسعفني الذاكرة بالطبع لتذكر تفاصيلها. وجدت (أم العيال) صاحية في انتظاري ونظراتها تنبئ بأزمة دبلوماسية قد تحتاج لجلسة عاجلة لمجلس الأمن.

سألتني غاضبة" كنت وين لغاية الساعة دي؟"

أجبت ولساني يدغم وهو يلتف بصعوبة حول كلماتي: "ان افضل ما يمكن لذاكرتي استرجاعه في هذه اللحظة هو ان العربة قد اصابها عطب مفاجئ".

وأنا أهني نفسي على هذا التحسن الذي طرأ على لغتي الفصحى اتاني صوتها متوعداً: "انت عارف الساعة كم؟"

قلت بلهجة اعتذارية: "ينبغي تفهم حالتي الذهنية في هذه اللحظة بالذات والتي تجعل عيوني (تزغلل) عند النظر لساعتي". وبدا لي أن إجابتي مقنعة وإن انتابني بعض الحرج للاعتراف بعدم مقدرتي النظر لساعتي من غير أن تصاب عينيّ (بالزغللة).

قالت وهي تحاول أن تكظم غيظها: " طيب لمن العربية باظت ما كان ممكن تركب تاكسي؟"

قلت وأنا أتحاشي النظر إليها: "والله ده كان صعب من نص الطريق إلى ودمدني".

38

صاحت: "وكنت بتعمل شنو في مدني؟"

قلتُ صادقاً: "أنا ما قلت أني كنت في مدني".

أرتفع صراخها وهي تسأل: "طيب كنت بتعمل شنو في شارع مدني؟"

أجبت: "ولا حاجة بس ده المكان اللي باظت فيه العربية".

وران علينا صمت لفترة ولا أدري ما الذي دهاني لمتابعة الحديث قائلاً: "والله ما قادر اتذكر اي تفاصيل وكانت في حاجات كتيرة شاغلاني لكن السواقة لودمدني ما كانت ضمنها". وأضفت بلهجة من يريد أن يضع حداً للاستجواب: "يعني الموضوع ده ما خطر في ذهني وما كان مهم بالنسبة لي في الوكت داك"

وبدا عليها التفكير ثم باغتتني بسؤال قاتل: "طيب لو العربية باظت في شارع مدني كيف قدرت تصلحها وترجع بيها البيت؟"

أسقط في يدي ولكن من اعتقد منكم سادتي أنه لم يتبق لي سوى رفع راية الاستسلام لا يدرون كم تشبعت أفكاري بنظرية الإنكار المعقول بحيث لا أدري من أي ركن من دماغي المعطون انزلقت الإجابة على لساني: "أصلو (مكنة) العربية الفورد كانت اصلاً (سخنت) وبعد ما ضربها الهوا البارد (بردت) واشتغلت تاني والعربية (اتحركت) براها".

وخلت للحظة أنها قد تنتبه لهذا الخلط غير المقصود بين حالة (الفورد) وحالتي ولكنها سألتني من غير اقتناع شديد: "يعني عاوزني أصدق الكلام ده".

قلت من غير تفكير: "ممكن تسألي (الفورد)" ولدهشتي وجدتها تأخذ ما قلت بجدية فقد هبت واقفة واتجهت إلى (حوش) المنزل حيث تربض عربة (الفورد) وسمعتها تلقي عليها بدفعات متلاحقة من الاسئلة الغاضبة. وبعد فترة من الصراخ خشيت خلالها أن تكون (الفورد) اللعينة قد انهارت ووشت بي عادت وجلست وقد خيم عليها صمت رهيب.

سألتها بتردد يشوبه الخوف: "الفورد قالت شنو؟"

ردت في نبرة حانقة: "ما قالت حاجة لكن وجدت مكتوب على كبوتها عبارة تلتمس (التعديل الخامس) في الدستور الأمريكي الذي يحميها من قول أي شئ قد يؤدي لإدانتها"!

٤ سبتمبر ١٩٨٧

الطابور الخامس

لابد أن بعضهم قد خبّر عني لدى السلطات فمن غير أن أرتكب أية جريمة وجدت نفسي متهماً بأنني (طابور خامس). وفي البداية لم أعر الأمر أي اهتمام لأنني ببساطة كنت أجهل ماذا يعني مصطلح (الطابور الخامس) على وجه التحديد وإن ارتبط في ذهني بالألعاب الاولمبية لسبب غامض لا أجد له تفسيراً الآن. وقد صرفت الموضوع برمته بحسبان أنه لا يخرج عن نطاق الإرهاب السياسي والتشهير الشخصي الذي أدمنت ممارسته بعض الجماعات والصحف التابعة لها. ثم أنه لم يكن من داعٍ لأن يسبب الإتهام قلقاً لي فهناك العديد من الشخصيات التي تورطت فعلياً في أعمال غير قانونية خلال حقبة السلطنة المايوية فأبدعوا كمستشارين في صياغة التشريعات 'البيعية' وتجلت عبقريتهم كاقتصاديين في المضاربات 'التعاملية'. لم يحدث لأحد منهم أي مكروه بل أنهم بعد انقراض عهد الإمامة تصدوا للعمل السياسي ثم تصدروه. لماذا إذن اقلق لمجرد أن بعضهم قد قرر اتهامي بأنني (طابور خامس)، ومما زاد من اطمئناني اقتناعي التام أن الجماعة التي خَبّرت عني تدعي زوراً احتكار الوطنية، الدنيوية منها والدينية، وتتعامل مع كل شخص يخالفها الرأي على أنه مارق وملحد وعميل وطابور خامس إلى أخر المصطلحات التي أدخلوها في قاموس السياسة

السودانية. كنت على يقين أن أحد لن يصدق اتهاماتهم المفترية خصوصاً إذا نظر المرء إلى سِجل ماضيهم السياسى المعِيب.

ولكن يبدو أنني في هذا الشأن قد أخطأت التقدير فلم أكن أدري أنهم طوروا لحد الإتقان النظرية الهتلرية التي تقول أنك إذا رددت الكذبة مراراً وتكراراً فسيصدقها الناس في أخر الأمر. وبالتالي فإن قناعتي الساذجة بحقيقة براءتي سرعان ما بدأت تتضاءل بدرجة متوازنة لردود الفعل لاتهامي. أول ما اكتشفت هذه الحقيقة المرة كانت عندما حضر أحد اصدقائي المقربين ليعلن أنه يتبرأ من صداقتي ويعلق وهو يهز رأسه بآسي أنه خلال الحرب الأهلية الأسبانية كان يتم إعدام المنتمين للطابور الخامس رمياً بالرصاص. والحقيقة أنني لم أفهم وجه المقارنة بين الاتهام الموجه لي والممارسات التي تمت خلال الحرب الأهلية بأسبانيا في الثلاثينيات، فأنا لم احارب في صفوف الجمهوريين (الاسبان وليس السودانيين) وقطعاً لم تكن لي صلة بجماعة الفاشية (الاسبانية أو السودانية). ثم أن ربط اتهامي بما حدث في الثلاثينيات لا معنى له فوقتئذ لم أكن حتى مجرد خاطر في ذهن والدىّ.

ثم بدأت ألاحظ أن الناس في الطرقات ينظرون لي شذراً وسمعت عدة مرات من يتحدث هامساً "ده طابور خامس" واسترعي انتباهي أن الكل بدأ يتجنبني ولاحظت أيضاً أن الكثير من معارفي قد توقفوا عن مبادلتي التحية والسلام. وقد تعقدّ موقفي بالذات داخل محيط العائلة فوالدي بدأ يتحدث عن العار الذي وصمت به اسم الاسرة ويردد أنه سيطلب في صلواته من الله تعالي أن يخرجني من زمرة (الطابور). اما أخي الاصغر، وهو ضابط عسكري، فقد بدأ يتحدث في إبهام وضيق عن وجيعة "الطعنة من الخلف" وأقسم امامي بعدم الوقوف معي في صف واحد مستقبلاً مما فهمت منه – خطأً كما تبين لي لاحقاً – أنه يقصد عدم مشاركتي السهر في طابور البنزين. اما أخي الاكبر فبحكم أنه رجل أعمال وبالتالي فهو واقعي التفكير فقد نصحني بإعلان التوبة النصوح بعد أن اعترف بجريمتي بشكل درامي في صور متعددة و(ألوان) مختلفة في وسائل الإعلام، وأعلن عن استعدادي لرفع (الراية) مستسلماً والتقدم إلى الخلف متى ما طُلب مني ذلك. وأضاف شقيقي بتهكمه المعهود أن مثل

هذا الاعتراف سيكفل لي صكوك العفو والغفران، ومن يدري فقد تجود الجماعة عليّ بعمود ثابت في إحدى صحفهم (على مسؤوليتى)!

أما في منزلي فقد تأزم الموقف لحد كارثي، فزوجتي أصبحت في حالة إكتئاب دائم ولما سألتها عن السبب إنفجرت صائحة: "يعني ما عارف العملتو شنو؟ أنا ما عارفة كيف عشت معاك السنين دي كلها من غير ما اعرفك على حقيقتك يا طابور يا خامس! ايه خلاك تعمل عملتك الشينة دي وتركب معاهم حصان طروادة؟". ألجمت الدهشة لساني، ماذا تعني بالركوب في حصان طروادة؟ هى تعرف أنني لا أستطيع حتى إمتطاء الحمير، ثم أنني لا أمتلك حصيناً، طروادية كانت أم من نسل آخر. وقبل أن أستفيق من صدمتي دخل الغرفة أبني الصغير و أخبر امه وهو يبكي أن زملاءه في المدرسة بدءوا ينعتونه باسم (ابن الطابور الخامس). هرولت خارجاً تطاردني صيحات زوجتي واحساس محبط يعتصرني بأنني لن أعود لمنزلي أبداً.

أيقنتُ أن أبعاداً مأساوية قد خيمت على موقفي، وكل ما زاد تفكيرى في محنتى تضاعفت حيرتي في أسبابها، فحتى تلك اللحظة لم يطرح أحد صراحةً السؤال البديهي عن ماهية الجريمة التي أنا متهم بارتكابها. قررت على الفور أن الأمر يستدعي استشارة قانونية فتوجهت لمكتب أحد أصدقائي من المحامين والذي استقبلني وكأنه لا يعرفني. سألت المحامي إذا كان اتهامي بأنني طابور خامس سيقود لمحاكمتي، فأكد لي بأن هذا أمر بديهي وعبر عن دهشته لعدم قيام السلطات باعتقالي بعد، خصوصاً وأن الإدانة في حالتي تحمل العقوبة القصوى لحد الحرابة. سألته أن يحدد لي الجريمة التي ارتكبتها فقال أنه لا يعرف أبعاد الجريمة على وجه التحديد ولكن من البديهي أن مجرد اتهامي يعطي معنىً أكبر لجريمتى وبذلك تكتسب العقوبة شرعية أشمل تجعل مني عِبرة لغيري. فالادانة في حالتي لن تكون مبنية على صحة الاتهام أو بطلانه ولكنها تعتمد أساساً على موقفي تجاه معتبرات أصولية وبالتالي تصبح لها ضرورة حدية. لم أفهم الكثير مما قاله المحامي ووجدت نفسي أردد بمرارة كلمات (كافكا) في قصته (المحاكمة): "لكن أنا زول برئ والموضوع كله مجرد خطأ فكيف أكون مذنباً في جريمة لم ارتكبها؟ يا أخي نحن كلنا بشر نتساوي في كل شئ ونشبه بعضنا في

كل حاجة، الحصل لينا شنو؟ هل أصبح الكذب والافتراء ديدن حياتنا؟". اجاب المحامي أنه تعلم من خبرته الطويلة أن الذين يدعون البراءة ويرددون أن الأمر برمته مجرد خطأ هم عادة مذنبون حتى النخاع. سألته إن كان يقبل تولي قضيتي فهز رأسه نفياً وقال انه قد دافع في كثير من الأحيان عن قضايا ميئوس منها ولكن الوضع في قضيتي مختلف فهو كمحامي له سمعته المهنية والاجتماعية التي يتوجب عليه المحافظة عليها. تركت مكتب المحامي و تجولت في الطرقات والدنيا تدور بى. جلست على شاطئ النيل وأنا احاول أن الملم أفكاري الشاردة، فلم يعد في ذهني شك بأنني فعلاً طابور خامس، فإذا لم يك الأمر كذلك فلماذا يهتم أي شخص أو جماعة باتهامي؟ ولكن السؤال الذى استعصي عليّ فهمه كيف أصبحت طابوراً خامساً من غير أن أدرك ذلك؟

بدأتُ أستعرض شريط حياتي فاكتشفت أن تاريخ ميلادي هو الساعة الخامسة من اليوم الخامس من الشهر الخامس وأنني في احدى شطحاتي طلعت الخامس في فصلي. واكتشفت أيضاً أن عدد أصدقائي لا يزيد عن خمسة وقد توصلت لهذا الرقم بعد أن قمت بعد الاصوات التي حصلت عليها في انتخابات دوائر الخريجين، كما أن فريق التحرير الذي اشجعه ينهزم دائماً بفارق خمسة أهداف. وكلما أمعنت التأمل في أحداث حياتي ظل الرقم (٥) يقفز إلى ذهني وكأنه عفريت ربط نفسه بي منذ مولدي، وتأكد لي بما لا يدع مجالاً للشك أن علاقتي المريبة بهذا الرقم ترقي لتهمة الشروع في عمل غير أخلاقي!

وبعد ذلك أنصرف ذهني للتفكير في علاقتي بكلمة (الطابور). وأعترف أنني استعنت بالقاموس ووجدت أن كلمة طابور يتوافق معناها مع كلمة صف أو عمود، واكتشفت أن هنالك صلة حميمة تعود لطابور الصباح في المدرسة فلم أتغيب عن حضوره إلا مرات قليلة لعلها خمس مرات. وكغالبية الشعب السوداني فقد أصبحت خبيراً في الوقوف في الطوابير لشراء ضروريات المعيشة، ولمصادفة، أعرف الآن أنها لم تكن محض صدفة، أكون دائماً (الخامس) في الصف عندما تنتهى الكميات الموجودة.

لم يعد عندي أي شك في أنني مذنب، فالذين اتهموني لم يكونوا مخطئين تماماً، ومن المفارقات أن التهمة ضدي أتسمت بالعمومية والغموض وفي نفس الوقت تضمنت مغزىً

محدداً ومعنىً واضحاً، فأنا مذنب لأنني (طابور خامس) وليس لأي جريمة معينة، فيجب أخذ أفكاري وحياتي ككل لتحديد أبعاد الجرم الذي إقترفته. وبمجرد أن اكتملت قناعتي بأني مذنب انتابني شعور بارتياح غريب وبرغبة ملحة في أن يتم تنفيذ العقوبة الحدية على بأسرع فرصة ممكنة. ولعل مبعث هذا الشعور أن الطابع المقرف لجريمتي أعطاني نوعاً من التميز الفريد الذي جمع بين النذالة والنبالة في آن. وكما يبدو أن قناعتي بجسامة جريمتي قد منحتني نوعاً من الغفران السماوي وأكسبت حياتي معنىً روحياً كانت تفتقده من قبل، فلو كنت جديراً بأن أُتهم بجريمة لم أرتكبها فأنا جدير أيضاً بتلقي العقاب الرادع لها. ولا أخفي أننى شعرت بنوع من الفخر فلو لم أكن أعنى شيئاً للجماعة لما اهتمت باتهامي في المقام الاول.

بدأت بعد ذلك أخبر كل من ألقاه بأنني (طابور خامس) وأن السلطات لها علم بذلك وستقوم بتنفيذ العقوبة الحدية في القريب العاجل. وأبدي بعضهم تعاطفهم متمنين لي نهاية سريعة ونصحني أحدهم قائلاً:"يا زول ما تخليهم يلخبطوا قضيتك ذي ما لخبطوا أي حاجة تانية في البلد"! وظللت أنتظر إعتقالي بفارغ الصبر وأمضيت أيامي قابعاً أمام مبني رئاسة الشرطة لأوفر عليهم مشقة البحث عني. ولاستيائي الشديد لم يهتم أحد بأمري وبدأت أتضايق من هذا البطء غير المفهوم فلا يعقل أن تنسي السلطات القيام باعتقالي حتى ولو تحفظياً، فما الداعي لسن قوانين الطوارئ إذا لم تستعمل في مثل حالتي؟ قررت أن أضع حداً لهذا التهاون والتسيب فذهبت لمقابلة مدير الشرطة الذي أخبرني أن قضيتي قد حولت لديوان النائب العام (د. الترابي) لمتابعة بقية الإجراءات.

توجهت فوراً للديوان فقابلني النائب العام بابتسامته (الصفراء) المعهودة وأبدي تعاطفاً مع موقفي وأنا أشرح له ضرورة الإسراع باعتقالي وتقديمي لمحاكمة ميدانية وإصدار الإدانة الحتمية وتنفيذها على الفور. أخبرني بأنه سيفعل كل ما يستطيعه للإسراع بإجراءات المحاكمة فور ما تنتهي الجمعية التأسيسية من إجازة القوانين البديلة. وأكد لي مُطمئناً أن الإدانة في حالتي لا تأتى بمفردها ولكن الاتهام في حد ذاته والإجراءات في مجموعها تذوب تدريجياً في الإدانة نفسها وتؤدي بالتالي إلى ترسيخها. وبما أني لم أفهم الكثير في تلك

المصطلحات القانونية فقد أكدت له مطالبتي بحقي في الإدانة الفورية وتوعدت أن أقوم بتنفيذها بنفسي إذا لم أجد استجابة سريعة من جانبه.

وهنا بدأ عليه الانزعاج وقاطعني قائلاً بنبرة قلقة أن أي تصرف متسرع من جانبي سيكون محرجاً للغاية للسلطات وسيسبب تعقيدات لا حد لها في الإجراءات القانونية. واستطرد قائلاً أن القضاة سيجدون أنفسهم في عطالة مقنعة إذا قام كل متهم بإدانة نفسه وتنفيذ العقوبة ذاتياً. كما أن ذلك من شأنه أن يجعل القوانين البديلة غير ذات موضوع. وترجاني أن أتذرع بالصبر واعداً بأن يولي قضيتي اهتمامه الشخصي. وأشار إلى الملفات الضخمة المبعثرة في مكتبه وقال لي في لهجة لا تخلو من الاعتذار والتوسل:"شايف الفايلات دي كلها، والله نحن لغاية حسع ما انتهينا من قضايا (الطابور الاول)"!

الأيام ديسمبر ١٩٨٧

المجانين

نشر هذا المقال اصلاً بالانجليزية في صحيفة (سودان تايمز) وفي النسخة الانجليزية تتشابه كلمة "المجانين" (the Maddies) مع الترجمة الإنجليزية لكلمة "المهديون" (the Mahdis). ويود الكاتب أن ينوه بأن الأحداث والشخصيات الواردة فيه ليست بالضرورة من نسج الخيال!

جميل منك أن تتجشم مشاقة السفر وتأتي من بلادك البعيدة لإجراء هذا اللقاء الصحفي معي. دعنا نجلس تحت الظل في الحديقة. هل تجد الطقس حاراً عندنا؟ انك محق تماماً ففي بلادكم توجد مناطق ذات طقس مشابه كولاية (اريزونا) التي سبق لي أن زرتها. هل لي أن أقدم لك كوباً من الشاي الساخن؟ أتقول بدون سكر؟ يبدو أنك حضرت وقد وقنت النفس على مشاركتنا المعاناة المعيشية. ماذا؟ أتشرب الشاي عادة بلا سكر حتى في بلادك؟ انها بالطبع عادة حميدة – على الأقل معيشياً – ولكني لم أكن أعلم أنكم تعانون مثلنا من شح السكر وغلائه. هل أملي صندوق النقد الدولي عليكم أيضاً شروطه المجحفة وتهديداته المخيفة برفع الدعم؟ لقد كنت أعتقد أن (النكد) اللعين هذا تحت أمرتكم ورهن اشارتكم!

عفواً أقصد (الصندوق) وليس السكر. ماذا تقول؟ انك لا تملك سيارة ولا تحتاج لشراء الوقود؟ انه لأمر مدهش حقاً ولو كنت أيضاً لا تأكل الخبز واللحوم ولا تحتاج للصابون والزيت والكبريت والكهرباء والماء ومثل هذه الكماليات لطاب لك المقام في بلادنا والعيش كالملك في ربوعها. ولكنك قطعاً لن تكون الملك الوحيد فيها!

أري أنك معجب بحديقتي الصغيرة. هل تري تلك الشجيرات؟ أجل تلك التي تتأرجح بتكاسل بالقرب من حطام سيارتي. لقد زرعتها بنفسي قبل أن يضرب الجفاف والمجاعة بجرانه أرجاء بلادنا ويحيلها دمناً وأطلالاً ينعق فيها البوم وصاحبه الإمام المعتوه، وقبل أن يطل علينا ساستنا الذين هم سادتنا.

والآن ما الذي أتيت لمقابلتي بشأنه؟ آه لقد خمنت ذلك وأحب أن اؤكد لك بدءاً أن كتابي هذا ليس من أفضل مؤلفاتي. لماذا أسميته (المجانين)؟ هذه مسألة لا تخلو من التعقيد وقصة لها طابع تراجيدي، فالمسألة يا صاحبي أنني ومن غير اجتهاد مضن توصلت لقناعة بأن البلاد كلها على وشك أن يعتريها مس من الجنون وقد رأيت تحليل هذه الظاهرة قبل أن يستفحل الداء ويصبح الجميع في عداد المخبولين. دعني أؤكد لك أيضاً أنه لا مجال للشك إطلاقاً في مؤهلاتي للكتابة في هذا الموضوع فأنا نفسي في زمرة المجانين. لا... أرجوك أن لا تسئ فهمي فأنا مجنون حقيقة منذ أن تم تكليفي رسمياً بذلك، فأنا اذن لست بمتشائم كما تحاول أن تقول. بربك هل سمعت بمجنون متشائم؟ على النقيض فأنا متفائل بطبعي، تماماً مثل رئيسكم (راعي البقر) وان كنت لا أتفق مع فلسفته (الكاوبوية) بأن الطريقة المثلي لتحقيق الديمقراطية في العالم هي محو الأشرار من على الكرة الأرضية. ان جنوني من النوع المسالم لو جاز مثل هذا التعبير، وكما ترى فالمحور الأساسي لكتابي هو أن المجانين لا يعانون من الجنون إطلاقاً وإن كانت كثرة كلامهم، او قلته، قد تجعلهم يفقدون الصلة بعالم العقلاء.

دعني أحرك مقعدي فقد بدأ الظل ينحسر عن ناحيتي بصورة تذكرني بالاضمحلال المطرد للجنيه السوداني. لماذا يضمحل الجنيه السوداني؟ يا إلهي يبدو أنك فعلاً غريب في هذه الديار. ألم تسمع بالقصة المشهورة (لفتوة) السوق؟ القصة كما يرويها البعض أن (الين)

الياباني و(المارك) الالماني و(الجنيه) الإسترليني و(الفرنك) الفرنسي قرروا تشكيل عصبة للحد من هيمنة (الدولار) الامريكي وفعلاً تمكنوا من الإنفراد به في السوق وأذاقوه علقة أستحقها بجدارة. وقام الدولار ينفض التراب من أطرافه وهو يستشيط غضباً وبدأ يتجول باحثاً عن من يستطيع أن ينفث فيه غيظه المكبوت. فمن تظن ظهر في مدخل السوق غير (الجنيه) السوداني يجرجر رجليه غير المتوازنتين والمثقلتين بالديون ويتوكأ على عصاه المعوجة وهو يتمتم بعبارات مبهمة طالباً من عباد الله أن يعطوه مما أعطاهم الله! وفي لمحةٍ كان الدولار الجبار قد انقض على الجنيه المسكين وأوسعه ضرباً مبرحاً خفض من وزنه الصحي بنسبة أختلف حولها الاطباء. وعندها شعر الدولار بالارتياح فعدالة السوق قد أخذت مجراها المالي والمستضعفون لن يرثوا الأرض أبداً، والقوة برهنت على أنها دائماً على (يمين) الحق والحق (اليميني) أكد انحيازه المطلق للقوة، وهي كما ترى قصة ذات معان متعددة ومتشابكة ولكن الأصل يصلح دراما سينمائية يقوم رئيسكم بتمثيل الدور البطولي فيها وينافس بها على جائزة الاوسكار.

أما جنيهنا المسكين المهضوم الحق أبداً والمضروب على قفاه دائماً فقد انزوي يلعق جراحه المثخنة ويشكو ظلم العملات الصعبة لشقيقاتها المستهونة. ولعل تجربة علقاته المتكررة على يد الدولار قد جعلته مصاباً بعقدة الخوف و(البارانويا)، فالمسكين لا يجرؤ الآن على دخول الأسواق، محلية كانت أم أجنبية، إلا في أعداد متضخمة، وحتى في مثل هذه الحالات تجده يتلفت وجلاً ويرتعد هلعاً ويتزايد صعود نبضه مع هبوط قلبه إلى أخمص قدمه كلما رأي لون الدولار الأخضر.

هل زرت أحد أسواقنا المحلية؟ ألم تفعل ذلك بعد؟ أنا أنصحك أن تفعل فستجد أنواعاً وألواناً من الأسواق بدءاً بالأسود ومروراً عبر الدرجات المتفاوتة للسواد وصولاً لسوق العملة وسوق (الشماسة) وسوق اليورانيم المشع وغير المشع وهلمجرا. ويجب ألا تفوتك زيارة مؤسساتنا الاقتصادية لتري بنفسك الطفرة الكبري لبيوتنا المالية، وقد يكون نظامكم الرأسمالي متطوراً ولكن لا يوجد ما يمكن مقارنته بما تفتقت عنه عبقريتنا المصرفية، فلدينا مثلاً من المصارف "الفيرست سليستيال" (First Celestial) والناشونال

فندامنتالست (National Fundamentalist) وسيدي بانك (Siddi Bank) والشيستمان هيفين (Chaste Man Haven)، والتشكيلة الملونة من مؤسساتنا الاقتصادية وأسواقنا المالية تؤكد أننا لسنا مجانين فقط وإنما نعاني أيضاً من عمي الألوان لحسن الحظ أو لسوئه وفقا للمضمون الربوي (للمضاربة) المربحة أو (العائد التعويضي)!

هل تنوي الإقامة فترة طويلة في بلادنا؟ إنه بلد مثير للدهشة اليس كذلك؟ تقول أنك تجده ملفتاً للنظر؟ أتفق معك وإن كان هذا الوصف مثيراً للجدل، فالمظاهر يا صاحبي قد تكون مؤشراً لأمر ما وقد لا تكون. ولكني أفهم جيداً ما تعني عندما تقول انه "ملفت للنظر". ولعله أكتسب هذا الوصف منذ أن خلقه رب العباد. ولعلك تعرف أن هناك مثل يقول أن السماء قد ضحكت عالياً عندما خُلقت بلادنا، وهناك مثل آخر أنها قد بكت بحرقة، وفي غالب الأمر أن تكون قد ضحكت وبكت ولكن من الصعب تحديد إن كان الضحك قد سبق البكاء أم العكس! اليس هذا البلد تعيس حقاً؟ أنظر فقط لما يفعله ساستنا وسيتمزق قلبك أسي وحسرة من المضحك المبكي!

أجل أتفق معك أن لله حكمة يقصر عنها إدراكنا، وهذا يذكرني بقصة الرجل الذي وجد نفسه يصارع الأمواج في البحر فقد خف قارب من خفر السواحل لإنقاذه ولكنه صرف القارب قائلاً: "إن الله سينقذني"، وأتت بعد ذلك طائرة عمودية لانتشاله ولكنه طلب منها الابتعاد صائحاً: "ان الله سينقذني". ثم أن الرجل مات غرقاً ورحل إلى الدار الآخرة وهناك وفي حسرته على فنائه المبكر صاح صيحة من لا يمكن مؤاساته: "رباه لماذا تخليت عني؟". وهنا دوي صوت مجلجل في أرجاء السموات: "أيها الرجل لقد أرسلنا لك قارباً وطائرة عمودية، فماذا كنت تريد منا أن نفعل أكثر من ذلك؟"

هل سمعت هذه القصة من قبل؟ ماذا؟ تريد مني أن أعود لموضوع (المجانين)؟ تذرع بالصبر معي، فحقيقة لو تمعنت فيما حكيته لك لوجدت أنه لا يخرج كثيراً عن موضوع المجانين فهناك بعض أوجه الشبه والمقارنة في سلوك شعبنا وهو أمر لا يخرج عن منطق الترابط الكوني للأشياء وان بدا لنا متبايناً في ظاهره. وكما يتفق الكثيرون فنحن حقاً شعب أصيل ولكننا في نفس الوقت شعب مغلوب على أمره، فلنا أشياء نؤمن بها ولكن منهجنا للوصول

اليها يهزم غاياتنا، وخياراتنا دائما تأخذنا إلى الطرق المخالفة لمقاصدنا، فلنا مثلاً هذا الوله الشديد بالديمقراطية ولكننا عندما نحاول أن نجسدها نصاب فوراً بخيبة الأمل. وقد يكون واقع أمرنا أشبه بالوقوع في حب امرأة فاتنة تتملكنا الرغبة الجامحة في الزواج منها والعيش معها في سعادة ونعيم، ولكن لا تكاد أن تنتهي مراسم الزواج حتى يتغير مذاق الرومانس ويصبح طعمه مراً في حلوقنا. نحن يا صاحبي نقتل الفرحة بأيدينا، أنها مثل الرغبة في الفناء فلنا هذا الشعور الذي لا نستطيع مقاومته في تحطيم أعز ما نملك وما نريد.

خبرني يا صاحبي: هل كتب علينا أن نري حلمنا الجميل يتحول إلى كابوس مرعب؟ وهل سنصحو ذات صباح فاحم السواد لنجد الفارس المغوار ممتطياً صهوة دبابته معلناً علينا في بيانه الأول انه أتي لإنقاذنا من حبنا المستحيل؟ وهل سنصرخ حينئذ في حسرة من لا يمكن مؤاساته: "ايتها السيدة الجميلة، لماذا تخليت عنا؟". أري في نظرتك أنك تشك في أن مثل هذا سيحدث،.ولكن الشك هو مصيبتنا الكبري. فنحن نشك في مقدرتنا على الحب فنخنقه بأيدينا ولكي نكف عن الشكوك نجد اننا يجب أن نضع حداً لأحلامنا. ان مجتمعنا يبدو وكأنه خلق خصيصاً لهذا النوع من التصفية الاقصائية شمالاً أو جنوباً، يساراً أو يميناً. لا أدري يا صاحبي لماذا يذكرني هذا بفلسفة (كامو) والشعور بلامعقولية الاشياء وكأنه كتب علينا ان نؤدي دوراً تراجيدياً مثل (سيسيف) مأساتنا الأبدية أن نبذل الجهد والعرق والدموع لندفع الصخرة لقمة الجبل لنراها تتدحرج كل مرة إلى القاع.

دعنا نرتشف قدحاً آخر من الشاي، فليس في كل يوم يأتي لزيارتي شخص يتناول الشاي من غير سكر! أرى أنك تبتسم. إنك لا شك شخص مهذب، فأنت لا ترى أو لا تظهر حرجاً من بعض تعليقاتي الساخرة.

أجل، ان الشمس تميل للغروب. أليس المنظر خلاباً وساحراً؟ عادة تهب نسمات الهواء العليل في ذات الوقت الذي تتأهب فيه فلول ضوء الشمس للتقهقر أمام جحافل الظلام وكأن الليل يحتفل بانتصار ما. وأنا أسالك أي نوع من الانتصار هذا؟ فالوضع سيتغير والأدوار ستتبدل عند بزوغ الفجر، وكما عسعس الليل فالصبح أيضاً سيتنفس والشمس

ستشرق أيضاً. ولعل هذا درس من الطبيعة لا يستطيع ساستنا استيعابه فالذين في السلطة في حالة احتفال دائم في حين ان إنجازهم الفريد هو مقدرتهم على التشبث بالسلطة رغم سجلهم الخاوي، والذين خارج السلطة ليسوا أحسن حالاً فالمتطرفون منهم يعدوننا أو يتوعدوننا بإحلال مملكة السماء على الأرض متناسين أن تصورهم للسماء لا يشاركهم فيه الكثيرون. ثم ان للسماء طعماً خاصاً كالسكر كل حسب مذاقه وقد تزداد لذة طعمه اذا جاء بعد حرمان كما ستكتشف بالتأكيد عندما تتناول بنفسك كوب الشاي السماوي في يوم الحساب.

ولكن دعنا نكن منصفين لمجانيننا فهم ليسوا فصيلة معزولة أو مهددة بالانقراض فلهم أمثالهم في كل زمان ومكان حتى في بلادكم يا صاحبي لو سمحت لي أن أتطاول قليلاً، فقد تصاب بالدهشة لو علمت عدد المجانين الذين احتلوا (البيت الأبيض) من وقت لآخر. خذ مثلا رئيسكم الذي كان يعتبر مثالاً غير متحرك للخمول والجمود. يروى أنه ذات مرة أتته سيدة خلال احتفال في البيت الأبيض وقالت له بكل احترام: "سيدي الرئيس لقد راهنت صديقاتي بأني سأجعلك تتفوه بأكثر من كلمتين". نظر الرجل إليها ملياً وقال وهو يشيح بوجهه: "خسرتِ"(You lost)!!

ماذا؟ هل أنا متأكد انه كان أحد رؤسائكم؟ بالطبع أنا متأكد. ماذا دهاكم؟ الا تعرفون مجانينكم؟ أراك تهز رأسك بطريقة توحي أنك تذكرت الآن اسم رئيسكم الذي أعني ولكن أرجوك ألا تخبرني به فقد بذلت مجهوداً مضنياً من اجل نسيانه. ولكني لا أنسى ان هذا الرجل الذي عاش حياته كميت حي دخل دنيا الخلود يوم مماته! تسألني كيف حصل هذا الحدث الفريد؟ الأمر حقيقة في غاية البساطة، فعندما بلغ اسرته خبر وفاته صاحت زوجته متعجبة: "وكيف لهم أن يتأكدوا من ذلك؟!"

أرى أن الظلام قد ألقي بسدوله حولنا. أتريد أن نتابع جلستنا في الداخل؟ دعني إذن أتقدمك. عم كنت أتحدث؟ أجل المجانين في كل مكان. تخيل مثلاً أن سيدة ذهبت لرئيس وزرائنا وأخبرته أنها راهنت صديقاتها بأنه سيلقي عليها حديثاً لا يزيد عن كلمتين. بالتأكيد سيتحدث رئيس الوزراء في مونولوج طويل لعدة ساعات، وغالباً ما يكون منطلق حديثه أن

"العائد الربوي للرهان" في حد ذاته قد يتعارض أو لا يتعارض مع الشريعة الاسلامية! ستخسر السيدة الرهان وكأنه قيل لها في كلمة واحدة "خسرتِ". والآن خبرني يا صاحبي، ما هو الفرق؟ ففي الحالتين ومع اختلاف الزمان والمكان والشخصيات فقد فُقد رهان ولم يكسب احد شيئاً، والمحصلة في نهاية المطاف واحدة: قلة الكلام أو كثرته لا تعني شيئاً فهناك دوماً الخاسر الدائم. أليس هذا فعلاً عالم مجنون حقاً؟

تستطيع أن تدرك ذلك، أليس كذلك؟ دعني أشرح الأمر بطريقة أخرى. هب انهم أخبروك ان الطاغية المخلوع حي يرزق ويعيش في ترف وأمان في القاهرة. إنك لن تكون صحافياً فطناً إن لم تسأل متعجباً: "وكيف لهم أن يتأكدوا من ذلك؟"! اجل كيف لنا أن نتأكد حقيقة من ذلك؟ فقد يكون الطاغية لا يزال يحكمنا تحت اسم مستعار وقد يكون قابعاً في وسطنا ملتحفاً عباءة السدانة ليتآمر ويخطط ويتحين الفرص..لا، لا تهز رأسك متشككاً يا صاحبي فكل شئ ممكن حتى المستحيل! ان مجرد الحديث عن (آثار مايو) يجعلنا نتذكر تحذير عراف روما لقيصر من "ليلة النصف من مارس". أرث الامامة المزعومة لا زال معنا يتابعنا كظلنا ويزل خطانا شامتاً فينا ساخراً منا وكأنه يود ان يذكرنا انه لو كان الأمر مجرد جنون فالإمام المعتوه ليس أكثر جنوناً من غيره. وصدقني ان ممارسات المجانين في وسطنا، علموا بذلك أم لم يعلموا، قد جعلت مثل هذا الادعاء الاجوف لا يخلو من بعض المصداقية.

وهذا يعود بي لبداية حديثي وللمحور الرئيسي لكتابي. أجل، أنت على حق فأنا فعلاً أعني شعبنا الذي كاد أن يمسه الجنون. أنا أسألك: من منا لا يتملكه نوع من الجنون في مثل هذه الظروف؟ قبل فترة مثلاً تم وضع استاذ جامعي تحت الاعتقال التحفظي لأنه في ندوة عامة وصف رئيس الوزراء بأنه "كاذب". وإن كنت لا تعرف فالاعتقال التحفظي هو الإجراء الذي يتبعه رجال الأمن لحماية المتهم من أن يشنقه الغوغاء قبل ان تنزل به نفس العقوبة بالطريقة التي تحددها متطلبات وإجراءات القانون السائد. ولكني أسألك اذا كان الكذب في حد ذاته لا يشكل جريمة فلماذا نعتبر الشخص الذي يصف آخر بالكذب مجرماً؟ فأنا لم أتورع عن الكذب طوال هذه المقابلة الصحفية معك ولعلك دونت بعض الحالات التي شطحت فيها كذباً، ولو أنك اتهمتني بالكذب لوافقتك على ذلك فوراً.

ولكن ما أهمية ذلك في نهاية الأمر؟ ان الكذب ليس فقط من خصال البشر ولكنه أصبح سلوكاً في الحياة العامة كما يعرف ذلك رئيس وزرائنا. أخبِرني هل تقومون في بلادكم المتحضرة بوضع كل المرشحين لرئاسة الجمهورية في الاعتقال التحفظي لأنهم رموا بعضهم البعض بالكذب؟ إن الكاذبين الحقيقيين هم الذين لديهم حساسية مفرطة ضد الإتهام بالكذب وهم بذلك، وفي نفس الوقت، أقلنا وأكثرنا تجرداً من الاحساس.

بالطبع ستقول انني عدت للتهكم، اليس كذلك؟ لا؟ أنت ترى انني احاول فقط أن "اتفلسف"؟ حسناً لن احاول انكار ذلك. ولكن أراك تتأهب للذهاب فهلا مكثت قليلاً؟ معك حق فالوقت فعلاً فد تأخر وقد أكثرت كعادتي في الثرثرة. ألم أقل لك أنني من زمرة المجانين! ولكني قد استمتعت بالحديث معك وأتمني أن يكون حديثي قد أعطاك بعداً عاشراً لتفهم كتابي. ماذا؟ أتعتقد حقاً أنه سيكون أكثر الكتب رواجاً هذا العام؟ إنك تخجلني بثنائك العاطر هذا. أتمني لك اقامة سعيدة في بلادنا وعوداً حميداً لبلادك.

ولكن قل يا صاحبي هل أنت شخص حقيقي أم أنك من صنع خيالي؟ أرى الدهشة ترتسم على وجهك لسؤالي هذا. أرجوك المعذرة فلم اقصد أن أكون وقحاً. كل ما في الأمر انه بدأ ينتابني هذا الشعور المجنون بأنني كنت طوال هذه المقابلة أتحدث إلى نفسي!!

الأيام ٦ يناير ١٩٨٨

التفويض

لابد أن عطباً خطيراً قد أصاب (تفويضي) فقد توقف فجأة وبدون سبب واضح عن العمل، وقمت بفحص كل الأسلاك والتوصيلات الكهربائية ووجدتها على ما يرام. وكان في تصوري أن بإمكاني إصلاح العطب كما حدث عندما أصاب (التفويض) خلل مرتين. قمت بفحص (التفويض) مرة أخرى بعناية وتأني مستعيناً بالرسوم التوضيحية في مرشد الاستعمال الخاص ولكن وبعد جهد مُضن لم أتمكن من إصلاح (التفويض) الذي ظل قابعاً في مكتبي وعيونه الالكترونية تحدق فيّ شذراً. وفي النهاية قررت الاتصال بمدير (المؤسسة الاتحادية للإعمال الديمقراطية العاجزة) وهو الشريك الأصغر في شركة أعمالي (الائتلافية للتوجهات الاختلافية غير المحدودة) واستغرق الأمر مني بعض الوقت قبل أن أتمكن من الاتصال به هاتفياً.

قلت له وأنا أحاول أن أخفف من وقع المشكلة: "هالو عزيزي (ميمي)، أنني آسف لإزعاجك في مثل هذا الوقت ولكن يبدو أن هناك مشكلة بسيطة تتعلق (بتفويضي)".

ومضت فترة قبل أن يرد (ميمي) قائلاً في لهجة حادة: "أتقصد أن تقول (تفويضنا)؟"

فسارعت بالإجابة : "أجل هذا ما قصدته حقيقة، فهو بالضبط (تفويضنا). ألسنا شريكين حميمين؟ أليس لي بحكم الشراكة نصف ما تملك؟ أليس لك نصف..." واستدركت قبل أن أسترسل في الحديث وأجد نفسي قد تورطت في التزام لا تُحمد عقباه فقلت: "على أي حال فان التفويض قد تعطل فجأة".

فسألني بنبرة تنضح بالشك والريبة: "وماذا فعلت له هذه المرة؟"

وأجبته بكل الصدق: "لا شئ في حقيقة الأمر فقد كنت فقط أقوم بوضع اللمسات الأخيرة لآخر تصوراتي لميثاق الشركة الانتقالي وذلك بعد أن انتهيت من إعداد مسودة القوانين البديلة. ويبدو أن (التفويض) قد تعرض في تلك اللحظة لارتفاع مفاجئ في الحرارة فبدأ ينفث الدخان ويصدر أصوات تشبه صياح الديك: كوكا كوكا كوكا دام فترة وبعد حشرجة أخيرة همدت الحركة في أوصاله".

سألني (ميمي) ونبرة الشك في صوته قد ازدادت عمقاً ووضوحاً: "أقمت بتحميل (التفويض) ما ليس بطاقته كمحاولة محو آثار السيمفونية المايوية في السلم الخماسي؟"

وأجبته على الفور: "أبدا والله لم أحاول ذلك اطلاقاً، فأنا أعرف أن (التفويض) لا يستحمل مثل هذا الضغط العالي ثم أنني بالطبع لن أفعل شيئاً من هذا القبيل قبل استشارتك أولا".

سألني وكأن الأمر لا يعنيه: "وماذا الذي تنوي أن تفعله؟"

قلت وأنا أختار كلماتي بحذر: "أسمع يا عزيزي (ميمي) لقد فكرت في الأمر وأرى أن نجتمع أنا وأنت ونفحص (التفويض) معاً ويمكننا أن نقوم بنقل الأجزاء المعطوبة أو المعطلة إلى أماكن أخرى داخل الجهاز بحيث لا يتعد الأمر تغيير في المواقع من غير إخلال بالتركيبة الأساسية

ثم نعيد توصيل الأسلاك وضبط التيار ونأمل بعد ذلك وفيكم البركة أن يعمل الجهاز من جديد".

أجاب (ميمي) بحزم لم أتعوده: "لا أعتقد أن أية محاولة للإصلاح من هذا القبيل ستنجح فقد حاولنا ذلك من قبل مرتين وفي كل مرة تصر على أن تقوم أنت لوحدك بعملية الترقيع".

كان محقاً فيما ذكر ولكني لم أخبره بذلك فليس من طبيعتي أن أعترف لأي شخص بأنه على صواب إذ أن ذلك يعني تلقائياً أنني على خطأ. وبعد تفكير عميق اقترحت عليه أن نقوم بشراء قطع غيار جديدة (للتفويض). ولكن (ميم) فاجأني بقوله: "أتدري ماذا يعني ذلك؟ أنه يستدعي الرجوع للمصنع الذي قام أساساً بتركيب (التفويض)".

بالطبع أدركت فوراً أن الرجوع للمصنع يشكل معضلة مستعصية الحل ويدخلنا في متاهات لا أول لها ولا أخر. وليس ذلك بسبب شح أو غلاء قطع الغيار فهي متوفرة ورخيصة والحمد لله وليست كالخبز أو الصابون أو البنزين والعياذ بالله. ولكن المشكلة هي كيفية جمع مجلس إدارة المصنع للتفاوض معهم بشأن قطع الغيار المطلوبة فلم أكن في حاجة لمن يذكرني أن اسم المصنع هو (المؤسسة التأسيسية للمتغيبين).

وأنا أفكر في هذه الكارثة الجديدة أتاني صوت (ميمي) عبر الهاتف وهو يقول: "وإذا قررت الرجوع للمصنع لشراء قطع الغيار فلا بد أن نقوم أولاً بإعادة النظر في مذكرة عدم التفاهم المبرمة بين مؤسستي وشركتك".

امتعضت غاية الامتعاض من هذا الاسلوب غير التفاوضي فما الداعي لنبش موضوع "مذكرة عدم التفاهم" في هذا الوقت بالذات؟ ولكن يبدو أن ثقته غير المتناهية في نواياي لا حدود لها.

فقلت وأنا أحاول أن أدير دفة الحديث مرة أخري لمشكلة قطع الغيار: "ولكن كيف يمكننا أن نعقد اجتماعاً كامل النصاب؟"

وأقترح (ميمي) أن أقوم بتوجيه المراقب المالي باستيراد مجموعة جديدة من سيارات (الكرسيدا) وتوزيعها على الأعضاء ولكن كان تقديري أن تصرفاً من هذا القبيل من شأنه أن يفتح شهيتهم للمزيد فقلت له: "أنهم لم يتمكنوا بعد من بيع كل السيارات التي وزعناها لهم عندما احتجنا لأصواتهم أخر مرة وحرام أن نثقل عليهم بتوزيع دفعة أخري وكأننا نحثهم على احتراف تجارة بيع السيارات اليابانية".

فكر (ميمي) وقدر ثم فكر وقدر ثم صاح قائلاً: "وجدتها! وجدتها! لماذا لا ننظم لهم مهرجاناً (لزواج الزهراء)؟"

وبغريزتي التي لا تخطئ تيقنت على الفور أن هذا الاقتراح هو مفتاح الحل، وودت من كل قلبي تهنئة (ميمي) على هذا الذكاء المتقد الذي لم أعهد فيه من قبل. ولكني قررت أن لا افعل فتهنئته تعني بالضرورة الانتقاص من ذكائي. ثم أن التهنئة قد تثير شكوكه أو تزيد من طموحاته. فقلت وأنا أحاول أن أخفي حماسي المتدفق لاقتراحه: "انها فكرة لا بأس بها يا عزيزي وأعتقد انها تستحق المحاولة، وعلى أي حال سأقوم بتنفيذها ودعنا نرى ماذا تكون النتيجة." أخبرني أن أظل على اتصال دائم به "لوضعه في الصورة" وحذرني قبل انهاء المحادثة ألا أقوم بعمل أي شئ من خلف ظهره.

بدأت أفكر وأنا أشحذ ذهني: انها فعلاً فكرة رائعة، مهرجان حافل (لزواج الزهراء) من إنتاج وإخراج وتمثيل العبد لله، إن احداً لن يفوت فرصة المشاركة في مثل هذا المهرجان وبالذات أعضاء (المؤسسة التأسيسية للمتغيبين) والذين سيكون عدم تغيبهم ملفتاً للأنظار في هذه المناسبة.

نظرتُ إلى (التفويض) المعطل القابع في ركن مكتبي وبدأ لي بالياً وعاجزاً، فتملكني شعور بالكراهية نحوه وانتابتني رغبة جامحة في التخلص منه. ولكن كيف؟ وفجأة ومضت في ذهني فكرة جهنمية، فبدلاً من أن أطلب قطع غيار للتفويض القديم سأطالب بتفويض جديد بمواصفات جديدة. وقمت على الفور بكتابة المواصفات قبل أن أنساها. أولاً: يجب أن يكون للتفويض طاقة تنفيذية عالية وبضمان كاف لمدة عامين على الأقل؛ ثانياً: أن يكون

استعمال التفويض وقفاً على شخصي فقط؛ ثالثاً: أن لا يسألني أحد عن كيفية وماهية استعمال التفويض.

وبعد أن فرغت من كتابة المواصفات فركت يداىّ اعجاباً بما توصلت اليه عبقريتي، ولم أتمالك نفسي من الضحك وأنا أتخيل منظر شريكي (ميمي) وهو يسمع بهذا المقلب، فالمسكين لن يستطيع أن يلوم أحداً على غفلته فقد كان بمقدوره الاحتفاظ بفكرة مهرجان (زواج الزهراء) لنفسه. وبدأت أروح وأغدو فرحاً في مكتبي وأنا أردد الخطبة العصماء التي سأطالب فيها بالتفويض الجديد في الاحتفال المرتقب.

وأنا مندمج في تهويماتي سمعت طرقاً على الباب ودخل المدير التنفيذي لمكتبي وقال لي هو يرتعد خوفاً: "سيدي ان صهرك قد جاء يطلب مقابلتك". صحت فيه وأنا أستشيط غضباً: "أنت تعرف جيداً العداء والكراهية بيني وبين صهري وتعرف أنني لا أطيق رؤيته ولا سماع مراوداته الدينية فلماذا لم تخبره أن يذهب لحاله ويتركني لحالي؟"

تلفت مدير المكتب يمنة ويساراً ثم قال كالمذهول: "سيدي انه يقول انه أتي خصيصاً لينظم معك ترتيبات مهرجان (زواج الزهراء)". ألجمت الدهشة لساني، فكيف عرف الداهية بخطتي وبهذه السرعة المريبة؟ لا بد أن شريكي الخائن لم ينتظر طويلاً قبل تسريب الخبر إليه. وانتبهت وأنا في هذه الدوامة لصوت مدير مكتبي وهو يقول في حيرة: "سيدي ماذا أفعل؟ ان صهرك يدعي أن شركته (للتأمينات الإيمانية الأصولية) لها كافة حقوق إقامة مهرجانات (زواج الزهراء)".

يا للعنة! جلست وأنا أفكر في هذه المصيبة غير المتوقعة. نظرت إلى تفويضي المعطل مرة أخرى وتيقنت في تلك اللحظة أنني لا أستطيع العيش من غير تفويض جديد وعليه يتوجب أن أكون واقعياً فإذا كان ثمن حصولي على التفويض الجديد هو أن أعقد صفقة مع صهري المناكف فليكن. ثم أن مواقفي المبدئية التي لا أحيد عنها قيد أنملة ليست بتلك الدرجة من التصلب. وبعد أن هدأت خواطري طلبت من مدير مكتبي أن يسمح له بالدخول وكست

وجهي ابتسامة عريضة وأنا أهب لاستقباله بالأحضان وأنا أردد: " أين كنت طوال هذه السنين يا (مستشاري) الأوحد والأمين؟"

الايام ٤ أبريل ١٩٨٨

60

العميل المزدوج

دأبت صحافة الجبهة الإسلامية وخاصة صحيفة (ألوان) على اتهام بعض الشخصيات الأكاديمية بينهم كاتب المقال بالشيوعية (وصفته منشوراتهم خلال الفترة الانتقالية "بالوزير الأحمر")، ثم تمت ترقيته أثناء فترة الديمقراطية الثالثة إلى عميل للمخابرات الأمريكية وأراد الكاتب في هذا المقال أن يبرهن على صحة هذا التناقض باتهام نفسه بالعمالة المزدوجة!

كان الوقت قرابة الثالثة صباحاً عندما صحوت مرتاعاً على رنين جرس التلفون المتواصل، ولعل مصدر انزعاجي أن تلفون منزلي قد همدت حرارته منذ سنوات وقد تأكدت بنفسي أن الروح قد فارقته عندما قمت في لحظة غضب بنزع أسلاكه وبركل الجهاز إلى ركن قصي. فلا أحد يستطيع إذن أن يلومني إن توهمت لفترة بأنني أحلم. نظرت حولي وأنا أدعك عينيّ وتيقنت أن ما يحدث هو الواقع المعاش وليس أضغاث احلام، فالتلفون المنزوع الأسلاك يرن فعلاً وبإصرار غريب. رفعت السماعة أو بالأحرى ما تبقي منها وجاءني صوت عاملة الهاتف يسأل إن كنت على استعداد لتلقي محادثة دولية على أن أتعهد بدفع قيمتها محلياً. زاد اندهاشي فالأمر لم يعد يخص شأن هاتفي الذي أصبح يعمل لاسلكياً بل شمل أيضاً هذا التطور المفاجئ في الخدمات الهاتفية بحيث أصبحنا نتعامل بين ليلة وضحاها بنظام الدفع المحلي (collect call) للمحادثات الدولية كما يحدث في كل أنحاء العالم المتحضر!

وحقيقةً لم يتوصل إدراكي القاصر للسر وراء هذه الطفرة التقنية، إلا أنني خمنت أن حكومة الوفاق قد بدأت فعلاً في تنفيذ البرنامج الرباعي للإنقاذ والإصلاح والتنمية منذ ليلة

البارحة. وبعد انتظار قليل قمت خلاله بعملية حسابية سريعة لتقدير قيمة المحادثة المتوقعة وما يعادلها في سوق العملة "الأسود" أخبرت عاملة الهاتف إنني على استعداد لتلقي المحادثة. مضى بعض الوقت ثم سمعت صوتاً يقول: "هالو! انني أتحدث من تلفوني السري فهل خطك مؤمن؟"

قلت: "ان تلفوني يعمل لاسلكياً ولا أعتقد أن هناك ضماناً للأمان أكثر من ذلك. ولكن قل من أنت؟"

فأجاب: "أنا ميشا". وبدا لي صوتاً مألوفاً ولكني لم أتذكر من يكون وشعرت بالحرج في أن أساله عن ذلك. ولكنه أراحني من الإحراج عندما سألني بلهجة حذرة وكأنه يريد أن يتأكد من أنني الشخص المقصود: "هل هذا أنت يا محدوف بشيروفتش حامديتري؟"

ألجمت الدهشة لساني فقد تذكرت حينها أن "ميشا" هو اسم التدليل لمخائيل سيرجييش جورباتشوف. لم أعرف ماذا أقول فقد تملكني إحساس غريب من التوجس والرهب،فماذا يا تُرى يريد مني السكرتير العام للحزب الشيوعي السوفيتي؟

وجدت نفسي أردد كالأبله: "ميشا؟ ميشا؟ أأنت مخائيل جورباتشوف؟"

قال بضحكة جافة: "طبعاً، ومن كنت تتوقع؟ رونالد ريجان؟"

أجبت وأنا أحاول أن أطمئن نفسي أن السؤال والضحكة الجافة التي صاحبته لا ينطوي على مغزي آخر أكثر من المزاح الثقيل: "أبداً، أبداً ولكن لم يحدث أن تشرفت بالتحدث معك عبر الهاتف من قبل".

قال جورباتشوف: "أسمع يا محدوف بشيرفيتش أنا أتصل بك لأمر هام وعاجل للغاية، فقد اطلعت لتوي على تقرير كنت قد طلبت (الكي.جي. بي) أن تعده عنك بعد أن قرأت المقال المنشور بصحيفة (ألوان) العدد ٣٢٣ الصادر الخميس ٣٠ ذو العقدة ١٤٠٨ هجرية".

لم اصدق أذني فقد كان ما قاله جورباتشوف محيراً ومربكاً وخطيراً، فما الذي يجعل الزعيم السوفيتي يقرأ احدي صحف الجبهة القومية الإسلامية؟ انه امر لا يصدقه العقل! وقبل أن أفيق من الدوامة التي داهمتني تابع جورباتشوف حديثه قائلاً: "إن المقال الذي أعنيه يتحدث عن (التحالف المنكود) بين الشيوعيين واليسار الأمريكي الذي يمثله أشخاص معروفين ذُكر اسمك ضمنهم، وهذا التحالف كما تقول الصحيفة يعمل لخدمة مصالح (الغرب الصليبي) و(الشرق الملحد) و(الصهيونية العالمية). ثم أن المقال يصفك بأنك (أحد أقطاب جمعية سي.آي.ايه. الخيرية)".

ولا يمكن لأحد أن يتصور حالتي في تلك اللحظة والمشاعر المتضاربة التي اعتملت في داخلي. فمن ناحية تملكتني رغبة جامحة في الضحك فمجرد التفكير في أن ميخائيل جورباتشوف يقرأ صحيفة (ألوان) كان كفيلاً بأن يقتلني ضحكاً، ومن ناحية أخرى كان نفس الأمر كفيلاً بدق الاسفين الأخير في نعشي. ولم أجد ما أقوله غير أن أقر بحقيقة أنني لم أقرأ المقال المذكور.

سألني جورباتشوف بلهجة لا تخلو من الحدة: "هل هذه محاولة منك لإنكار ما ورد في المقال؟".

أجبت بسرعة: "كلا يا ميشا وأقسم بشرفي الماركسي أنني لم أتشرف بمطالعة المقال الذي تعني. ثم أنني لا اقرأ عادة إلا صحافة القمامة مثل (لوموند) و(التايمز) و(القارديان) و(الواشنطون بوست) وشبيهاتها في الصحافية المحلية إن وجدت".

وعندما لم يعلق جورباتشوف تابعت حديثي قائلاً: "هذا بالإضافة إلى ان الحصول على صحيفة (ألوان) كما تعلم لا يقل مشقة عن الحصول على قطعة خبز أو جالون بنزين، فأعداد (ألوان) تنفذ قبل أن تخرج من المطبعة تماماً كما يختفي الرغيف قبل أن يخرج من الفرن والماء قبل أن يخرج من الماسورة. ولكن قل لي يا ميشا كيف تتحصل أنت على الصحيفة؟".

أجابني وأكاد أحس بنبرة الفخر في صوته: "ان كل عدد من (ألوان) يكون دائماً على مكتبي قبل أن تذهب الجريدة للمطبعة. انني ابدأ يومي بقرأته قبل (البرافدا) و(إزفستيا). لقد تطورت الصحافة عندكم ممثلة في (ألوان) لمستوي رفيع شكلاً ومضموناً. انه أمر رائع ومحير في نفس الوقت، فأخبرني يا محمدوف بشيروفيتش كيف تمكنتم من التقدم والازدهار في هذا المجال في حين فشلتم فشلاً مزرياً في كافة المجالات الأخرى؟".

سجلتُ على الفور ملاحظة ذهنية بأن أقوم بتسديد اشتراك سنوي لصحيفة (ألوان) في الصباح الباكر. وقبل أن أجد الوقت لأفكر في إجابة مقنعة لسؤال جورباتشوف فوجئت بسؤال آخر جعل الرجفة تسري في أوصالي فقد سألني: "بخصوص هذا المقال فأننا نريد أن نعرف على وجه التحديد لماذا ربطت (ألوان) بينك وبين ما يسمي اليسار الأمريكي؟".

شعرت بالعرق يتصبب من وجهي وبدأ الخوف يعتصرني: تُرى هل انكشف أمري؟ ولكن بذكائي المعهود أسعفني الخاطر بأن أستغل إعجاب جورباتشوف الواضح بصحيفة (ألوان) لأبعد أي شبهة حولي، فقلت وأنا أتصنع الابتسام: "الحقيقة انه مما يثلج الصدر أن صحيفة مثل (ألوان) قد صنفتني باليسارية الأمريكية فهذا من شأنه أن يساعد في ايجاد التغطية اللازمة والتمويه الضروري لمهمتي الحقيقة ومن يدري فقد يكون المقال قد كتب بإيعاز غير مقصود من جانبي".

وبدت إجابتي مقنعة على الأقل في تقديري، ولكن لم أكن أعرف ما يدور في ذهن جورباتشوف الذي بادرني بقوله: "إن هناك بعض الأشياء الواردة في المقال والتي لم نتمكن من استيعاب معناها تماماً، فمن هو اليسار الأمريكي على وجه التحديد؟".

أجبت بسرعة: "أنه الإسم الحركي لرونالد ريجان".

قال: "لقد لاحظنا ان الاسماء التي ذكرتها (ألوان) كممثلين لهذا اليسار الأمريكي تضم العديد ممن يحملون اسم "بشيروفيتش" مثل (محمدوف عمرتيشي بشيروفيتش) فما هو تفسيرك لهذا التطابق الغريب بين (البشيرية) و(اليسارية الأمريكية)؟"

أجبته: "ان الأمر لا يحتاج حقيقة لتفسير، فاسم (بشيروفيتش) كما تعلم (شائع) عندنا ولهذا فإن من يحمله يكون مؤهلاً تلقائياً لاحتضان (الشيوعية) أو اليسارية الأمريكية المتحالفة مع الشيوعية، أو على أسوأ الفروض اعتناق العلمانية".

سألني جورباتشوف مستغرباً: "وما دخل العلمانية بذلك؟".

فأجبته: "على حسب التحليلات العلمية والموضوعية لصحيفة مثل (ألوان) لم يكن لي شرف مطالعتها بإنتظام فان العلمانية هي الوجه الآخر للشيوعية فلا يمكن لشخص أن يتطلع للعلمانية قبل أن يكون شيوعياً في المقام الأول ومثل هذا التحليل المنطقي لا يحتمل أي تأويل آخر أو رأي مخالف. فالحقائق الأصولية لا تقبل الجدل البيزنطي".

سألني: "وماذا عن جمعية (سي.آي.ايه) الخيرية؟".

قلت وأنا أختار كلماتي بحذر: "إن هذا الموضوع شائك للغاية ويتعلق بنادي (للأعضاء فقط) من صفوة المستثمرين في البنوك الخاصة والذين يضاربون في الحبوب الزراعية والعملة الأجنبية ومن المعروف أنهم ينتمون (لدار مال عالمية) مقرها في جينيف ومسجلة في جزر الباهاما وتتعامل بالمضاربة في أسواق المال العالمية ومن المؤكد أنها سميت بجمعية (السي. آي. ايه) الخيرية لأعمالها الرابحة في أمريكا اللاتينية حيث يقومون بخلط الكوكايين بالدقيق والمبيدات الزراعية وما شابه ذلك".

قال جورباتشوف وكأن المعلومات التي ذكرتها معروفة عنده سلفاً: "دعنا نعود لموضوع المقال فقد قمنا كما تعلم بتجنيدك في الماضي بعد أن أطنبت (ألوان) في وصفك بالشيوعية والعمالة، فكيف تفسر إذن اتهام الصحيفة لك الآن باعتناق اليسارية الأمريكية؟ كيف يستقيم هذا مع إصرارهم السابق على ميولك الشيوعية؟"

ولا أخفي أنني حرت في كيفية مواجهة تلك الأسئلة التي أطلقها تجاهي ولعنت في سري اليوم الذي قررت فيه التعاون مع الروس فلم أكن أعرف أن لهم خاصية تعقيد أمور ليس من داع لتعقيدها. ولكن كان لا بد من الإجابة فقلت وأنا أضع يدي على قلبي: "لا أعتقد أن

هناك تناقض فيما ذكرته (ألوان) يا ميشا فقد أكدت الصحيفة نفسها ان اليسار الأمريكي متحالف مع الشيوعيين ولا غرابة في ذلك على الاطلاق فقد توصلتم يا ميشا مع رونالد ريجان في قمة موسكو الأخيرة لاتفاقية الحد من الأسلحة النووية".

وبدت لي إجابتي مقنعة وقاطعة وخطر في ذهني أنه اذا كان الكبار يعملونها فلماذا تُحَرم على الصغار. لم أقل هذا بالطبع لجورباتشوف ولكني انتهزت فرصة الصمت الذي خيم عليه وتابعت قائلاً: "ثم ان اصحاب (ألوان) أناس خيرون ولعلهم أرادوا بتصنيفهم الأخير أن يفتحوا أمامي أبواب الاسترزاق غرباً (بالدولار) بعد أن فتحوه لي شرقاً (بالروبل) وهو بلا شك جهد مقدر منهم وخصوصاً ان (روبلكم) كما تعلم يا ميشا يمر بمرحلة (قلاسنوست) الإنفتاحية".

وجاءني صوت جورباتشوف وهو يسأل: "أتظن حقيقة يا محمود بشيروفيتش أنهم أناس خيرون؟" تعجبت لسؤاله ولم أستطع أن أحدد من نبرة صوته إن كان يشوب سؤاله نوع من السخرية أم باتت تراوده تطلعات لاستكشاف مزايا اليسارية الأمريكية! ولكني أجبته بحماس: "انني لا أشك اطلاقاً في خيرتهم فقد تصدوا لحمل هموم البلاد الروحية منها والمادية ولو اتخذت الجماعات الأخرى ذات المنحى لوجدنا الحلول الناجعة لكل مشاكلنا. فالمعاناة المعيشية ستنتهى لو اقتنعنا انه ليس بالخبز وحده يحيا الانسان والعطالة ستختفي لو أصبحنا كلنا عملاء والحرب المستعرة في الجنوب سيخمد أوارها لو اقتنع قادة التمرد انه لا تفضيل لشمالي على جنوبي إلا بالدرجة المطلوبة من المواطنة. انهم حقيقة هبة السماء للمستضعفين على الأرض، فأحدهم قد جاءنا بحل عبقري لمشكلة السكن يتمثل في بناء قصر في منطقة السكن العشوائي. والآن ونحن نعيش فترة الوفاق الوطني فإننا بلا شك نرى الظلام في نهاية النفق المضئ، فحكومة الوفاق قد شمرت عن ساعد الجد لتنفيذ سياسة العقد الاجتماعي لتوفير المساواة الإجبارية".

سألني جورباتشوف بتعجب: "وما هي المساواة الإجبارية؟".

أجبته: "انها المصطلح السوداني المقابل لسياسة (البريسترويكا) لإعادة البناء التي تبشرون بها يا ميشا، إلا أننا نعني بها بناء المساواة الإجبارية للتمتع بالحياة. فنحن مثلاً نتلذذ بشرب ماء الطين معاً ونستمتع بانقطاع التيار الكهربائي في مساواة وفاقية رائعة ونقف نتسامر في صفوف الخبز طوال الليل. اننا باختصار نعيش مجتمع (الوفرة في الندرة)".

ولم يتحدث جورباتشوف لفترة طويلة وأكاد أجزم أن الذي شغل ذهنه في تلك اللحظات هو أنه كان يسائل نفسه اذا كان كارل ماركس قد تنبه وكتب شيئاً عن نظرية (العقد الاجتماعي لتوفير المساواة في المعاناة الإجبارية). وتوقعت أن يمطرني بوابل من الاسئلة عن النظرية ولعنت خمولي المعهود الذي حال دون قراءتي للكثير مما كتب عن ميثاق السودان والعقد الاجتماعي وميثاق الوفاق ومشروع وبرنامج الانقاذ والإصلاح الرباعي وهلمجرا.

ولكن جورباتشوف فاجأني بقوله: "ان كل هذه المعلومات متوفرة لدينا وما أريد أن أصل اليه هو الآتي: اذا أخذنا في الاعتبار كل ما قلته ومع الحقائق الواردة في مقال (ألوان) فان ذلك يقودنا إلى سؤال مهم للغاية ونريد أن تجيب عليه بكل صراحة". سكت جوباتشوف لحظة ثم القي بقنبلته: "هل يعني كل هذا يا محمدوف بشيروفيتش أنك تنوي مزاولة العمالة المزدوجة؟"

لم يكن السؤال مفاجئاً فحسب بل كان مأزقاً حقيقياً وأدركت على الفور ان الروسي الداهية كان يعرف كل شئ عن تحركاتي الخفية واتصالاتي المريبة. أسقط في يدي ولم يعد أمامي مجال للإنكار ولكني قررت في ذات الوقت ان هذا المأزق القاتل لن يدفعني للانهيار فلعل جورباتشوف يمتحن مدي صلابتي ومن يدري فقد تمكنني حصافتي من الخروج من تلك المحنة بأقل الخسائر.

تذكرت ما قرأته في كتب تدريب الجواسيس بأنه يتوجب دائماً الإجابة على السؤال المحرج بسؤال آخر، فقلت في حركة مراوغة يحسدني عليها (مارادونا): "وهل تريدني يا ميشا أن ألعب دور العميل المزدوج؟" وعندما لم يجب أردفت بسرعة: "انني أعلم أن العمالة

المزدوجة لعبة خطرة ولكني على استعداد للمخاطرة من أجل قضية البناء وبرنامج الإصلاح الرباعي".

وجاءني صوت جوباتشوف في كلمات تحمل في طوياها نبرات من الشك: "وما هو الضمان أنك لن تعمل لصالح الامريكان؟"

قلت وأنا أتصنع الضحك: "أرجو الا تشغل نفسك بمثل هذه الوساوس يا ميشا فهم لا يعرفون شيئاً عن عمالتي لكم لأنهم لا يقرأون صحيفة (ألوان) فلا تقلق في هذا الشأن، وكما تعرف من تجربتك الشخصية مع ريجان فلهم مقدرة فائقة في تصديق أي شئ. صدقني يا ميشا انها فرصة نادرة لي لاحتراف العمالة المزدوجة ولن تندم أبداً إذا سمحت لي باغتنامها".

وحبست أنفاسي وأنا في انتظار قرار جورباتشوف إلى أن قال بعد فترة خلتها دهراً: "حسناً يا محدوف بشيرفيتش، سأبحث الأمر مع الرفاق في المكتب السياسي للجنة المركزية ولا تقلق فسأوصي بالموافقة لكن عليك التزام جانب الحذر فلا أريد أن اقرأ في (ألوان) أنك أصبحت أحد اقطاب الجمعية التعاونية للمنتجات الصينية".

طمأنت جورباتشوف وشكرته من كل قلبي. ووضعت سماعة التلفون جانباً وأنا اتصبب عرقاً فقد كانت تجربة قاسية ومأزقاً حرجاً خرجت منهما بأعجوبة. نظرت من النافذة لأري تباشير الفجر تطارد فلول الظلام وتملكني شعور غامر بالسكينة وراحة البال وانزاحت عن كاهلي بواعث القلق والأرق. كانت التجربة قد أنهكتني ذهنياً وأرهقتني جسمانياً فشعرت بالاسترخاء يغمرني والنعاس يداعب جفوني.

وفجأة صحوت من غفوتي على رنين التلفون المتواصل. قفزت واقفاً وأفكار متضاربة تتصارع في ذهني: ماذا حدث؟ هل تمكن جورباتشوف من جمع أعضاء المكتب السياسي في هذا الوقت الوجيز؟ أم لعله قد غير رأيه في الموضوع برمته؟

رفعت السماعة بيد مرتجفة وجاءني صوت عاملة الهاتف وهي تسأل إن كنت على استعداد لتلقي مكالمة خارجية على أن أدفع قيمتها محلياً، فصرخت فيها بأن تقوم بتوصيل المحادثة فوراً. ثم سمعت صوتاً يسألني: "هل هذا أنت يا مهمد؟" كان صوتاً أعرفه جيداً فقد سمعته مرات عديدة في أفلام (الكاوبوي) والأفلام البوليسية من الدرجة الثالثة.

قلت وأنا اشعر بقلبي يغوص لقدمي: "نعم انني على الخط يا روني".

قال الرئيس رونالد ريجان: "انني أتحدث من تلفوني السري فهل خطك مؤمن؟".

لم أحاول أن أزيد من إرهاقي بالرد عليه فتابع ريجان حديثه قائلاً: "أسمع يا مهمد أن أمامي تقرير طلبت من (السي.آي.ايه)أن تعده عنك".

وجدت نفسي لا شعورياً أقاطع ريجان قائلاً بصوت أنهكه الارهاق: "لا تقل لي يا روني أنك أيضا تقرأ صحيفة (ألوان)؟".

فرد ريجان مستغرباً: "وكيف عرفت ذلك؟".

وعندما لم أجبه أستطرد قائلاً: "في واقع الأمر أن التقرير يتعلق بما ورد في المقال المنشور بصحيفة (ألوان) العدد ٣٢٣ الصادر يوم الخميس ٣٠ ذو القعدة ١٤٠٨ هجرية...."

الأيام ٤ أغسطس ١٩٨٨

حكاية الهوية المتبادلة

*رسم صحيفة الأيام

الإمام الغائب   وزير الإعلام الإنتقالي

كانت السلطات المصرية قد رفضت أن تسمح للكاتب بالإقامة في مصر إثر عرض تلقاه للتدريس في الجامعة الأمريكية بالقاهرة وفي نفس الوقت كانت العلاقات السودانية-المصرية قد ساءت نسبة لرفض مصر تسليم الرئيس المخلوع جعفر نميري للسودان، ووسط شائعات حول تآمر مصري لإعادته للسلطة.

كنت جالساً في بهو الفندق الكبير أرتشف كوباً من الليمون البارد عندما لمحت وزير شئوني الخاصة وحافظ أسراري الذي عرفه الناس خلال ولايتي الحميدة باسم "السيد عشرة في المية" (Mr. Ten Percent). أمعنت النظر فوجدته كعادته في منتهى الأناقة يرتدي بذلة (باريسية) المظهر والمصدر. للحظة تملكتني الدهشة فماذا يفعل (تن بيرسنت) في الفندق الكبير في حين يُفترض أن يكون نزيلاً في سجن كوبر؟ ولكني خمنت أنه خرج من السجن في احدي جولاته الليلية لحضور مناسبة اجتماعية للاحتفال والابتهاج على أنغام أغنية (يجو عائدين). وقبل أن أفكر في مغبة تصرفي وجدت نفسي أصيح به تلقائياً: "تن بيرسنت، تعال هنا!".

كان تصرفاً غير حكيم من جانبي فقد كان من الممكن أن يكشف هويتي الحقيقية. تلفتُ حولي وشعرت بالارتياح أن أحداً لم يعر صيحتي اهتماماً إلا (تن بيرسنت) فقد نظر في

اتجاهي وظلال من الدهشة والانزعاج ترتسم على وجهه. وبدأ يتحرك نحوي بمشيته الخيلاء وعندما وقف أمامي قال بنبرة هادئة يتدفق منها الاحتقار:"اسمع يا زول، أنا لا أتعامل مع أساتذة الجامعة المفلسين من أمثالك".

حدقت في عينيه وقلت له بصوتي الحقيقي: " شنو يا (تن بيرسنت) انت ما عرفتني؟" وفجأة برقت في عينيه علامات التعرف وانطرحت أساريره وصاح وكأنه لا يصدق ما يراه: "ده انت يا ريس" واحتضنني والدموع تنهمر من مقلتيه وبدأ ينتحب وهو يردد بهستيرية "والله عائد يا ريس والله كلنا عارفين أنك عائد عائد يا ريس".

حاولت تهدئته حتى لا ينكشف أمري ولكن كان من الصعب عليه تمالك نفسه وبدأ يردد في لهفة: "متين حنرجع القصر يا ريس؟". طلبت منه في حزم أن يجلس ويستجمع هدوءه وبروده المعهود وقلت له بصوت خافت:"لازم ناخد الأمور بحذر فوجودي هنا جزء من مخطط كبير لاستعادة سلطتي المسلوبة والموضوع يتطلب أن نتبع سياسة الخطوة خطوة وعشان كده أنا جيت بنفسي للإشراف على كل العملية"

فسألني (تن بيرسنت): "وعشان كده يا ريس انت متنكر في شكل وزير الثقافة والاعلام الانتقالي؟"

فأجبته متقززاً: "أيوه لانو ما كان في طريقة غير كده. ده زول غبي وتم استدراجه بكل سهولة لبلد المنفي اللي كنت في ضيافته، فلمن عرضت عليه مؤسسة اكاديمية هناك يجي يدرس عندهم العوير قبل طوالي، وبعد داك الجماعة أصحابنا قاموا بإجراء عملية تجميل ليهو عشان يبقي يشبهني في الشكل والمشية والكلام الخالق الناطق وأنا شفته بعد العملية والله الكلام بتاعه اتحسن كتير من لغته التعبانة ايام الفترة الانتقالية. وبعدين أصحابنا قاموا بعملية تشويه لي حتى أظهر زي شكله وكلامه ومشيته بالضبط ويظهر نجحوا فيها فحتى أنت ما عرفتني في الاول. وطبعاً كنا متوقعين الحكومة الغير شرعية هنا تستمر في المطالبة بتسليمي ولو ده حصل كان أصحابنا حيسلموه على اساس انه أنا". ولم اتمالك نفسي من الضحك وأنا أتابع: "ويمكن تتخيل حاله وهو يحاول يشرح ليهم انو ما انا! طبعاً كان

حيفتكروه – يعني يفتكروني – صواميله فكت ويدوه حكم مخفف ذي ما عملو معاك يا (تن بيرسنت). لكن للأسف ده ما حصل لأن حكومة ابو كلام دي بطلت المطالبة بتسليمي"

قال (تن بيرسنت) مدهوشاً: "والله دي خطة جهنمية يا ريس ولكن التنفيذ لازم يتم بسرعة فالجماعة ديل نشفوها خالص هنا".

قلت له مطمئناً: "ما تخاف يا (تن بيرسنت) الخطة ماشه كويس وبعد عودتنا للسلطة حأقوم بترقيتك لعشرين في المية".

فرك (تن بيرسنت) يديه فرحاً ولكن مسحة من الوجوم بدت فجأة عليه فسألته عما يزعجه فقال: "والله خائف يا ريس ناس (بي تو B2) ما يفضلوا لينا فيها حاجة". وقبل أن أتمكن من الإجابة عاجلني بسؤال آخر عن احتمال فشل خطتنا فأكدت له أنه ليس هناك مجال للفشل على الإطلاق. فقال وهو يحاول إخفاء قلقه: "لكن يا ريس شايف الجماعة ديل مكنكشين فيها قوي"

بدأت أتضايق من هذا القلق غير الطبيعي وغير المنطقي فأخبرته بحدة أنه لو "الجماعة ديل مكنكشين فيها قوي" كما يَدعِي لما سمحوا له ولأقرانه بالطلوع والنزول من السجن على مزاجهم والاستشفاء داخل وخارج البلاد على حساب الدولة. وأضفت قائلاً: "ما نحن كمان كنا مكنكشين فيها قوي ويمكن ده يكون سبب نكبتنا. وبعدين تعال شوف الجماعة ديل شغالين في الفارغة كيف، فنحن حاولنا تعويم الجنيه السوداني بس ديل عاوزين يعلموه السباحة زي التقول دايرين ينافسوا بيه في الالعاب الاولمبية".

وبعد برهة من الصمت استطردتُ موضحاً أوجه الشبه بين سياسات الحكومة وسياساتي فقاطعني(تن بيرسنت) قائلا بتلهف: "لكن ياريس تنفيذ العملية حيكون متين؟" فأجبته: "زي ما قلت ليك نحن شغالين بخطة خطوة-خطوة وحسع قربنا للخطوة قبل الأخيرة ومنتظرين الجمعية التأسيسية تجيز القانون الجنائي الجديد. بس المحيرني ليه ما خلو قانوني السبتمبري مستمر ما دام ما في فرق بين قانون ١٩٨٣ وقانون ١٩٨٨ المقترح. تاعبين نفسهم ليه يا (تن بيرسنت) وإيه لزوم لجنة التشريع للقوانين البديلة؟".

قال: "والله يا ريس أنا أمور القوانين الجنائية دي ما بعرف فيها كتير لكن اللي فهمته أن القانون الجديد أقوي من بتاع ١٩٨٣".

فقلت: "والله يمكن كلامك صاح يا (تن بيرسنت). فأخونا الشيخ المستشار اللي عمل لينا قانون ١٩٨٣ وعمل أيضا القانون الجديد أضاف ليهو حد الردة، ودي لو كان دخلها في قوانين سبتمبر بتاعتي كنت قرضت البلد كلها". ووجدت نفسي أفكر في الدوافع التي حدت بمستشاري السابق لوضع قانون أكثر شمولية قمعية الآن من الذي صاغه لولايتي المايوية.

قال (تن بيرسنت) وكأنه يقرأ أفكاري: "يا ريس ما تخلي حكاية المستشار دي تزعجك كتير فزي ما أنت عارف محاكم العدالة الناجزة كانت ناجزة فعلاً ولولا نكسة الانتفاضة لتمكنت يا ريس من التخلص من كل الخونة والعملاء والملحدين والمارقين والطابور الخامس والسادس كمان".

وصمت فترة ثم قال: "ولكن قل يا ريس كيف القانون الجنائي المعروض في الجمعية التأسيسية حيساعدنا في الخطة بتاعتنا لاستعادة السلطة؟". نظرت اليه وتساؤل يدور في خاطري عن التدهور الذي حدث لذكائه المعهود، هل أثرت الفتره القصيرة التي قضاها في فندق كوبر على تفكير عقله المنظم؟.

قلت له موضحاً: "لو الجمعية التأسيسية – والحمد لله عندنا فيها عدد كبير من ناسنا – لو أجازت القوانين الاسلامية البديلة فمن المفروض أن يكون هناك إمام لتطبيق القوانين ولزوم البيعة وكده. تفتكر مين عنده المؤهلات اللازمة؟"

أجاب (تن بيرسنت) مهللاً: "طبعاً انت ياريس، فالشيخ وابو كلام بقت ما عندهم مصداقية وفي البلد دي ما في زول عندو التجربة الإمامية غيرك يا ريس".

نظرت اليه والفرحة تتراقص في عينيه وبالطبع أسعدني انحسار قلقه ولكن ولأمر يخص طبيعتي السادية أردت أن يشاركني بعض ما يقلقني فقلت له: "ولكن أكثر حاجة مزعجاني هو تقمصي لشخصية وزير الثقافة والإعلام الانتقالي، فحسب الدور في الخطة مفروض أن

اقوم بتدريس العلوم السياسية بجامعة الخرطوم عشان ما ألفت الأنظار ولكن بيني وبينك يا (تن بيرسنت) فأنا لا أعرف أي حاجة عن حكاية العلوم السياسية دي".

وهنا انتفض (تن بيرسنت) وهتف متحمساً: "ده كلام شنو يا ريس؟ أنت أكثر زول مؤهل في هذا المجال، ده انت جربت عملياً كل الأنظمة السياسية الموجودة وغير الموجودة في الدنيا وزدت عليها كمان من عندك ما عارف شنو، وانت لو وقفت ساكت قدام الطلبة وما قلت أي حاجة هم يفهموا كل حاجة".

أعجبني إطراءه فهو في مجال الدهسنة عبقري زمانه، فقلت له: "طبعا كلامك صاح كالعادة يا (تن بيرسنت) طيب افتكر أحسن تمشي دلوقتي عشان الحفلة ما تفوتك".

وقف (تن بيرسنت) وقبل أن يودعني سألني: "لكن قل يا ريس وزير الثقافة والإعلام الانتقالي المسكين حاصل ليه شنو؟"

قلت وصوتي ينضح بكل المرارة والحرقة والغضب: "مسكين ايه ده ما مصدق النعمة النزلت عليه من السماء. عارف مستجد النعمة ده عامل شنو؟ ده بدل ما يكون قاعد هنا يدعك في التحضير والتدريس والطباشير قاعد مروق في الفيلا بتاعتي هناك وآخر حفلات وتهييص..."

الأيام ١١ نوفمبر ١٩٨٨

حكاية المصداقية المفقودة

صحوت ذات صباح لأكتشف أن (مصداقيتي)قد اختفت. كان أول احساس خالجني هو ان هناك خطأ ما عندما وقفت أمام المرآة لأضع عمامتي فرأيت لدهشتي وحيرتي البالغة أن (مصداقيتي) لم تعد في مكانها المعتاد، وفي البداية اعتقدت أنني قد وضعتها في مكان آخر فطفقت أبحث عنها في أرجاء الغرفة فنظرت في كل مكان ولم أجدها. أفرغت محتويات الادراج ودواليب الملابس على الأرض ونظرت تحت الأسِرّة ولكن دون جدوى. فصحت منادياً زوجتي: " شفتى مصداقيتي يا ولية؟"

فردت بدورها متسائلة: " مصداقيتك ياتا؟"

وأنا أهم بالرد عليها تذكرت فجأة أنني لا أعرف الاجابة. كيف تصف مصداقيتك؟ هل تقول أنها الشئ الذي امتلكته بالغريزة منذ مولدك والذي يجعل الناس يصدقونك ويؤمنون بك؟ أم هي شئ تحصل عليه بالمكر والدهاء؟ هل هي شئ ترثه مع أسم وثروة وتراث العائلة؟ أم أن

هناك أكثر من مصداقية تحت التصرف حسب الظروف والطلب؟ أليس غريباً أن لا تجد تعريفاً محدداً لمصداقيتك؟

ويمكنكم سادتي تفهم القلق الذي انتابني فلقد كان عندي برنامجاً حافلاً في ذلك اليوم بالذات: فاولاً كنت قد نظمت مؤتمراً صحفياً لأسال نفسي كل الأسئلة المهمة التي يتجاهل الصحافيون توجيهها لي، وبعدها كان هناك اجتماع للمجلس الائتلافي الاعلى للأسرتين الكبيرتين أقوم خلاله بإنكار أو توضيح أو التحفظ على كل الاجابات التي ادليت بها في المؤتمر الصحفي. وبعد ذلك كان عليَّ القاء الكلمة الافتتاحية في مؤتمر تنظيم العائلة السنديكالية عن (كيف تغير شريكك من غير أن تجهد نفسك أو يطرف لك جفن)

غني عن القول إذن أنه لم يكن يمكنني أن أقوم بكل هذه الارتباطات العائلية والسياسية من غير (مصداقيتي) فاختفاؤها سيكون أول ما يلاحظه الناس خاصة الصحافيون الملاعين. ويمكنكم أن تتخيلوا الاسئلة المحرجة التي كانت ستوجه لي:

سيادتك هل المصداقية اختفت بمحض ارادتها أم لأنها شمّت الشطة وعطست؟

سيدي هل المصداقية في زيارة لقوانين سبتمبر البديلة وسترجع بعدها (بتوضيحاتها)؟

سيادتك هل المصداقية ذهبت للتفاوض على صرف التعويضات للعائلة أو الغائها؟

هل قام ناس الحركة الشعبية باختطاف المصداقية أو تصفيتها؟

ماذا يمكنني أن أقول يا سادتي؟ فلن يمكنني أن أعترف بان المصداقية قد اختفت أو حتى أن الاختفاء سيكون مؤقتاً فيمكنكم أن تتخيلوا عناوين الصحف الصارخة في اليوم التالي:

أبو كلام يعترف باختفاء المصداقية وسط تساؤل في الشارع عن مصداقية اعترافه.

الحركة الشعبية تنفي مسؤوليتها عن اختفاء المصداقية.

المليشيات المتعاركة تنزل للشارع لتحسم أزمة المصداقية المفقودة.

والأسوأ من ذلك ستكون تعليقات المشاهدين عند ظهوري في نشرات التلفزيون الاخبارية في المساء، فقد يقول أحدهم ساخراً: "الراجل ده داهية تمام! والله ممكن يكون صادق من غير مصداقيته؟". والأكثر ايلاماً من ذلك أن يشير إليّ أحد الاطفال الملاعين ويقول في كلمات لا يدري مبلغ حكمتها: "أنظروا مليكنا العريان"! وقد تكون آخر المهانة أن تضطر ادارة التلفزيون إلي بث اعلان تحذيري: (بعض المشاهد في التقرير الاخباري التالي لا تناسب من يقل عمرهم عن الثلاثين).

وأنا أفكر في مثل هذا الذل والهوان بدا لي أنه من المفجع أن تصل الأمور لهذا الدَرْك السحيق، وتذكرت أنه لم تمر ثلاثة سنوات منذ أن فزت بمصداقيتى في انتصار رائع كبير حسدني عليه كل عمداء الأسر الأخرى. ولكم كان المستقبل أمامنا واعداً حينها وأنا أطوف بها المنتديات والمنابر مستعيناً بها في شرح مهاراتي ومدح مناقبي. ولكم كنت دائماً أتخيل نفسي في منافسات الاولمبياد وأنا أشاهدها تحصد الميداليات الذهبية وأقول متفاخراً للمتفرجين من حولي والبهجة والسعادة تملأ جوانحي: "شايفين المصداقية ديك؟ أيوه ديك اللي حطَّمت الرقم العالمي في القفز بالزانة الطويلة؟ دي المصداقية بتاعتي"!

ولكن بمرور الزمن بدا وكأن علة خبيثة قد أصابت مصداقيتي فقد بدأت تفقد رونقها وحيويتها وأصابها الذبول والضمور واضطررت لوضعها على أرنبة أنفي حتى يستطيع الجميع رؤيتها والتأكد من وجودها. ولكني لم أتصور أن يأتي اليوم الذي تختفي فيه بالكامل.

و بينما أنا في هذه التهويمات المحبطة أتاني صوت أم العيال وهي تقول: "شوف يمكن نسيبك الملهوف لطش مصداقيتك؟ دائما قاعد يستلف حاجاتك من غير ما يكلمك". فكرت للحظة الاتصال به ولكني تذكرت أنه سينكر كعادته أي معرفة بمكان مصداقيتي حتى لو كانت رهينة لديه. قررت في لحظة يأس أنه لا بديل لي سوى الاستعانة بمساعدي (الدائم) الذي عُرف رغم طيبته بطبعه الانفعالي الحاد الذي قد يناسب المعترك السياسي أكثر من دبلوماسية البحث عن مصداقية مفقودة.

استدعيته وأخبرته أنني أريده في مهمة عاجلة وخطيرة وتكتنفها حساسية قصوى.

هتف مقاطعاً بانفعال: "تقصد شوية المظاهرات اللي طلعت ضدنا دي، بس أديني الاشارة يا سيدي وأنا أنزِل المليشيات ونكسحهم من الشارع".

طلبت منه أن يهدأ وأخبرته بحكاية المصداقية المفقودة وأهمية العثور عليها.

قال وهو يحدق في وجهي بتمعن شديد: "والله ما شايف أي حاجة ناقصة، وبعدين يا سيدي منو البلاحظ حتة مصداقية ضايعة ".

أخبرته أن بعض الجهلاء قد لا يعجبهم أن يروا بعض الضمور في حجم أنفي.

قال بحماس: "لو بقت على كده أنا حأجيب الحل حالاً يا سيدي".

ومن غير ان ينطق بكلمة أخرى هرول خارجاً وتركني في حيرة من أمري، ولكن لم تمر دقائق حتى رجع وفي صحبته رجل ملتحٍ يحمل مبخرة ينبعث منها الدخان.

وقبل أن أن أفيق من دهشتي بادرني قائلاً: "ده يا سيدي احسن فكي لقيتو في (حمد النيل) وفيه البركة وان شاء الله يرجّع لينا المصداقية المفقودة".

ثم انحنى وهمس في أذني : "وعشان نكرِّب الموضوع كويس يا سيدي قلت نضيف شوية توازن ديني ونلعب على المضمون فجبت كمان واحد قسيس لقيتو حايم في (المسالمة) وخليتو قاعد منتظر بره".

١٨ ابريل ١٩٨٩

خذوني لزعيمكم

تملكني شعور بالاستياء الممزوج بالعكننة والنرفزة عندما قرأت قبل فترة افتتاحية لصحيفة (النيويورك تايمز) جاء فيها أنه لو وصل للأرض زائر من كوكب المريخ وقال "خذوني لزعيمكم" فسوف يتم أخذه على الفور للكرملين لمقابلة الرئيس ميخائيل جورباتشوف. وكنت على قناعة تامة بان أي شخص يزن الأمور بحنكة ومعرفة سيفهم الدعاوي المنطقية لاستيائي، فقد كان واضحاً أن تلك الافتتاحية المفترية تعكس عدم فهم الأمريكان بما يدور في عالمنا وتفضح جهلهم المطلق بالمقومات والركائز الأساسية لما يشكل دور الزعامة السياسية. وحتى صحيفة (برافدا) السوفيتية لن تبلغ بها الصفاقة لتقترح مثل هذا الإدعاء السخيف أو أن تحاول المجاملة تلميحاً بأهمية أخذ زائر المريخ لمقابلة الرئيس جورج بوش، فأي مراقب متمرس في السياسة الدولية يعلم جيداً أنه لو هبط زائر من كوكب آخر وقال "خذوني لزعيكم" فسأكون أنا أول من يستحق شرف مقابلتي.

هذا لا يعني بالطبع التقليل من شأن ومكانة الرفيق ميخائيل جورباتشوف كما ليس عندي أي حساسية شخصية تجاهه، بل العكس تماماً فأنا أول من يعترف بأنه زعيم محبوب وموهوب، فمظاهرات الطلاب في الصين تهتف باسمه وزعماء العالم يتكالبون للنظر لطلعته البهية ويبدو أنه حتى مارجريت ثاتشر قد أضحت متيمة به وهي تدخل فترة مراهقة ما بعد الستين!

ولكن يجب أن نحدد بصورة قاطعة لا تدع مجالاً للتأويل أو التشويش أن جورباتشوف لا يملك خبراتي ولا يتمتع بالهيام المتبادل بيني وبين السلطة والذي تمتد أوصاله لأكثر من عشرين عاماً، كما لا يمكنه الإدعاء بأنه من سلالة القياصرة أو أن جده الاكبر قد هزم الاتراك في حرب (القرم). ثم لا يعقل أن شخصاً ملحداً يجهل الأبعاد الأصولية لمزايا القواعد الاجتماعية يمكن أن يكون الزعيم الحقيقي أو الممثل المثالي للجنس البشري. وبلاده ذاتها مع اتساع رقعتها ليس لها التفرد العرقي الخاص الذي تمتاز به بلادي فمنذ متى أصبحت لبلاده مشكلة قبليات ولا أقول أقليات كالتي نتمتع بها منذ الاستقلال؟ ورغم سياسة (البيرسترويكا) التي قرر جورباتشوف انتهاجها فالأمل ضعيف ان تلحق بلاده بركبنا وتنضم لمجموعة الدول الاكثر تخلفاً التي نتشرف برئاستها. وعليه فليس للرجل ولا لبلاده المؤهلات اللازمة ليلعب دور المضيف لأي زائر مهم من الفضاء الخارجي.

وقد صدق حدسي ودقة تحليلي منذ أيام قليلة عندما فوجئت بوزير داخليتي يندفع داخلاً مكتبي وهو يصيح كالمعتوه: "سيدي، سيدي، حصلت حاجة غريبة والله!"

قلت وعلى وجهي ابتسامة العارف ببواطن الأمور: "تقصد تقول واحد من المريخ نزل عندنا؟"

قال والدهشة تكاد تقفز من عينيّه: "كيف عرفت بالحصل ده يا سيدي؟"

ولكي أبرهن له أنني أعرف أكثر من ذلك قلت: "وكمان قال تأخدوه لمقابلة زعيمكم، مش كده؟"

ورد الوزير فاغراً فاه: "والله ده اللي طلبه بالضبط".

سألت وأنا أتصنع عدم الاهتمام: "وين هو دلوقت؟"

فأجاب: "هو نزل في ميدان ابو جنزير وأنا رحت هناك وأخدته طوالي للوزارة للتحقيق معاه عشان ما عنده تأشيرة دخول وكمان ما عنده تأشيرة خروج من المريخ. أما الناس المنتظرين في الميدان فقاموا هاجمين على مركبته مفتكرنها حافلة جديدة للمواصلات. والله خليتهم متشاكلين في تسمية خط سيرها، واحدين مصرين على أنها لخط الكلاكلة-زحل وناس حالفين طلاق انها لخط الثورة-عطارد بالنص".

فقلت له بحدة: "لازم توقفوا العبث ده فوراً، وحسع امشي جيبو هنا طوالي لمقابلتي".

هرول الوزير خارجاً وبدأت أجوب مكتبي والأفكار تتزاحم في ذهني عن الخبطة الإعلامية التي سيثيرها هذا الحدث العظيم. ناديت مدير مكتبي وطلبت منه إحضار المزيد من الميكروفونات والاتصال بمحطة الاقمار الصناعية لتكون على أهبة الاستعداد لبث الحدث عالمياً، كما وجهت بتجهيز المولد الاحتياطي تحسباً لانقطاع الكهرباء المعتاد ففي مثل هذه المناسبات النادرة لا ينبغي أن تترك الزيارة انطباعاً سلبياً.

سألني مدير المكتب: "سيادتك عايز نجهز حاجة خاصة للزائر المريخابي؟"

فنهرته قائلاً: "اوعك تجيب صفة (مريخابي) تاني، انت عاوز عاوز ناس الطيب عبدالله وبكري عثمان يطلعوا لينا مظاهرة احتجاج؟".

بعد فترة عاد وزير الداخلية وبصحبته مخلوق صغير لا يزيد طوله عن القدمين وله رأس ضخم ورقبة طويلة وذراعان تكادان تلامسان الأرض ورجلان قصيرتان للغاية ولاحظت من أول وهلة أن نوراً يشع من سبابة يده اليمني. شعرت بألم حاد في ظهري وأنا أنحني لمعانقة ضيفي القادم من المريخ والذي بدأ عليه الارتباك والاضطراب. كنت على وشك أن (أنبهل) في خطبة ترحيبية عصماء عندما طرأ في ذهني أن ثمة حاجز لغوي قد يقف حائلاً بيننا. فسألت المخلوق الصغير: "أي لغة يتحدث حضرتكم؟" فأجابني بلغة عربية تغلب عليها

اللهجة السودانية: "لقد تمت برمجتي للتحدث بأي لغة موجودة على الأرض ولكني شخصياً أفضل التحدث باللغة اللاتينية".

تنحنحت وأنا أقول: "والله كان بودي ادردش معاك باللاتيني ولكن في مثل هذه المناسبات أفضل الحديث بلغتنا الرسمية". فهز رأسه موافقاً فاعتدلت في جلستي وأنا أنظر لغابة الميكرفونات المزروعة أمامي وقلت بصوتي الخطابي المشهور: "أسمح لي أيها الزائر الكريم أن أعبر لك عن عظيم امتناننا لاختيارك الهبوط عندنا وزيارة بلادنا المضيافة.."

وقبل أن أتابع خطبتي قاطعني والتعاسة تبدو على وجهه: "الحقيقة انا جيت هنا عشان ما في بلد تاني قِبل يستقبلني".

شعرت وكأن دشاً بارداً قد صُب عليّ وقلت وأن أحاول أن أتمالك نفسي: " ليه الحصل شنو؟"

فأجاب: "والله دي قصة طويلة فبعد بداية رحلتي نزلت اولاً في مكان يسمي (الميدان الأحمر) ولكنهم ادوني كم شلوت ورموني داخل مركبتي وأخبروني ان أغادر المكان فوراً وقالوا ان آخر واحد حاول ينكت عليهم بالنزول بمركبته في الميدان الأحمر قضى اكثر من تسعة أشهر في سجن موسكو. الحقيقة كان الموقف غير مضياف من جانبهم".

وبالطبع لم يكن مثل هذا التصرف الأخرق غريباً على الروس الأوباش ولكني لم اقل ذلك له وإنما سألته: "وعملت شنو بعد داك؟"

فقال: "انطلقت بمركبتي ونزلت بالقرب من مكان يسمي (البيت الأبيض) ولكنهم اخبروني ان المكان محظور فرجوتهم ان ياخذوني لزعيمهم فقالو أنه مسافر خارج البلاد والزول الماسك مكانه هو نائب الرئيس ويدعي (دان كويل) وطلب مني واحد يبدو أنه رئيس الأمن عندهم بمغادرة المنطقة فوراً الا اذا كنت أنوي اغتيال المدعو (كويل) فقلت لهم انا زول سلام ومش زول كتل وسألتهم اين يمكن ان اذهب قعدوا يضحكوا وقالوا لي ان أفضل مكان هو ساحة (تيان آن مين) في مكان يسمي بكين".

سكت المخلوق الصغير برهة وهو يهز رأسه بأسي وقال بنبرة حزينة: "يبدو أنهم افتكروني اكبر نكتة مشت على الأرض منذ.." ولم يكمل عبارته وإنما نظر بتوجس إلى وزير داخليتي!

فكرت في ذلك التصرف غير الإنساني والذي يعكس غرور وغطرسة الأمريكان الامبرياليين. ولكني في تلك اللحظة كنت قد أصبحت مشدوداً للقصة الغريبة التي يرويها الزائر من المريخ، فسألته وحب الاستطلاع قد تمكن مني: "وهل طِرت لبكين؟"

فأجاب: "ايوه طرت طوالي على هناك ولكني وجدت ساحة (تيان آن مين) مليانة بآلاف الشبان وهم يكوركو ويهتفوا وعاملين جوطة كبيرة وواحد منهم واقف قدام دبابة وحالف ما يزح جاي وألاّ جاي، وبيني وبينك قبل ما انزل واطلب منهم ياخدوني لزعيمهم خفت ياخدوني للزول الواقف قدام الدبابة فرحت يا زول مخرم وتابعت طيراني طوالي".

فسألته: "ورحت وين من هناك؟"

قال: "والله حاولت النزول في أكثر من مائة مكان وفي كل حته كانت تلاقيني نفس المواقف العدائية يعني ما في زول كان مستعد يستقبلني والظاهر أنهم كلهم لم ياخذوني مأخذ الجد".

رأيت الدموع ترقرق في مقلتيه وتابع حديثه بصوت تخنقه العبرات: "وبعد محاولات كتيرة نزلت في مكان قريب منكم في حته اسمها (أديس أبابا) وطلبت منهم ياخدوني لزعيمهم فقالوا الايام دي مشغول بالجماعة اللي كانوا سيخلفونه في الزعامة والظاهر عامل ليهم عزومة عشا او حاجة زي كده، فقلت ليهم يا جماعة حسع امشي وين فقالوا احسن اجي عندكم عشان بلدكم مشهورة بالكرم والضيافة وكل من هب ودب داخلين طالعين ولا من درى ولا من شاف".

ونظر إليّ المخلوق الصغير من خلال عينيه الدامعتين وقال: "وكمان ذكروا حاجة كويسة عنك انت شخصياً".

فسألته وقد إنفرجت أساريري وأنا لا أكاد أخفي لهفتي: "حاجة كويسة عني؟ قالوا شنو بالضبط؟"

فأجاب: "قالوا انك راجل متمهل في قراراتك وعندما يجئ الوقت لاتخاذ قرار بشأني تكون الدنيا انقلبت".

حاولت ان أخفي خيبة املي فقد كنت أتوقع أن يسهبوا في وصف مزاياي وانجازاتي. وسألته أنا أحاول التظاهر بالحسم: "وما هي مهمتك بالضبط؟"

قال وهو ينظر بحزن إلى سبابته المضيئة" "كل ما اردته من الرحلة دي ان اجد بعض الاطفال لألعب معهم".

شعرت بموجة من العطف والحنان تملأ جوانحي فهذا المخلق المسكين لا يريد أكثر من أطفال يلعب معهم. قلت له بابتسامة حنية: "دي حكاية بسيطة وحنجهزها لك بعد التشاور مع الجهات المعنية طبعا. وحتى نصل إلى قرار في هذا الموضوع احب ان اؤكد ليك اننا نرحب بك في بلادنا".

قال والحزن لا يزال مخيماً عليه: "انا ذاتي في الاول افتكرت كده ولمن نزلت ميدان ابوجنزير الناس جات جارية ولكن اكتشفت ان اهتمامهم كان في المركبة بتاعتي وبس ورجوتهم ياخدوني لزعيمهم ولكن الناس كلها قعدت تتدافر وتتشاكل لركوبها. الحكاية شنو انتو ما عندكم مركبات فضائية؟"

اجبته من غير أي لف أو دوران: "طبعا عندنا بس الأيام دي في شوية مشكلة في البنزين".

ولحسن الحظ كان واضحاً أن المخلوق لم يفهم ما قلته وبدأ يفرك أصابعه الطويلة في عصبية واضحة ثم قال بنبرة مرتعشة وهو يشير متوجساً لوزير الداخلية: "وبعدين الزول ده جاء وطلب يشوف تأشيرة الخروج في باسبورتي. والله أنا لغاية حسع ما فاهم حكاية الباسبورت وتأشيرة الخروج دي شنو؟ بس زولكم ده استمر يصرخ وهو يردد كلمة (أمبو) وهددني بأني لو كنت محظور من السفر من بلدي ما حيسمح لي بالمغادرة". وصمت برهة ليمسح العرق المتصبب على جبينه وقال وكأنه يتمتم لنفسه: "يا ريتني ما سمعت كلام ناس (أديس أبابا)".

شعرت بموجة جديدة من العطف تجتاحني فأخبرت المخلوق ألا يهتم بموضوع التأشيرة ونظرت لوزير الداخلية شذراً وأنا أقول: "أما بالنسبة لتصرفات الوزير فسأقوم بتشكيل لجنة للتحقيق معه". وهنا اصفر وجه الوزير وقال وهو يرتجف: "أنا غلطان سيدي والحكاية دي امسحها في وشي بس خليني من حكاية لجنة التحقيق دي". فقلت على الفور: "خلاص معليش نعملها لجنة تقصي حقائق".

التفتُ نحو الزائر الفضائي وقلت وابتسامة بشوشة تظلل وجهي: "والآن يا ضيفنا العزيز عاوز نعمل ليك شنو عشان نخلي اقامتك معنا مريحة وسعيدة؟"

ولدهشتي البالغة أجاب المخلوق بصوت خافت وهو ينظر إلى الأرض: "عاوز ارجع بلدي".

ولم أدر ماذا أقول وعندها أنحنى وزير الداخلية نحوي وهمس: "والله يا سيدي أنا خائف المركبة بتاعته تكون ما موجودة فبالطريقة اللي الناس كانوا متزاحمين فيها يمكن حسع تكون قطعت نص المسافة إلى زحل او عطارد!"

ويبدو أن المخلوق قد سمع ما قاله الوزير فقد رفع رأسه وقال: "ما تنزعجوا بخصوص طريقة رجوعي لبلدي".

نظرت اليه مستفسراً فتابع حديثه وهو يضع سبابته على فمه: "كل الدايرو منكم تتصلوا بواحد في هوليوود اسمه (ستفين سبيلبرج) وتحكوا ليه المصيبة اللي أنا فيها دي وتقولوا ليه إي تي (E.T.) بيقول ليك التوبة لي حبوبة تاني ما أطلع براي من الاستديو ولو قطعوا رقبتي الطويلة دي......"

٢٤ يونيو ١٩٨٩

87

فترة حكم الإنقاذ (حزب المؤتمر الوطني)

فمضى المأمور يقول: "دي دايماً طريقتي في الانتخابات: الحرية المطلقة، اترك الناس تنتخب على كيفها، لغاية ما تتم العملية الانتخابية، وبعدين أقوم بكل بساطة شايل صندوق اصوات وأرميه في الترعة، وأروح واضع مطرحه الصندوق اللي نحنا موضّببينه على مهلنا".

- توفيق الحكيم: يوميات نائب في الأرياف

عبثا باقول واقرا في سورة عبس
ما تلومش حد إن ابتسم أو عبس
فيه ناس تقول الهزل يطلع جد
وناس تقول الجد يطلع عبث
عجبي!

يا شعب نايم ع الرصيف
وبالمقشة بتتكنس
فيك ناس بتشقي ع الرغيف
وناس بتتعب م التنس
عجبي!

- من رباعيات صلاح جاهين

بوتين وبشار والانتنوف وأنا

رن هاتفي المحمول ولم أصدق عينيّ وأنا أرى اسم الشخص الذي يطلبني وللحظةٍ فكرت في تجاهل المحادثة ولكن الفضول غلبني: تُرى ماذا يريد مني الرفيق بوتين بعد كل هذه السنين الطوال التي مرت منذ رئاسته السيئة السمعة وكالة المخابرات السوفيتية (KGB) في الاتحاد السوفيتي القديم إلى تتويجه مرتين قيصراً لإمبراطورية روسيا الجديدة؟

بادرني بالسؤال: "هل أنت محمدوف بشيروفتش حامديتري؟"

فأجبت: "نعم أيها الرفيق فلاديمير فلاديميروفتش"

فقال (بوتين) في حدة: "خلاص حكاية رفيق دي خليناها من زمان. انت لسع بتدرِس علوم سياسية يا محمدوف بشيروفتش؟"

أجبت: "أبداً سيادة الرئيس فقد تمت إحالتي منذ سنوات طويلة لما يُمكن أن نسميه مجازاً المعاش الإجباري وأنا لم أتخطُ الأربعين حينذاك. لكن المشكلة أيه سيادتكم؟"

فقال ونبرة من الحزن تطغى على لهجته: "بصراحة كده يا محدوف بشيروفتش كل المستشارين السياسيين بتاعيني مختلفين نعمل شنو في هذا البشار الأسد. قلت أشوف واحد من عملائنا القدامي في المنطقة يمكن تكون عنده فكرة وكده".

فكرت للحظة أن أقترح عليه الاستعانة بأحد المستشارين في رئاسة جمهوريتنا (ولا أدرى لماذا قفز إلى ذهنى اسم "الطفل المعجزة") ولكن تذكرت أنه عملاً بسياسة التقشف الأخيرة في المناصب الدستورية فقد جرى تقليصهم إلى أربعمائة مستشار فقط ولا شك أن جميعهم مشغولون هذه الأيام بفك طلاسم المشكلة "القوشية" وتحليل الاشكال "الغازي" في المسألة الخلافية للحركة الاسلامية وبدراسة التداعيات الكروية لقيام المريخ بتسجيل هيثم وعلاء نكاية في الأسرة الهلالية.

وبعد تفكير طويل قلت: "والله ياسيادة الريس مشكلة بشار دي معقدة شوية ولازم الحل يكون جذري. فإذا كان بيدك أوراق خاسرة فالأحسن تقلل خسائرك (cut your losses) زي ما بيقولوا أصحابنا الأمريكان وتتخارج وكده وألعب بأوراق جديدة، وأفتكر في هذه الحالة الميئوس منها ترسلوا للرفيق بشار طيارة أنتنوف من الموديل البعتوه لينا زمان وتطلبوا منو يجي موسكو للتشاور وقبل ما يصلكم تكون مشكلتكم انحلت. بس سيادتك تتأكد الطيارة دي من دمشق لموسكو طوالي يعني ما تلف جاي ولا جاي وتقوم تقع في تركيا أو إيران وتعمل ليكم مشكلة تانية".

قال بوتين وقد ظهر في صوته الارتياح: "تفتكر كده يامحدوف بشيروفتش؟ طيب ورينا نرسل ليك الروبالات في أي بنك؟"

قلت على استحياء: "والله سيادتكم بصراحة الروبالات بتاعتكم دي بقت ما بتخارج فلو ممكن تدفعوا بالدولار الايام دي شايفو طالع شديد وبالعدم ممكن ترسلوا شوية كلاشنكوف وآربيجي وحاجات من النوع ده فالسلاح سوقه كمان مولع نار".

فرد بوتين ببروده المعتاد: "طيب نرسل ليك مجموعة من الأسلحة وكويس ذكرتني حكاية الأنتنوف فهي أحسن وسيلة توصيل لمطار الخرطوم إذا سمحت لينا إسرائيل باختراق

مجالكم الجوي". وقبل أن أصيح به أنني أقبل الدفع بالروبل كان الملعون قد قفل الخط. وجلست أفكر في هذه المصيبة التي قادني جشعي إليها ووصلت إلى قناعة أنه للتكفير عن الجريمة التي سوف أرتكبها عند تحطم الأنتنوف في مطار الخرطوم فعلى الأقل يمكنني أن اخبر احد الذين فلقوا دماغنا من طالبي "الشهادة" إياهم بالتواجد على ممر الهبوط بالمطار ليلبّي رغبته الشديدة تلك فيريحنا ويستريح. ولكن المشكلة أن (بوتين) لم يخبرني بميعاد وصول الأنتنوف. فهل من الشهامة أن أطلب من طالب "الشهادة" هذا أن يعسكر في ممر الهبوط لفترة قد تمتد لأيام أو أسابيع يجمد خلالها أعماله الدستورية الهامة؟ ثم من يدريني أن بني إسرائيل يوافقون على اختراق الروس لمجالنا الجوي وإن انتابني إحساس قوي بموافقتهم الفورية حال علمهم بالهوية (الأنتنوفية) للطائرة المعنية.

وأنا في هذه الحالة من التشتت الذهني والصراع النفسي تتدافعني هواجس متضاربة رن هاتفي الجوال ولم أصدق عينيّ وأنا أرى اسم الشخص الذي يطلبني وللحظة فكرت في تجاهل المحادثة ولكن الفضول غلبني: تُرى ماذا يريد مني الرئيس الأمريكي باراك أوباما؟

١٨ ديسمبر ٢٠١٢

"يوم يُذبح الثور الأبيض"

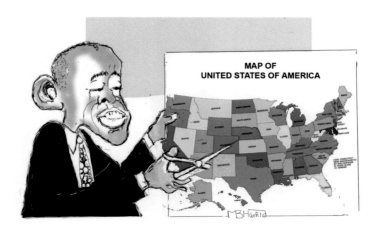

رن هاتفي المحمول ولم أصدق عينىّ وأنا أرى اسم الشخص الذي يطلبني وللحظةٍ فكرت في تجاهل المحادثة ولكن الفضول غلبني: تُرى ماذا يريد مني الرئيس باراك أوباما؟

بادرني سائلاً:"هل هذا أنت يا مستر مهمّد هامد؟".

وعندما أجبت بنعم استطرد أوباما قائلاً: "أسمع يا أبوهميد عاوز أشاورك في موضوع مهم للغاية".

عجبني رفع الكلفة هذا ورددت عليه بالمثل فوراً: "والله يا بركة أنا دائما تحت الخدمة".

مرت فترة صمت طويلة جعلتني أتوجس من أن فكرتي في رفع الكلفة لم تكن صائبة تماماً.

و أخيرا قال: "طبعاً أنت عارف أني خصصت موقع في الwebsite بتاع البيت الأبيض لتلقي الشكاوى والمطالب من الجمهور وتعهدت أن أرد على أي طلب يحمل أكثر من عشرين ألف توقيع".

طبعا لم اسمع بشئ من هذا القبيل وإن كنت اعرف أن عندنا صندوق للشكاوى في عتبة القصر الجمهوري لا أظن أن أحداً اهتمّ حتى بالتبول فيه.

فقلت مهللاً: "والله نِعم الفكرة. ده إنتو ديمقراطيتكم قربت تحصل ديمقراطيتنا".

فرد بحدة: "اصبر عليّ شوية قبل ما تشطح بعيد، الحصل أني تلقيت طلبات للانفصال من سبعة ولايات جنوبية يحمل كل منها أكثر بكثير من عشرين ألف توقيع وتصوّر تكساس براها أرسلت أكثر من مائة وخمسين ألف توقيع ولسع العداد بيرمي".

" يا دي المصيبة! عاوزين كمان يشلّعوكم ذى ما شلّعونا".

فرد أوباما بهدوئه المعهود: "ولا مصيبة ولا حاجة. أنا قررت أستجيب لطلبات الانفصال بتاعتهم ولكن ما عارف اعملها كيف، هي نيفاشا دي قريبة منكم؟".

وبما أنى من مؤيدي الوحدة الجاذبة فقد تساءلت بألم وحرقة: "لكن ليه ياسيادة الريس؟".

فرد عليّ وكأن حالة من (الانتباهة) قد تقمّصته: "لأسباب اقتصادية وعرقية فالولايات ديل مقابل كل دولار بيدفعوه ضرائب بياخدوا دولارين تقريباً مساعدة من الحكومة المركزية يعني عايشين عالة علينا ولو انفصلوا حنوفر قروش تحل مشاكلنا الاقتصادية. ثم انهم مش زينا في العادات والتقاليد وبيني وبينك متخلفين شوية". وهنا لم أجد بداً من مقاطعته: "ولكن حتعملوا إيه في البترول الموجود ٧٠٪ منه في الجنوب؟".

فرد ساخراً: "خليهم يموصوه ويشربوا مويته أو يبنوا خط أنابيب للمكسيك، فأصحابنا في دول الخليج اتعهدوا بتغطية أي عجز لو بعنا ليهم هاواى". و تنحنح قبل أن يستطرد: "أما السبب الأهم فهو التركيبة العرقية لهذه الولايات التي بها أغلبية ساحقة من السكان البيض. تصور ٨٠٪ منهم صوتوا ضدي في الانتخابات الرئاسية الشهر اللي فات. وبعدين بعد ما نتخلص من الولايات دي حتبقي عندنا أغلبية من الأمريكان السود والمؤلفة قلوبهم من الشباب والهسبان والأقليات الأخرى في الولايات الفضلّت في الشمال وبعد داك نبدأ مشروعنا الحضاري".

وجدت نفسي أصرخ في سري: "ألحق يا حمدي أوباما لطش فكرة (المثلث) بتاعك!" وانتبهت إلى أن أوباما لا زال يتحدث عما سيفعله في الولايات بعد هذا التطهير العرقي للبيض في الجنوب: "ومين عارف بعد شوية نعمل تعديل دستوري زي العملو أخونا مرسي في مصر يُمكنّي من النزول في انتخابات رئاسية مرة ثالثة ورابعة وكده. إنتو رئيسكم لغاية الآن ليهو كم سنة في الرئاسة؟".

من المهارات التي تعلمتها منذ الصغر أن أجاوب أي سؤال لا أعرف الإجابة عنه (عادة لجهلي الفاضح في مادة الحساب) بسؤال آخر. فسألته بسرعة: "لكن موضوع الانفصال ده مش عاوز استفتاء أو حاجة زي كده؟".

وهنا قال أوباما بحماس دافق: "بالضبط يا أبوهميد، هذا هو مربط الفرس. هذا هو ما أردت أن تساعدوني فيه، وطبعا لازم نعمل استفتاء ولكن خايف الجماعة ديل يمقلبوني ويغيروا رأيهم وفي آخر لحظة يصوتوا ضد الانفصال. انتو الانفصال عندكم فاز بنسبة ٩٩٪ دي عملتوها كيف؟"

قلت بصوت خافض: "عملناها بتطبيق ما يعرف في قاموسنا السياسي بنظرية (الحقنة) يعني يفهموا أنك ما تديهم أي حاجة ولا حتى حقنة فاضية من برنامج الرعاية الطبية. ثم عليك أن تبدأ بالمناكفة وافتعال المشاحنات والملاسنات والمماحاكات مع (ريك بيري) حاكم تكساس وإذا فلوريدا أو نيواورلينز أو مسيسبي ضربها إعصار أو فيضان قول ليهم يحتسبوها عند الله. يعني باختصار تعمل أي حاجة عشان تكرّهم البقاء في الولايات المتحدة". وسكتُ برهة وأنا أحاول أن أوزن كلماتي نسبة لحساسية سؤالي: "ولكن الكرت المهم في العملية سيدي الريس هو: إنت عندك خال؟".

فأجاب مستغرباً: "أبداً ولكن عندي أعمام عايشين في كينيا".

قلت: "ولا يهمك يمكن أن نتجاوز حكاية الخال دي فنحن عندنا زول مدمن انفصالات ومتخصص في الأمور العرقية ويعارض بشدة حكاية خلط الأعراق والإثنيات والأنساب والديانات كمان وعمل المستحيل لجعل الوحدة طاردة، وبيقولوا ده لمن انفصل جنوب

السودان ضبح تور أسود ابتهاجاً بتلك المناسبة السعيدة".

قال أوباما بحماس: "ده الزول البنفع معانا فلو ممكن تكلمو يجي يساعدنا في إنجاح هذا الانفصال وبعد داك يمكن يضبح تور أبيض في حديقة البيت الأبيض".

قلت متهرباً: "والله ما أظنو يسمع كلامي وأفتكر أحسن تتصل بيهو مباشرة وناس (السي آى إيه) بتوعك ديل بيقدروا يجيبو ليك نمرة تلفونه زي ما جابو ليك نمرة موبايلي".

شكرني أوباما بحرارة ووعد أن يبعث لي دعوة خاصة لحضور الاحتفال في حديقة البيت الأبيض. وبعد فترة ليست بالطويلة سمعت أن (الزول إياه) قد سافر فجأة إلى الولايات المتحدة الأمريكية. اما أنا فما زلت أنتظر على أحر من الجمر "يوم يُذبح الثور الأبيض"!

وفي خضم انتظاري المحموم هذا إذا بهاتفي الجوال يرن ولم أصدق عينىّ وأنا أرى اسم الذي يطلبني وللحظةٍ فكرتُ في تجاهل المحادثة ولكن الفضول غلبني: تُرى ماذا يريد مني رئيس الوزراء الإسرائيلي بنيامين نتانياهو؟

٢٢ ديسمبر ٢٠١٢

الساطور

رن هاتفي ولم أصدق عينيّ وأنا أرى اسم الشخص الذي يطلبني وللحظةٍ فكرت في تجاهل المحادثة ولكن الفضول تملكني وتساءلت وأنا أضع يدي على قلبي: تُرى علام يطلبني رئيس وزراء إسرائيل بنيامين نتنياهو وماذا يريد مني هذا الصهيوني المتعصب؟ سمعته وهو يردد: "آلو شالوم شالوم هل هذا مخمدياهو بن-باشير خامد؟".

أجبت بلهجة جافة: "أيوه ده مخمدياهو ياهو ذاتو. إنت عاوز شنو؟ أنا ما عاوز أتفاهم مع واحد زيك!".

فرد والتهكم يتقطّر من كلماته: "يعني عاوز تعمل فيها بطل ووطني عليّ؟ ما إنت تفاهمت مع الروس والامريكان وقبضتها بالروبل والدولار ولا قايلنا ما عارفين؟".

أسقط في يدي وأنا أفكر في كيفية الخروج من هذه الورطة أتاني صوته وهو يقطر عسلاً: "روّق المنقة وخليك متفاهم شوية يا بوخميد ولو ماعاجبك (الشيكل) بتاعنا ممكن ندفع ليك بالجنيه السوداني". ووجدت نفسي أقول بالرغم عن نفسي فأنا ضعيف أمام الكلام المعسول: "والدولارات اللي بتخمو فيها بالشوالات من أمريكا دي ما لها؟".

قال نيتانياهو ضاحكاً: "زي ما عايز يا بوخميد وحسع نجي للجد" وتنحنح ثم سألني بجدية: "الساطور ده شنو؟"

أصابتني الدهشة وقبل أن أسأله "ليه إنتو ماعندكم جزارين في إسرائيل؟" استطرد نيتانياهو قائلاً: "نحن عارفين أنو سلاح سري ولكن لا نعرف مواصفاته. هل هو صاروخ جو-أرض أو أرض-جو ام جو-جو أو حاجة تانية خالص؟". تزايدت دهشتي وأنا أسائل نفسي عما الذي جرى للموساد التي ملؤوا الدنيا ضجيجاً بفعاليته ودقة معلوماته. قلت في حذر: "الحقيقة هو أرض-أرض ولكن مش صاروخ بالضبط".

فسألني: "طيب هو إيه؟" وكعادتي عندما تعوزني الإجابة سألته وأنا أتوجّس أن لا ينزلق لساني وأبوح بأكثر من اللازم: "لمن تزورونا المرة الجاية إنتو ناوين تنزلو جنود بالباراشوت؟". فرد باستغراب: "لا وليه نعمل كده؟". ومرت فترة صمت طويلة خشيت خلالها أن يكون قد توصل للحقيقة ولكن مخاوفي تلاشت حين استطرد سائلاً ونبرة من القلق في صوته: "تقصد الساطور ده من أسلحة الدمار الشامل الموجه ضد المشاة؟".

قلت وأنا أشعر بارتياح: "بالضبط وعشان كده لازم تعملو حسابكم لمن تزورونا تكتفوا بالطلعات الليلية وبس وكمان ما في داعي تطفو أنوار طياراتكم او تعملوا مواعيد زياراتكم وكت صلاة العشا".

ويبدو أن حكاية أسلحة الدمار الشامل قد استولت على تفكير نيتانياهو فقد سألني ونبرة القلق لا تزال واضحة في كلماته: "والساطور ده كيماوي ولاّ جرثومي ولاّ ذري؟".

فقلت بصدق: "والله حسب علمي هو سلاح دارفوري".

فصاح متسائلاً: "هل تقصد جانجويدي؟".

فقلت له بحزم: "ياخي ما تلخبط الكيمان، الجانجويد ديل جن راكبين حصين مهمتهم كمليشيات دعم الحكومة في فك الترابط القومي من خلال التطهير العرقي لكن دي حاجة تانية تماماً".

فقال: "والله حيرتونا يا سودانيين بالدغمسة بتاعتكم دي. نحن لمن ضربنا مصنع اليرموك افتكرنا اتخلصنا من اسلحتكم البدائية البترسلوها لحماس، تقومو تطلعو لينا بالساطور الدارفوري ده". وسكت برهة ثم سألني بلهجة لا تخلو من الاستفزاز: "طبعا الإيرانيين ساعدوكم في تصميم وتطوير هذا الساطور".

فقلت: "ابدا والله ده أنتاج محلي سودانيماية في المية قام بتصميمه والإشراف على تصنيعه أحد علمائنا الأفذاذ وهو هذه الأيام شغال في تصميم الساطور2 والساطور3. وإيران هي اللي طلبت نمدهم بالساطور بعد ما انتم والامريكان هدّدتوهم بضرب مفاعلهم الذري، وأظن لاحظتم سفنهم في ميناء بورتسودان تشيل وتشحن في السواطير وفي المقابل بتنزل لينا شحنات عيش ورز وطماطم وبصل وجرجير وحاجات زي كده عشان الأيام دي عندنا عجز بسيط في بعض الحاجات الغذائية والمعيشية".

وظننت للحظة أن هذا الرجل المعروف باللؤم والمماحكة سوف يسألني عن الذى حدث لشعارنا (نأكل مما نزرع ونلبس مما نصنع). ولكن يبدو أن ذهنه كان مشغولاً بأمور أخرى فقد سألني فجأةً: "والعالِم الفذ اللي صمم الساطور اسمه إيه؟".

وكنت على وشك أن أخبره إلا أني تذكرت قبل أن تخرج الكلمات من فمي العلماء الإيرانيين الذين قام الموساد بتصفيتهم بسيارات مفخخة. ويبدو أن نيتانياهو لم يتفهم تماماً عدم إجابتي على سؤاله فاستطرد بلهجته المعسولة: "تدينا الاسم يا بوخميد ونحن نضاعف أتعابك بالدولار، إيه رايك بقى؟".

وهنا انفجرت غاضباً وصحت بأعلى صوتي أنني قد أكون عميلاً مزدوجاً أو حتى ثلاثياً ولكني وطني حتى النخاع ولا ولن تسمح وطنيتي بأن أُعرض أي سوداني للتصفية الموسادية ولو دفعوا لي كنوز العالم كلها، وأن هناك خطاً أحمر لا يجوز له أن يطلب مني تجاوزه. ويبدو أن نيتانياهو قد تفاجأ بردة فعلي الغاضبة فقال بلهجة شبه اعتذارية: "معليش يا بوخميد، عرضنا بمضاعفة الأتعاب ما زال قايم ولو غيرت رايك اتصل بي في الرقم ده".

في مساء ذلك اليوم جلست أشاهد التلفزيون وأنا أهنئ نفسي بمواقفي المبدئية التي طالما

تبجّحت بها. ثم أعلن المذيع عن مقابلة تلفزيونية مع عالمنا الفذ صاحب الساطور،فهيأت نفسي للاستماع إلى حديثه وأنا أشعر بالفخر أنني جنبته المصير الذي طال عدداً من العلماء الإيرانيين. وأنا استمع لحديث عالمِنا هذا والدرر تتناثر من فمه بدأ الخط الاحمر يتلاشى وبدأت تنتابني رويداً رويداً الشكوك في أين تكمن وطنيتي حقيقةً، وقبل أن تنتهي المقابلة التلفزيونية كانت شكوكي قد تحولت إلى يقين وشعرت براحة نفسية عارمة وأنا أتصل ببنيامين نيتانياهو سائلاً: "قلتو مضاعفة الأتعاب بالدولار بتطلع بي كم؟"

١٨ ديسمبر ٢٠١٢

(الفجر الجديد)

سألني صاحبي: "رأيك أيه في الفجر الجديد؟"

فأجبت على الفور: "والله غاية الروعة وبفتكر أنها من أحسن أغاني عثمان الشفيع".

قال صاحبي بلهجة لا تخلو من الضيق: "يأخي بقصد الفجر الجديد بتاعت كمبالا".

فسألت بدهشة: "هي في واحدة كمان غنتها اسمها كمبالا؟"

فقال صاحبي وقد ارتفع صوته: "يا بني آدم أنا بقصد الفجر الجديد اللي وصفته الحكومة بالفجر الكاذب".

فقلت وأنا أهز رأسي تحسراً: "والله ناس المصنفات الفنية والغنائية ديل ماعارفين نعمل معاهم شنو؟ يسوطوا ويعوسوا في أغاني الناس زي ما عاوزين!".

وهنا نادى صاحبي على حفيدي الصغير وقال له: "تعال يا فالح فهّم جدك الخرّف ده الفجر الجديد معناها شنو".

فقال حفيدي وهو يحاول تحاشي النظر إليّ: "يا جدو إنت ماسمعت الأمين العام بتاع هيئة علماء السودان قال شنو؟ قال أي زول وافق على الفجر الجديد يعتبر كافر".

فهتفت صائحاً: "أعوذ بالله! كيفن يكفّروا عثمان الشفيع!".

وهنا استمر حفيدي قائلاً: "وكمان مساعد الريس وصف ناس الفجر الجديد (بشذاذ الآفاق) وقال (لحس الكوع) أسهل ليهم من إسقاط النظام".

فصحت فيه هائجاً: "متين مساعد الريس قال الكلام ده؟ إنت يا ولد بتجيب الكلام الفارغ ده من وين؟ إنت قاعد تقرأ الانتباهة بالدس؟".

فرد وهو يجري هارباً: "لا والله ياجدو ده بدرّسوا لينا في المدرسة".

وهنا هدأت ثورتي وبدأت التفكير في الموضوع من زاوية مختلفة وبجدية أكثر. فما دام هذا ما يدّرسونه لهم في المدرسة فلا داعي للانزعاج، فمدارسنا والحمد لله تعتبر النموذج الأمثل لكل المدارس في المنطقة العربية والأفريقية، هذا إذا لم تكن على مستوى العالم بأسره. ثم إن هيئة علماء السودان لا تقول إلا صدقاً ما دام هؤلاء العلماء الأجلاء لم يقصدوا تكفير عثمان الشفيع.

فقد بُح صوتهم، هؤلاء الأجلاء، وهم يدعون للطهارة (و"الطهورة" كمان) وتحريم المعاصي. فأصدروا الفتاوى بإباحة زواج الإيثار والمسيار ووجوب ختان البنات وإرضاع الكبير ومفاخذة الزوجة الطفلة ولا أحد يدري ما يدور في نفوسهم المريضة ليجعلهم مهوسين بهذا الشكل بمثل هذه الأمور. ثم أنهم حرموا إيجار الدور والمنازل لأنصار الحركة الشعبية ولا أحد يدري هل جرى تكفيرهم قبل هذه الدعوة لتشريدهم في الشوارع. ومشهود لهم تصديهم لمحاسبة الدولة في كل صغيرة وكبيرة حتى وصل الأمر حد تحريم سفر رئيس الجمهورية لخارج البلاد بحسبان عدم تعريض النفس للتهلكة، كما أنهم لا يتوانون في لوم

الحكومة إذا تأخرت في تمويل نشاطهم للقيام بعملهم في خدمة الله. ثم أنهم حرموا التعامل بالقروض الربوية إلا في الضرورات التي تبيح المحظورات مثل القرض الربوي من البنك الصيني والذي يجب تدريسه في الجامعات كأنجع مثال في اقتصاديات (فقه الضرورة) المتلازمة معها بالضرورة اجتماعيات (فقه السترة).

ولعل نجاحهم الأكبر تمثل في حملاتهم لاجتثاث الفساد المستشري في البلاد من جذوره مما جعلنا ننافس الدنمارك وفنلندا والسويد في احتلال مكانة "أقل الدول فساداً في العالم" كما جاء في أحدث مسح عالمي لمستويات الفساد في العالم كشفت عنه المنظمة العالمية للشفافية لعام ٢٠١٢، رغم ما يشيعه بعض الحاقدين بادعائهم أننا من بين ١٧٦ دولة في العالم طلعنا "تاني الطيش العند الله بعيش" بعد الصومال، أعانها الله وأبقاها دائماً ورقة توت لستر عوراتنا.

لابد لي في هذا المقام أن أعترف أن ما قاله السيد مساعد الريس، لا فض فوه، قد أصابني والحق يقال بشيء من خيبة الأمل. فالكلمات المنسوبة إليه من (لحس الكوع) و(شذّاذ الآفاق) رغم ما تحمله من بلاغة كلامية وأدبية عالية المستوي إلا أنه قد جرى تكرارها مما قد يعرضها لا قدر الله لكل ما يتعرض له التكرار حتى لو تعلّم منه الحمار. ثم إنها قد تثير التساؤلات مثلاً. عن لماذا يختص (الكوع) وحده بهذا التفرد اللغوي السيادي؟ فبدلاً من (لحس الكوع) كان يمكن لسيادته ذكر أطراف أخرى لا يمكن لحسها أيضا مثل (البوع) ولعل بلاغته اللغوية كانت تبلغ حد الإبداع لو قارنها بأطراف أخرى يمكن لحسها فهي في هذه الحالة تُنبيء عن حالة يمكن للعامة منا تفهمها وتفسر لنا بوضوح أكثر ما أراد سيادة المساعد ببلاغته العلمية وحسه الأخلاقي في التعبير عنه.

ثم إن تعبير (شذّاذ الآفاق) ترجع ملكيته الفكرية لشخص آخر (أكثر سيادة) ولا أحد يدري إذا كان السيد المساعد قد قام باستشارة هذا الآخر أو الاستئذان منه. وعلى سيادته التزام جانب الحذر في هذا الشأن فقد يكون الموضوع بالنسبة له مجرد (توارد خواطر) إلا أن السرقة الأدبية في مثل هذه الظروف قد تكون لها عواقب وخيمة فعليه أن (يبقى عشرة) على (أبو مركوب) من (بغاث الطير) ولكن هذا موضوع لحكاية أخرى. وعندما أُستعمل هذا

105

التعبير لأول مرة كانت له دلالته الأدبية البليغة ووقعه الشديد على مسامع الناس. فكلمة"شُذّاذ "جذرها "شذّ" "يشذ" فهو "شاذ" وجمعها "شُذاذ" وفي بعض ألسنة العرب "شواذ" ومنها جاءت كلمة "الشذوذ" أو "النشوز" بمعنى مخالفة الشائع المتعارف عليه وهو ما يمكن أن ينطبق على السواد الأعظم من السودانيين فهم دائماً مخالفون ولا يجتمعون على كلمة سواء ولا يعجبهم العجب ولا الصيام في رجب. أما كلمة "الآفاق" فهي جمع أفق وفي قول آخر تعني الأماكن المفتوحة إلى ما يمكن أن ينتهى إليه البصر بمعنى الامنتهى وقد فسرها بعض اللغويين بأنها تعني "الحوامة" بغير هدف أو التقدم إلي الخلف خَلقياً وأخلاقياً لما جاء على لسان الأعراب:

أرأيت في الماضي القريب شيخاً غريراً أرعنا

لا يتّقي شر العيون ولا يخاف الألسنا

إلا أن أغلب المؤرخين يرون أن هذا التفسير يفتقد الفذلكة التاريخية فالتورية في "الماضي القريب" غير مواتية، والأرجح أن "الآفاق" في هذا السياق الأدبي قُصد منها "كل الأمكنة". فإذا ربطنا المعنى التعريفي الأول بالمعنى البلاغي الثاني يصبح المعنى الإجمالي هو "السواد الأعظم من الناس في كل مكان".

ولعل هؤلاء من عناهم السيد الأمين العام لهيئة علماء السودان عندما أخرجهم من ملة الإسلام لمجرد إعجابهم بأغاني عثمان الشفيع،.خاصةً فريدته "اليوم سعيد وكأنه عيد...".

٢٨ ديسمبر ٢٠١٢

المجانين (٢)

جميل منك أن تتجشّم مشاق السفر وتأتي من بلادك البعيدة لإجراء هذا الحوار الصحفي معي. تفضّل بالجلوس وأرجو أن تعذرني لصغر شقتي وأثاثها البالي. لا تجلس على هذا المقعد فله ثلاثة أرجل فقط. لماذا لم أقم بإصلاحه؟ لذلك قصة أخرى غير مضحكة عن رئيس وزرائنا المخلوع قد أحكيها لك إذا أسعفنا الوقت. ثم من يدري فقد يأتي لزيارتي بعض زوار الفجر وأريد أن أُسهل عليهم الأمور حتى لا ينصرف تفكيرهم إلى أمور قد تكون لرجل في سني أقسى من الوقوع من كرسي ذي ثلاثة أرجل. أرى من تعبير وجهك أنك لا تفهم ما أقصد. لا بأس فليست كل الأمور جديرة بالفهم، ولكن قل لي ماذا تريد من هذا اللقاء الصحفي معي؟ أرى ما تعني فأنت تقوم باستطلاع لصحيفتكم عن توقعات الأحداث في العام الجديد في بعض بلدان العالم الثالث. لماذا تسألني إذا كنت أتذكرك؟ هل التقينا من قبل؟ أجل هذا صحيح، بالفعل لقد تذكرتك الآن فقد حضرت لإجراء حوار معي عن كتابي (المجانين) أبان فترة الديمقراطية الثالثة المسلوبة. أجل أنت محق قد كان ذلك في عهد (ابو كلام) وأتفق معك أنه بالمقارنة لم يكن عهداً سيئاً ولو قلل من الكلام وأكثر من الأفعال لكان سجله أفضل ومن يدري فربما كان قد جنّبنا الكثير من المحن والكوارث اللاحقة. تقول أنه أعلن

نيته التنحي عن العمل السياسي؟ أنك لا شك صحافي ذو مصادر متعددة ولكني شخصياً لم أسمع بموضوع التنحي هذا ولن أصدّقه حتى أراه يتقاعد بالفعل فلي مع الرجل حكايات كثيرة لعل أهمها حكاية (المصداقية المفقودة). أرجو أن تغفر لي ضعف ذاكرتي إذا لم أتذكرك على الفور فقد تقدم بي العمر كما ترى وأنتم الفرنجة تتشابهون أكثر من أصدقائنا الجدد من الصينيين والماليزيين، وكما في المثل فقد كثُر علينا تشابه البقر إن جاز التعبير. أراك تبتسم ويبدو انك لا زلت شخصاً مهذباً ولن تؤاخذني على بعض عباراتي التي قد تفقد اللباقة المطلوبة.

ماذا؟ تريد أن ترجع لموضوع كتابي (المجانين) الذي ألفته في الثمانينات؟ ماذا تريد أن تعرف فهو كتاب لم يقرؤه أحد وتراكم عليه الغبار في رفوف المكتبات. تريد أن تعرف ماذا حدث للسودانيين وحبهم للديمقراطية الذي ذكرته في كتابي؟ هل تتذكر لماذا سميتُ كتابي (المجانين)؟ أرى أنك تهز راسك موافقاً فدعني أعطيك بعض التفاصيل التي قد تكون قد نسيتها. لقد قلت وقتها أن تسمية كتابي لا تخلو من التعقيد ولها طابع تراجيدي. هل تتذكر أنني قلت ذلك؟ المسألة هي أنني في ذلك الوقت ومن غير اجتهاد مضن توصلت لقناعة بأن البلاد كلها على وشك أن يعتريها مسّ من الجنون وقد رأيت وقتها تحليل تلك الظاهرة قبل أن يستفحل الوباء ويصبح الجميع في عداد المخبولين.

أراك يا صاحبي توافقني أن هذا كان محور حديثنا حينذاك. لقد تحدثت يومها على ما أذكر عن أصالة شعبنا والذي هو في نفس الوقت شعب مغلوب على أمره. فلنا أشياء نؤمن بها ولكن منهجنا للوصول إليها يهزم غاياتنا، وخياراتنا تأخذنا للطرق المخالفة لمقاصدنا. فلنا مثلاً هذا الوله الشديد بالديمقراطية ولكننا عندما نحاول تجسيدها نصاب فوراً بخيبة الأمل. وقد يكون واقع أمرنا أشبه بالوقوع في حب امرأة فاتنة تتملكنا الرغبة الجامحة في الزواج منها ولكن لا تكاد مراسيم الزواج تنتهي حتى يتغير مذاق (الرومانس) ويصبح طعمه مراً في حلوقنا. نحن يا صاحبي نقتل الفرحة بأيدينا. إنها مثل الرغبة في الفناء فلنا هذا الشعور القهري في تحطيم أعز ما نملك وما نريد. خبرني إذن يا صاحبي هل كُتب علينا أن نرى حلمنا الجميل يتحول دائماً لكابوس مرعب؟ وهل كُتب علينا بعد كل فترة ديمقراطية

قصيرة المدى أن نصحو ذات صباح فاحم السواد لنجد الفارس المغوار ممتطياً صهوة دبابته معلناً علينا في بيانه الأول أنه أتى لإنقاذنا من حبنا المستحيل؟

أنا أذكر الآن عندما قلت لك هذا الكلام في خريف ١٩٨٨ أنك عبرت عن شكك في أن ذلك سيحدث وأنه بعد ميثاق الدفاع عن الديمقراطية لن يجرؤ أي فارس، مغواراً كان أو غير مغوار، على امتطاء دبابته. فهل تتذكر ردي عليك وقتها؟ أجل لقد قلت أن الشك في مقدرتنا وقوتنا هو مصيبتنا الكبرى والاستهانة غير المبررة بقدرات خصومنا هو كعب أخيل في ممارستنا السياسية. ثم أننا نادراً ما نتعلم من أخطائنا أو نتعامل بجدية مع مشاكلنا المزمنة فيصبح الشك هو ديدننا. فنحن نشك في الحب فنخنقه بأيدينا ونشك في حقوقنا في المواطنة فنترك الآخرين يقومون بتعريفها ورسم حدودها، ولا يمكننا أن نكف عن الشكوك من غير أن نضع حدوداً لأحلامنا. إن مجتمعنا يبدو وكأنه خلق خصيصاً لهذا النوع من الإقصاء العشوائي يميناً أويساراً، شمالاً أوجنوباً، شرقاً أوغرباً، سواء كان خياراً ذاتياً أو أمراً مفروضاً من الآخرين.

أجل لقد استفحل الوباء وكاد الجميع أن يصبحوا في عداد المخبولين. الإقصاء الذي تحدثنا عنه حينذاك حدث ولكنه لم يكن عشوائياً بل كان مخططاً ومدروساً ودموياً ولا نزال نعاني من بعض آثاره المدمرة. لعلك تذكر أن ميلاد العام الجديد يوافق عيد ميلاد استقلالنا ولكن قد لا تعرف أن بعض أئمة مساجدنا قد حَرموا علينا الاحتفال برأس السنة أو حتى التهنئة بعيد الميلاد بحسبان أن مثل هذه الممارسات تعتبر في مفهومهم بدعة نصرانية غربية وبالتي حرام. والمضحك المبكي أن بعض علماء الدين أفتوا بتحريم هذه البدعة النصرانية الغربية في صفحاتهم الخاصة في (الفيس بوك) والذي يبدو أنهم يعتقدون أنه قد أُخترع في في الأزهر أومجمع الفقه في الامتداد! قد أفهم أن يعترض البعض على الاحتفال بعيد استقلالنا بمعني أن ما تمخض عنه لا يدعو للاحتفال. ماذا؟ تريد أن تعرف رأيي في هذا الموضوع؟ حسناً، أنا أرى أن الأمر يدعو إلى مناحة جماعية وذر الرماد على الرؤوس. قل لي يا صاحبي ماذا جنينا من الاستقلال سوى هنّات وهفوات الرواد الأوائل، وانتفاضات شعبية تُفرحنا لفترة قبل أن تُجهض وندخل في دوامة حلقة مفرغة من حكم مدني/حكم

عسكري/حكم شمولي؟ قبل الاستقلال كان يحتل بلادنا جيش أجنبي من جنس واحد والآن تحتل ربوع بلادنا جيوش من جنسيات عديدة بعض منها نلنا استقلالنا قبلها بسنين. قبل الاستقلال كان عندنا خدمة مدنية استطعنا أن نوفد منها قضاة ومعلمين وأساتذة جامعات وأطباء وضباط جيش وشرطة لتدريب وتعليم من يمتنون علينا هذه الأيام بحفنة ريالات أو دراهم أو دينارات. وكانت عندنا مؤسسة عسكرية قيل أنه من شدة انضباطها واحترامها للسلطة أن محاولة انقلابية بُعَيدَ الاستقلال فشلت لأن الدبابات التي أرسلها قادة الانقلاب لاحتلال قلب الخرطوم كانت تتوقف أمام كل إشارة مرور حمراء تقابلها!

أراك تبتسم ولكن لا يسعني إلا التحسر على الكثير الذي أضعناه بأنانيتنا وقصر نظرنا. لا تعتذر يا صاحبي فأنت لم تجرح شعوري وحقيقةً في المرات التي يقودني سوء الطالع للقيادة في شارع السيد عبدالرحمن وقت الذروة كثيراً ما تمر بمخيلتي صورة ذلك الرتل من الدبابات وهي واقفة أمام الإشارة الأحمر وعادة ما تنتزع مني تلك الصورة ابتسامة صغيرة. تخيل يا صاحبي لو التزمت الدبابات في كل الانقلابات التي توالت بعد ذلك بنفس تلك المسؤولية المرورية لكفانا الله شر الكثير من المحن لعل منها الازدحام في شارع السيد عبدالرحمن!

هل تريد كوباً من الماء؟ عليك أن تعذرني فهذا أقصى ما يمكنني تقديمه من فروض الضيافة في ظروفنا الاقتصادية الراهنة فأنت لا شك أدرى بالأزمة المالية الطاحنة التي تعتصر عامة الناس عندنا. ماذا؟ أنت تعرف ايضا الكثير عن قصور كافوري وماليزيا وخلافها؟ هذه يا صاحبي قصة أخرى لا أود الحديث عنها الآن. أين توقفت في حديثي؟ أجل التحسر على الكثير الذي أضعناه. التحسر على مشروع الجزيرة العملاق والمشاريع الزراعية الأخرى وسلة غذاء العالم العربي والافريقي الموعودة والتي أضحت اليوم سلة التسول والاستدانة. إن شعبنا لم يُعرف عنه أنه شحاذ ولكن قد يكون قدرنا أن يحكمنا شحاذون. التحسر على الجنوب الذي أضعناه ليس فقط باتفاقية نيفاشا بل بكل سياسات الحكومات المتعاقبة منذ الاستقلال وقبل كل شيء بالذي هو داخل نفوسنا مهما حاولنا إخفاءه والتستر عليه. تسألني ماذا أقصد بذلك؟ حقيقة لا أعرف بالضبط ولعل هذه

طريقتي في إخفائه وكل ما يمكنني قوله إنني لو كنت جنوبياً لما ترددت لحظةً في التصويت للانفصال.

ماذا؟ تريد أن تعرف توقعاتي للعام الجديد؟ حسناً، إذا أصاب وباء الجنون الأقلية المتبقية من السكان فسوف نتصدّر بنهاية العام دول العالم الرابع. أجل أعلم أنه ليس هناك ما يسمى بالعالم الرابع ولكن لكل شيء بداية. في البداية كنا من اوائل الدول التي نالت استقلالها في أفريقيا فلماذا لا نكون أول من يدخل العالم الرابع بل أن نكون من آبائه المؤسسين مع الصومال ومالي وتشاد وجمهورية أفريقيا الوسطى، خاصة وقد أنهينا العام الذي مضى قبل أيام بإغلاق بعض مراكز الدراسات والبحوث والثقافة وحقوق الإنسان. لماذا فعلنا ذلك؟ قل لي بربك لماذا نحتاج لكل هذه المراكز المشبوهة ولدينا مشروعنا الحضاري المتكامل؟ ثم أن أحد عباقرتنا اكتشف فجأة أنها تتلقى تمويلاً أجنبياً قد يكون من دولة قطر أو من شركة (عارف) الكويتية والله أعلم. المهم ليس هناك ما يؤهلنا للدور التاريخي بصدارة العالم الرابع أكثر من ابداعات (الخبير الوطني) في تحليل دخلنا القومي والفردي واستراتيجيات (الطفل المعجزة) الاستثمارية وروائع أدبيات (لحس الكوع) وغيرها من الدرر النفيسة. بالطبع ستقول أني عدت للتهكم أليس كذلك؟ أنت ترى إذن أنني أحاول أن اتفلسف؟ حسناً، لن أحاول إنكار ذلك. ولكني أراك تتأهب للذهاب فهلا مكثت قليلاً؟ معك حق فالوقت فعلاً قد تأخر وقد أكثرت كعادتي في الثرثرة. ألم أقل لك إنني من زمرة المجانين؟ ولكني بالتأكيد استمتعت بالحديث معك وأتمني أن يكون حديثي قد أعطاك بعض التفهم لبعض مشاكلنا المزمنة.

ولكن قل لي يا صاحبي: هل أنت شخص حقيقي أم أنك من صنع خيالي؟ أرى الدهشة ترتسم على وجهك لسؤالي هذا. أرجوك المعذرة فلم أقصد أن أكون وقحاً، كل ما في الأمر أنه بدأ ينتابني هذا الشعور المجنون بأنني كنت طوال هذه المقابلة أتحدث إلى نفسي!

٥ يناير ٢٠١٣

الطريق إلى كمبالا

لكم أيها السادة أن تتخيلوا مدى سعادتي وفرحتي وأنا أقرأ في الصحف خبراً بالغ الأهمية مفاده أن السادة أعضاء برلماننا الموقر بدؤوا التداول في إيجاد الحلول الناجعة لمشكلة تكدس الأسلحة في بعض ولاياتنا. يقول نص الخبر: "وضّح البرلمان انتشار السلاح بولاية جنوب كردفان، وأكد أن نزع السلاح من المواطنين بحاجة إلى جهد كبير، وهناك تفكير جمعي في كيفية جمع السلاح المنتشر، وهناك اقتراح بأن يتم تسليم السلاح إلى أجهزة الدولة النظامية بمقابل مادي، ويتبعه عفو".

جلست القرفصاء بعد قراءة هذا الخبر وأنا مذهول بعبقرية رئيسة لجنة الإعلام بالبرلمان التي تفتقت قريحتها عن هذا الاقتراح العظيم الذي لم يسبقنا إليه إلا الأمريكان في العراق والأمم المتحدة في الصومال والبوسنة. ولا شك أن (عبقريتنا) هذه قد استلهمته من برنامج الأمم المتحدة (النفط مقابل الغذاء) لتجعل منه برنامج (السلاح مقابل المال). لم يكن لديّ أدنى شك أن البرلمان سيجيز هذا الاقتراح وإن كانت تراودني بعض المخاوف من أن يدخل السيد وزير المالية في ملاسنات مع السيدة رئيسة لجنة الإعلام مثيراً بعض الاعتراضات

بحجة أن رفع الحد الأدنى للأجور قد أخل بالموازنة العامة وأن أي مدفوعات أخرى ستزيد الطين بلة، وأنه ليس على استعداد لسد العجز في الموازنة من جيبه الخاص كما اعتاد أن يفعل منذ أن نضب انسياب البترول. كما تخوفت أن يتدخل محافظ البنك المركزي ليقترح الانتظار حتى يرتفع سعر الجنيه السوداني إلى ثلاثة دولارات في الشهور القليلة القادمة. ولكن بالمقابل سيرد وزير الدفاع أن الأسلحة التي سيتم جمعها ستكفي لتسليح الجيش وقوات الدفاع الشعبي لمدة قد تزيد عن الوقت الذي يحتاجه سعر الجنيه السوداني للارتفاع إلى ثلاثة دولارات.

وعندما تمت قناعتي بأن (السلاح مقابل المال) آتٍ لا محالة قررت أن أدخل هذا السوق فوراً قبل أن يسبقني إليه سماسرة (سوق المواسير) والقطط السمان وشذاذ الآفاق. صحت في (أم عيالى): "يا ولية قولي للأولاد يلموا الكلاشنكوفات والأربيجي والهاونات والدبابة اللي في المخزن و يشحنوها طوالي في الدفّار".

فردت مستغربة: "عشان شنو يا بو خالد؟ إنت ناوي تسافر ولا شنو؟"

فأجبت: "إلى كادوقلي على بركة الله، في لجنة عسكرية هناك حتدينا فلوس مقابل السلاح".

فقالت أم خالد التي طالما أُعجبت بذكائها الفطري: "لازم تخليهم يدفعوا ليك بالدولار".

خرجنا أنا وابني خالد بالدفّار في اتجاه كادوقلي وأنا أنظر بدقة إلى كل شاحنة تمر بنا لاتأكد أنها لاتحمل أى نوع من الأسلحة. توقفنا عند أول نقطة تفتيش نمر بها ولاحظت أنه بجانب العسكر يقف شخص مدني ملتح يحمل دفتراً ضخماً. سألني الضابط المسؤول: "ماشي وين بالشحنة دي يا زول؟" فلما أخبرته بوجهتي ألتفت ناحية الشخص الملتحي الذي بادرني: "والشحنة دي فيها شنو يا حاج؟ دقيق، سكر، سمك، صناديق كده من الحبشة من الحاجات إياها؟"

فقلت وأنا أمعن النظر إلى زبيبته: "استغفر الله يا راجل، دي دبابة وشوية أسلحة وبس".

فسألني والريبة في عينيه: "الأسلحة دي حال عليها الحول؟"

فأجبت وأنا لا أفهم مقصده تماماً: "دي كانت مخزنة وما نزلت السوق إلا حسع عشان ناوي أبيعها للحكومة".

وانتحى بي جانباً وقال هامساً "خلاص لمن تبيعها وتجي راجع تدفع لينا الزكاة عليها"، ثم تنحنح وقال بصوت أكثر همساً "وطبعا الزكاة عندنا سبعة في المية". حاولت إخفاء دهشتي وأنا أحسب في ذهني النصاب الشرعي للزكاة ووعدته خيراً فالتفت للضابط وقال: "خليه يمشي ده يظهر عليه راجل طيب وعلى نياته".

تكرر الموقف في كل نقاط التفتيش التي مررنا بها وللحقيقة كانت تلك أول مرة عرفتُ فيها أن ديوان الزكاة أُوكلت إليه مسؤولية الإشراف على نقاط التفتيش، ولكن الذي لفت نظري أن نسبة الزكاة الواجب دفعها كانت تتزايد من نقطة تفتيش إلى أخرى حتى بلغت ونحن على مشارف كادوقلي ٢٥٪. ولكن عندها لم يكن الأمر ذا أهمية قصوى بالنسبة لي فقد كنت قد قررت منذ نقطة التفتيش الأولى أن عودتنا ستكون عن طريق كمبالا حتى ولو اعترضت طريقنا نقاط تفتيش تابعة (لجيش الرب). بمجرد دخولي كادوقلي اكتشفت أنني قد استهنت قليلاً بفطنة السودانيين وفهمهم للأمور فقد كان أمامي رتل من السيارات المحملة بكل أنواع الأسلحة، بل أنني أكاد أن أجزم أن السيارة التي أمامي كانت محملة بالسواطير. وبالطبع لن يصدقني أحد لو قلت إن لوحة السيارة كانت تحمل أرقاماً سيادية!

بعد انتظار طويل وصلنا لمقر اللجنة النظامية التي من المفروض أن تشرف على برنامج (السلاح مقابل المال) وسألني الضابط المسؤول عن نوع الأسلحة التي أود تسليمها. وعندما أخبرته أبدى إعجابه بالدبابة ولكنه أضاف بنبرة فيها شيء من الضيق إنهم استلموا من الكلاشنكوف والأربيجي ما يكفيهم لسنوات طويلة وسألني إذا كان يمكنني الحصول على أسلحة متقدمة. فأخبرته أنه يمكنني الحصول على مروحيات (أباشي) وبعض طائرات (الدرونز) ويمكن بعض بطاريات صواريخ (الباتريوت) المزودة بالرادار. هنا انفرجت أساريره وقال إنني بذلك أقدّم خدمة لبلدي لا تقدّر بثمن وإن وزير الدفاع بنفسه سيقلدني نوط (ابن السودان البار). وهنا أخذتني "الهاشمية" وأخبرته أنني بدافع وطني وتقديراً مني للظروف الاقتصادية الصعبة التى تمر بها البلاد أقبل الدفع حتى بالجنيه السوداني على

الرغم مما قد يسببه ذلك لي من مشاكل عائلية مع (أم العيال).

أثنى الرجل على هذا الموقف الوطني فانتهزت الفرصة لأذكّره بموضوع العفو المرتبط بتسليم السلاح. هنا نظر لي بارتياب وسألني" :إنت واحد من جماعة المحاولة التخريبية؟"

أجبت بسرعة: "أبداً والله، أنا (الفريق قوش) ده ماشفتو في حياتي".

فسألني" :أوعَ تكون من جماعة الفجر الجديد؟"

فقلت باستغراب: "وديل يطلعو إيه؟" ويبدو أنه اقتنع بإجابتي فناولني شيكاً وكان على وشك تسليمي وثيقة العفو السيادية عندما ارتكبت أكبر غلطة في حياتي فقد سألته بكل عفوية: "سعادتك ممكن توريني الطريق إلى كمبالا بي وين؟"!!

١١ يناير٢٠١٣

116

(لعبتها كده)

صحوت ذات صباح على فكرة "جهنمية" وأنا أكاد أركل نفسي لأنها لم تخطر على بالي من قبل (ولعلها خطرت ولكني لم أعطها ما تستحق من اهتمام) والفكرة لبساطتها تكاد تقول "خذوني" وأكاد أجزم أنها خطرت للكثير من السودانيين ولكن الكسل الممعن منعهم من التمعن فيها بما فيه الكفاية. الفكرة ببساطة هي: لماذا لا أبيع نصيبي من أرض المليون ميل مربع؟ ولما اختمرت الفكرة في رأسي ذهبت لاستشارة أحد أصدقائي المقربين وهو لحسن الحظ متخصص في القانون الدستوري. وبعد أن استمع لي بصبره المعهود وأنا أشرح له الأبعاد المالية لفكرتي وماذا سأفعل بالفدادين التي ستكون من نصيبي قال لي إن للموضوع أبعاداً أخرى يجب أخذها في الاعتبار أخطرها أن أستعد للتخلي عن الجنسية السودانية. فسألت وأنا أتظاهر بالقلق إذا كان ذلك يعني التخلي عن الجواز الأخضر فأخبرني أن ذلك سيكون أول ما أضحي به. فسررت في سري أننى لم استخرج الأزرق الجديد بعد مع أن الأخضر قد انتهت صلاحيته قبل فترة، كما أنني من موقف مبدئي رفضت استخراج بطاقة الرقم الوطني. وأنا أحسب في رأسي كمية الفلوس التي وفرتها ببعد نظري هذا أتاني صوت

صديقي وهو يقول: "وبعد داك تمشي مفوضية الأمم المتحدة وتسجل كلاجىء وتنتظر دورك عشان تعرف حيوّدوك أي بلد". حاولت أن أخفي أننى بدأت تتنازعني المفاضلة بين (الصومال) و(أفغانستان) وأنا أقول لنفسي مطمئِناً: "بالعدم كده برضو (مالي) مش بطالة".

واستطرد صديقي قائلاً: "وبعدين يأخي إنت لسع معلّق في حكاية المليون ميل ليه؟ ده كان زمان قبل انفصال الجنوب،يعني أي عائد مالي بتفكر فيه من نصيبك نقصّو التلت".

فقلت على الفور وأنا أهنىء نفسي على ذكائي: "وما برضو عدد السكان نقص التلت كمان فالقسمة واحدة".

قال: "أيوه ده صحيح لكن ما في حد عارف التعداد السكاني بعد الانفصال بقى كم مع التعقيدات الحاصلة بعدم رسم الحدود، ثم ان المساحة بالضبط ما معروفة بعد ما تغدّى أخواننا المصريين بحلايب وتعشى أهلنا الأثيوبيين بالفشقة".

ويبدو أن صاحبي رأى مظاهر الاكتئاب قد بدأت ترتسم على وجهي فأسرع قائلاً: "لكن الكويس انو لو معدلات الهجرة استمرت بالطريقة دي فيمكن تلقي نفسك الوحيد الفضّل مع ناس الإنقاذ في السودان الفضّل"، وتلفتَ يمنةً ويسرةً قبل أن يضيف هامساً: "لكن ما تعشم كتير الجماعة ديل يدوك فرصة معاهم".

قلت وقد بدأ اليأس يتملكني: "طيب أعمل شنو عشان أطالب بى حقي؟"

فأجاب بلهجة قانونية حاسمة: "أحسن حاجة في مثل هذه الحالات هي العمل الجماعي اللي بيسموه الخواجات (class action) يعني تشوف كم واحد تاني شاعر أنو متضرر وتعملو شراكة وتطالبو بي حقكم جماعياً".

واتفقنا –أنا وصاحبي القانوني – على أن أقوم بقيادة هذا العمل الجماعي على أن يكون هو مستشاري الدستوري، وقررنا الإعلان عن هذا الأمر في الصحف وكم كانت دهشتنا عظيمة عندما جاءتنا مئات الآلاف من طلبات الانضمام فدعونا إلى عقد اجتماع عاجل في ميدان المولد ببحري. وفي ساعات اكتظ الميدان على سعته بأطياف من البشر ودهشت وأنا أرى

الكثيرين منهم يحملون صورتي ولكن دهشتي زالت عندما نظرت إلى مستشاري الدستوري ووجدته يبتسم لي في خبث فقلت في سري "هي بقى لعبتها كده". وجدت صعوبة بداية في مخاطبة هذا الجمع الحاشد. ولكن بعد أن شرحت لهم خطتي في استثمار أنصبتنا مجتمعة ملمحاً لصلاتي الوثيقة بالأمراء وأهل العقد والحل وطالباً مبايعتهم في التصرف فيها على حسب ما أراه مناسباً في استثمارات خليجية "أميرية"، علت هتافاتهم: "قلناها نعم وألف نعم ليك يا القائد الملهم".

وبدأ بعضهم يرقصون في صف كالتنّين البشري الصيني وهم يهللون:

بالطول بالعرض يا ود مدني

حرقنا خلاص الرقم الوطني.

وانتظم البعض في حلقات كحلقات الذكر وهم يرددون:

الله حَي.. الله حَي

يا (الوليد) جيناكا

وجينا نستثمر بي وراكا.

جلست في مكتبي في صباح اليوم التالي وأمامي مئات الآلاف من التوقيعات التي تخول لي التصرف في عدد لايستهان به من الأفدنة في جميع أنحاء السودان. وبعد التشاور مع مستشاري اتصلت برقم في مستشارية الاستثمار. وبعد فترة انتظار خلتها دهراً رد عليّ شخص باقتضاب سائلاً عن سبب الإزعاج في الصباح الباكر. فقلت وأنا أتصنع المرح: "صباح الخير سيادتك، بعتو مشروع الجزيرة ولاّ لسع؟"

وجاءني رد طويل فهمت منه باختصار أن عليّ عدم التدخل في ما لا يعنيني.

فقلت وكأن الأمر يعنيني: "حقك عليّ سيادتك، بس أنا عندي عرض بأراضي للاستثمار

يمكن تحلّى عرض مشروع الجزيرة شوية".

مرت فترة صمت طويلة وأكاد أسمع همساً وتشاوراً في الطرف الآخر. جاءني الرد في شكل سؤال فهمت مغزاه فأجبته على الفور: "عمولتي يا سيدي تذكرة درجة أولى إلى كابول أو مقديشو أو بالعدم باماكو"!

٢ فبرائر ٢١٠٣

ابتسامة ما في العناية المكثفة

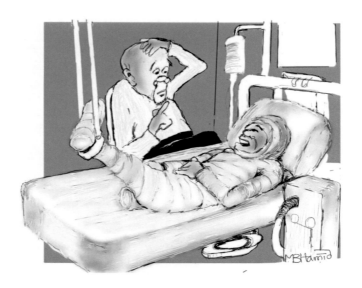

لكم هزت مشاعري كلمات الإمام الصادق المهدي عندما قال- لا فض فوه - في مناسبة أدبية قبل أيام "ان المجتمع السوداني كمن في العناية المكثفة وان حاله أشبه بالانهيار". ولعل في تشبيهه هذا الكثير من الصدق وإن كان إمامته لم يفسر لنا بقليل من التفصيل كيف ولماذا وصل المجتمع السوداني إلى حالة العناية المكثفة هذه ومن المسؤول عن انهيار صحته بهذا الشكل ولهذا الحد المريع. وتربطني بالمجتمع السوداني هذا بالإضافة لأواصر القربى، فأنا منه وإليه، مواقف تاريخية توثقت فيها علاقتنا في أكتوبر ١٩٦٤ وأبريل ١٩٨٥ ولهذا لم يكن من بد أن أقوم على الأقل بواجب الزيارة. ولكم أن تعذروني إذا اعتقدت أن المسؤولين عن هذا المريض قد أودعوه مستشفي يليق بمقامه وتاريخه العريق، فعندما سألت أحدهم عن الطريق إلى (رويال كير) قال لي بعد أن عرف المريض الذى أقصده: "(رويال كير) بتاعة ايه يا عم، ديل جادعنو في مستشفي الخرطوم".

توجهت إلى هناك وبعد دفع رسوم الزيارة ورسوم المشاهدة (لزوم دخول العناية المكثفة)

ورسوم المحادثة (لزوم قولة "لا بأس عليك") دخلت على المجتمع السوداني ولم أتمالك إلا أن أجهشت بالبكاء الحار على الحالة التي رأيته عليها، فهو ملفوف بالأشرطة الطبية من رأسه إلى أخمص قدميه كالمومياء ولا يبرز من وجهه سوي عينيه وفمه، كما أن إحدى رجليه مبتورة من أعلى الساق والثانية معلقة من سقف الغرفة وكمية من أنابيب "الدّربّات" موصلة إلى أجزاء مختلفة من جسمه.

ويبدو أنه أحس ببكائي ففتح عينيه وقال بصوت ضعيف: "هون عليك يا بني، أهو حال الدنيا".

فقلت وأنا أغالب دموعي: "لا بأس عليك يا مجتمع يا سوداني. العمل فيك كده منو؟"

فقال: "دى قصة طويلة يا ولدي. أنا من يوم ١ يناير ١٩٥٦ أصبحت مثل حقل تجارب يأتي كل من هبّ ودبّ يجرّب فيّ نظرياته. أول حكومة حلفت بالتلاتة على مجموعة عساكر عشان يتولو أمري وبعد كم سنة قام الشعب قلعني منهم. لكن ناس (سيدي) و(مولانا) قعدوا يلعبوا بيا لغاية ما نط عسكري جاهل قال يحلني من حكاية الطائفية دي، و قام بي عافيته جرب فوقي كل أنظمة الحكم من أقصى اليسار إلى أقصى اليمين وختمها بأن نصب نفسه إماماً تتوجب مبايعته وطلع علينا بقوانين سبتمبر اللي قطعت رقاب وبترت أطراف وراكبة فينا كالخازوق ما قادرين نتخلص منها لحد الآن. ولكن الشعب قام تاني وقلعني منه وبعدها جو ناس المماحاكة و(أبوكلام) وسياسات ("بإيضاحاتها") لغاية ما نط علينا في غفلة ما معروف عن إهمال أو تواطؤ جماعة المشروع الحضاري اللي ورونا فلسفة التقدم إلى الخلف وماذا يعني التمكين وسرقة قوت الملايين، ولم يكتفوا بي ده بل قاموا في ١١ يوليو ٢٠١١ بقطع كراعي اليمين وحسع زي الناوين كمان على كراعي الشمال".

وسكت برهة وهو ينظر إلى رجله المعلقة قبل أن يستطرد قائلاً: "والغريب إنهم قبل فترة بدؤوا يبيعوا في أجزائي لناس الخليج فباعوا واحدة من الكلى بتاعتي، والأيام دي بتشاوروا في بيع التانية. يعني مشروعهم الحضاري أذاني أذى بليغ".

قلت وأنا أحاول تغيير دفة الحديث عن هذا الجانب الكئيب : "والدكاترة قالوا ايه؟"

فرد بحسرة: "هم خلو فرصة للدكاترة عشان يعالجو زول، ديل حتى العلاج احتكروه لصالحهم وعملوا منه سلعة تجارية وكمان احتكروا الأدوية ويزيدوا في اسعارها زي ما عايزين. الفضّل في البلد من الدكاترة اللي ما هاجروا واقفين صفوف أمام سفارات السعودية وليبيا عشان التأشيرة".

فسألته: "حاولت موضوع العلاج بره؟".

فرد بتهكم لم أعهده فيه: "بره وين وبي كم؟ مصر الايام دي مجتمعها ذاته بقى في التخارجو، ولكن أولاد بمبة يعجبوك في مقاومة عمليات التمكين. أتصور ديل اللي كنا بنضحك عليهم زمان ونقول إنهم "شعب كل حكومة" و"مصر (سوط) السلطة فيها مسموع" طلعوا أجدع مننا".

فقلت وأنا أحاول التخفيف عليه: "ولا يهمك، البركة في العيال".

فرد بلهجة غاضبة: "وهم حتى العيال خلوهم، ديل بوّظوا التعليم وخرّبوا الجامعات الكويسة كلها وعملوا جامعات الكرتون الكتيرة دي من غير تأهيل ولا معدات. وحتى الوظائف استولوا عليها وأولادنا بقوا عاطلين والشغل إلا بالواسطات. شفت انحراف أخلاقي قدر الحاصل الأيام دي؟ الواحد حتى عيالو الصغار في المدرسة ما قادر يأمن عليهم وكمان شوف الانفجار السكاني في المايقومة والجماعة إياهم شغالين مثنى وثلاث وبالدفع الرباعي حتى في نهار رمضان والعياذ بالله".

وأنا على وشك أن أسأله إذا كان يتلقي بعض الزوار للتخفيف عنه رأيت رهطاً من المسؤولين وعلى رأسه مساعد الرئيس ووزير الخارجية متجهاً نحونا ولاحظت أن المريض وهو يراهم قد أغمض عينيه متظاهراً بالنوم أو الموت. وقف وزير الخارجية على رأس السرير وألقى خطبة عصماء عن الإنجازات والمكاسب العديدة التي حققها في القمة الإسلامية مؤخراً واختتم حديثه قائلاً: "وبالمناسبة لاقيت وزير خارجية الصومال ووافق مشكوراً على علاجك في مستشفي مقديشو الدولي للأمراض المزمنة والمستعصية". وهنا تدخل وزير مستشارية الاستثمار قائلاً: "ونحن كمان عملنا استثمارات كتيرة وناجحة للغاية

وحنتبرع ليك بتذكرة سفر لمقديشو بالدرجة السياحية لاتجاه واحد". وهنا التفت سيادته ورأني فقال لي بحدة: "انت مش اديناك تذكرة سفر لباماكو في (مالي) مقابل نصيبك في السودان؟ جاي هنا تعمل شنو؟".

وقبل أن أتمكن من أن أشرح له أن الفرنسيين يقومون هذه الأيام ببعض الإصلاحات لتجميل منتجع (تمبكتو) حيث أقيم، جاء صوت الأمين العام لهيئة علماء السودان وهو يقول: "طبعا زي ما عارف يا مجتمع يا سوداني نحن أخرجنا الجبهة الثورية وقطاع الشمال بتاع ناس ياسر وعقار من ملة الإسلام وكمان كفّرنا كل من وقّع على وثيقة (الفجر الجديد) اللي اتملصوا منها وغير المتملصين. بعد كده حنتشاور مع الدكاترة نشوف كراعك (الشمال) دى نعمل فيها شنو"! وهنا بدأ مساعد الرئيس في الصياح والزعيق في لهجة أقرب للوعيد وفي عبارات لم أفهم منها إلا (الضرب بالمركوب) و(الشلوت بالجزمة) وأغلب الظن أنه كان يحاول أن يوضح أنه ينتعل الأول مع الجلابية والعمة والثانية مع البنطلون والبدلة.

حينها قررت التدخل لأن المريض المسكين كان طوال هذه المدة "كاتم نَفَسه" وخشيت أن "ينكتم" للأبد فقلت وأنا أتصنع البشاشة: "والله ياجماعة سعيكم مشكور ودمتم دائما (ذخيرة) لهذا الوطن ولا تنسونا في دعواتكم وفتاويكم".

وبعد فترة فتح المجتمع إحدى عينيه وسأل هامساً: "مشوا ولاّ لسع؟".

فأجبته: "أيوه مشو ولكن شايف ناس (قريعتي راحت) جايين علينا".

فسالني بصوت مرتجف: "وديل يطلعوا مين؟".

فقلت: "(سيدي) و(مولانا) و(الشيخ)".

وهنا تحول خوفه إلى رعب شديد: "عليك الله ما تخليهم يقربوا مني".

تحركت نحوهم ورجعت إليه بعد فترة وقلت: "خلاص وزعتهم وقلت ليهم لازم يمشوا يشوفوا منتخبنا القومي الراقد في عنبر الطوارىء".

وبدا لي وأنا أنظر إليه– وقد يكون هذا من محض خيالي –بدا لي أنني أرى طيف ابتسامة ما تتراقص على شفتيه وكأنها تود أن تقول لي أن كل شئ سيكون على ما يرام في النهاية وأن الليالي بعظائم الأمور حُبالى.

١ فبرائر ٢٠١٣

"كِبر" الذي علمهم السحر

أنا يا سادتي في حالة اندهاش تام منذ أن قرأت حديثاً أدلى به والي شمال دارفور إلى صحيفة (السوداني) أكد فيه "أن السحر والدجل موجود"، وأضاف (ولايته): "أحياناً عندما أضع يدي داخل جيبي أجد ثعباناً –هذه حقيقة – وهذه الأفعال من آخرين، ولا تخيفني على الإطلاق، ومثلما سيدنا موسى ابطل مفعول السحرة، يوجد آخرون يبطلون مفعول السحر". وبالرغم من فهمي المحدود في أمور السحر هذه فقد توصلت إلى أنه مادام في إمكانية الوالي إبطال مفعول السحرة (في هذه الحالة تحويل الثعبان إلى عصا كما ذكر) فبإمكانه تحويل كل الاسلحة التى تعج بها ولايته (حتى قبل أن يحج إليها مسلحو مالي) إلى ثعابين. ولكم أيها السادة أن تتخيلوا ناس مناوي وهم يرون أسلحتهم من كلاشنكوف وآربيجي وهى تتحول في أيديهم إلى (كوبرات) تكشر عن أنيابها في وجوههم وتطاردهم طوال المسافة من الفاشر إلى تمبكتو في هجرة معاكسة لمسلحي مالي. وعملاً بالمثل القائل "الزيت كان ما كفي البيت (حلال) تديه الجيران" فيمكن للوالي أن يسبغ بعض بركاته على رصفائه في جنوب كردفان والنيل الأزرق وعندها يمكن لأي متحدث عسكرى أن يخرج إلينا قائلاً أن هاونات وراجمات الحركة الشعبية (قطاع الشمال) قد تحولت ببركة الوالي إلى (أَصَلات) لا

تزال تطارد عرمان وعقار والحلو طوال الطريق إلى كمبالا. ولعلكم سادتي تتفقون معي أن مثل هذا التصريح يكتسب مصداقية أكثر من التعلل بنقص في الذخيرة أو بهجوم من ثلاثة محاور أو بظهور مرتزقة بيض يقودون دبابات في مشارف مفو والكرمك وهم يرتدون سترات واقية من الرصاص. ومع محدودية فهمي في الأمور العسكرية إلا أنني أكاد أجزم أن ارتداء سترة واقية من الرصاص داخل دبابة ليست من الأمور المحببة للجنود، مرتزقة كانوا أو نظاميين، بيضاً كانوا أو سوداً، سحرة كانوا أو مسحورين.

وقد يتهمني البعض، سادتي، بالمبالغة في موضوع السحر والسحرة هذا ولا أملك في مثل هذه الحالة إلا أن أذكركم بما كان يتداوله الناس في زمن مضى من حكايات عن القِرَدَة التي تقوم بتفجير الألغام في ساحات الفداء وعن الحِجبات والتعاويذ التي تقي لابسيها الرصاص والألغام وعن أعراس الشهداء الموعودين بالحور العين (والتي تجعل المفاضلة ما بين الاستشهاد أو لبس الحِجبات معادلة صعبة). وقد يتساءل مكابر: ولماذا لم تنجح أعمال السحر هذه حينذاك؟ والإجابة في غاية البساطة: ولماذا تظن أنها لم تنجح؟ فمن استشهد فله الحور ومن لبس حِجبات وتعاويذ وعاش فله الحور، ومن عاش من غير أن يلبس اي حجبات أو تعاويذ فله الحور أيضاً مثنىً وثلاث ورباع في معادلة قد لا تبدو عادلة لبعض أولئك الشهداء.

وكلما أمعنت التفكير في قدرات الوالي الاستثنائية تلك تفتحت أمامي آفاق جديدة لاستعمالها. خذ مثلاً مسالة غزو الجراد الصحراوي على ولايتي نهر النيل والشمالية والذي تكرم السيد نقيب الصحفيين بمدنا بالتفسير المنطقي لأسبابه حين قال بكل جدية وثقة: "ولا استبعد كثيراً أن تكون للعدو الأول والأخير لبلادنا وشعبنا ومنتجاتنا إسرائيل وأعوانها يد في إطلاق هذه الآفة على بلادنا بهدف إفقارنا وضرب إنتاجنا من الغذاء بل أن آثار الرش قد تصيب الإنسان نفسه. ولهذا فإن هذا السرب اللعين الذي هاجم الشمالية هو بمثابة إنذار مبكر ينبغي أن يجعلنا نضع أصابعنا على زناد البنادق". فهذا الإعجاز البلاغي للسيد نقيب الصحافيين (الربط المذهل بين السرب اللعين وزناد البنادق!) في وصف مسببات وآثار الغزو الجرادي لن يضاهيه إلا الإعجاز السحري للسيد الوالي في تحويل أسراب الجراد

إلى سحاب ممطر. وما لم يذكره السيد النقيب، وإن فُهِمَ ضمناً، هو أن استراتيجية "الدفاع بالنظر" (أو مايعرف في أدبيات العرب العسكرية بنظرية "زرقاء اليمامة") بنشر صواريخ بشرية وقوفاً بسواطيرهم في محور الخرطوم-بورسودان-عطبرة قد أثبت فعاليته في منع الطيران الإسرائيلي من استباحة فضائنا الجوي، مما أدى بدوره لإجبار إسرائيل للجوء للجراد كسلاح استراتيجي. ولعل الذي فات على السيد النقيب أن يذكره أنه تم تشكيل وتدريب ألوية الجراد هذا في صحراء النقب.

ثمة مجال استراتيجي آخر يمكن فيه الاستفادة من سحر الوالي، ففي دراسة لمجلة (فوربس - الشرق الأوسط) لتحديد أفضل السياسات الاقتصادية أداءً في العالم العربي خلال عام ٢٠١٢ استقر السودان في نهاية القائمة متفوقاً هذه المرة على الصومال الذي تبوأ بجدارة مركز "تاني الطيش". (في مسح عالمي لمستويات الفساد في العالم لعام ٢٠١٢ قامت به المنظمة العالمية للشفافية جاء الصومال في آخر القائمة والسودان "تاني الطيش"). ويبدو أن هناك تفاهماً بين السودان والصومال في تبادل هذين المركزين الاستراتيجيين بطريقة قد تعرّض كليهما للمساءلة تحت طائلة الاتهام بالاحتكار غير المشروع وعلى أسوأ الفروض بالتواطؤ للشروع في عمل قد يعاقبه الشرع بالجلد أو الرجم!

ولا أحد يشك في إمكانية الوالي في نقلنا إلى درجة الأوائل في قائمة السياسات الاقتصادية وقائمة مستويات الفساد. ولكن مثل هذه الطفرة من أواخر إلى أوائل القوائم قد تثير تساؤلات عن مصداقية التقويم بأسره وربما تعرضنا لإحرجات لا داعي لها. فلمن نذهب للشحذة، وكيف نبرر "شحدتنا" إذا كان لنا بفضل السحر أفضل السياسات الإقتصادية أداءً؟ ومن سيعوضنا إذا اكتشفنا أن صفقة بيع خط (هيثرو) صحيحة مية في المية وقد تم توثيقها في محكمة العدل الدولية وأن لها من العائد المادي للسودان ما يفوق ما كسبته روسيا القيصرية من بيع (ألاسكا) للولايات المتحدة؟ وما الذي يمكننا أن نفعله في معية الدنمارك والنرويج والسويد وليست هناك شبهة فساد أو أزمة اقتصادية قد تقض مضاجعنا ونحن الذين تعودنا أن ننام على أزمة ونصحو لنجد أنها قد أضحت أزمتين؟ أرى سادتي –وقد تتفقون معي فيما أقول– أن خير الأمور الوسط فإذا رأى الوالي أن يضعنا في

منتصف القوائم أو على الأقل على مسافة آمنة ومريحة ليس فقط من الصومال من جهة بل أيضاً من ثلاثي إسكاندنافيا من جهة أخرى، فالخير كل الخير إذن في ما يراه الوالي.

وثَمة مجال آخر يمكن فيه الاستفادة من بركات الوالي إلا أن بعض التعقيدات القانونية تكتنفه، فيمكن لسيادته أن يجود على والي جنوب كردفان ببركات تتعدى مجرد تحويل أسلحة الحركة الشعبية (قطاع الشمال) إلى أفاعٍ ومشاهدة مقدرة الرفاق في العدو أمامها طوال الطريق إلى كمبالا. فهناك موضوع "مخارجة" رصيفه من "الجنائية" وهو موضوع يتسم بالحساسية إذ أنه قد يتطلب زيارة إلى "لاهاي" (لزوم "تحويط" المحكمة إياها) لا نظن أن لوالي شمال دارفور نفسه رغبة شديدة في القيام بها!

٢٨ فبراير ٢٠١٣

الشريف بدر و(سلخ جلد النملة) والفاتح (عروة)

أثار انتباهي وأنا أشاهد حوار الشريف بدر مع فضائية الشروق يوم الأربعاء ١٣ مارس والمداخلات التي تخللته، ورود عدة عبارات حول بيع الخطوط الجوية السودانية وخط (هيثرو) أرى كباحث في علوم السياسة إضافتها على الفور إلى قاموسنا السياسي وإستخراج براءة علمية بحصرية حقوق نشرها واستعمالها. أول هذه الدرر تشبيه الشريف للخطوط الجوية السودانية التي كان يرأس مجلس إدارتها "بالبقرة العجوز لمّن يودّوها السوق وتبقي فاتحة خشمها بَراها". وأعترف أن الأبعاد الاقتصادية والسياسية لهذه المقولة استغرقت مني بعض الوقت لاستيعابها. فالبعد الاقتصادي لهذه الإفادة العلمية يمكن تبسيطه كالآتي: إذا عندك بضاعة "مضروبة" (ولا يهم كيف أصبحت "مضروبة" فهذه نظرية اقتصادية أخرى في حد ذاتها قد لايتسع المجال لشرحها) فعليك تسويقها بطريقة تُنفر منها

كل المشترين الشاطرين بجعلها "فاتحة خشمها براها". وبعد ذلك تقوم باختيار زبون يتميز بالغباء الشديد بحيث يشتري"بقرة عجوز" قد نضب ضرعها. وقد يكون للنظرية مسار آخر يغلب فيه البعد السياسي بحيث يقوم هذا المشتري (الغبي) بإيهامك أنه فعل ذلك حباً في عيونك وولهاً في طلعتك البهية وبعد أن يشتري منك البقرة ومراحها يأكل نصف البقرة ويبيع مراحها ثم يقنعك بشراء النصف المتبقي (فطيسة) حتى قبل أن يُكمل دفع ثمن البقرة الأصلي دعك عن المراح الذي راح. بالطبع لا يهمك ضياع البقرة أو مراحها لأنه قد جرى مكافاتك (على شطارتك) بزاوية في جنةٍ (فيحاء).

وهذا يقودنا إلى عبارة "سَلخ جلد النملة" التي ذكرها الشريف في معرض حديثه، في إشارة حسب ما فهمت إلى إستحالة إدانته ومجلس إدارته بأي جريرة حتى لو كانت ما عُرف في تقاليد الخدمة المدنية أيام زمان التقاعس المريع عن أداء الواجب (Dereliction of Duty). إن التأمل في عبارة الشريف هذه يبدو لأول وهلة كالغوص في أعماق المستحيل بكل مايثيره ذلك من شجون وهواجس فلسفية عن لامعقولية الأشياء وعبثية فهم أسرار الكون. ولكن مشاهدة الشريف وهو يراوغ حول نفسه متخيلاً أنه (مارادونا أو ميسي) ويتقمص دور "شاهد ماشافش حاجة" برداءة تُبكي عادل إمام، تجعلنا فجأة نقتنع بأن المستحيل ممكن واللامقول معقول ونص وما الداعي لفهم أسرار الكون إذا استعصي علينا فهم سياسات التمكين ولغف المال العام التي يمارسها أمثاله في علانية وتبجح. فهؤلاء قوم أدمنوا شرب حليب البقرة حتى ضمر ضرعها واستطابوا أكل السحت من ثمار المشاريع الزراعية حتى حولوها إلى الخراب وبلغت بهم (قوة العين) حد التبرع لمشاركتنا البحث عن مَن شرب الحليب ومَن أكل السحت. ويبدو أن "سلخ النملة" في عُرفهم أسهل من سلخ "بقرة عجوز"!

والشيء الآخر الذي لفت انتباهي وأثار اندهاشي وأنا أتابع الحوار لم يكن تعبيراً بل اسماً. فقد أشار الشريف مرة إلى أن ما ذَكَره (كشاهد لا ليه في العِير ولا النفير) من ملابسات بيع الخطوط الجوية السودانية وخط (هيثرو) فيه الكفاية للإجابة على تساؤلات أثارها "الفاتح عروة"! مما جعلني أتساءل ما علاقة الفريق (م) بتلك الملابسات؟ هل قام بدوره بإنشاء "كسرة هيثروية"؟ أم أن (زين) قد أصبحت الضلع المكمل لمثلث مع (عارف) و(فيحاء)؟.

ولكن هذا الاحتمال بدا لي غير منطقي فتجفيف السوق من السيولة لمقابلة لوازم (التحويل) لا يترك لسيادة الفريق وقتاً للاهتمام بأي أمور أخرى. وقد تكون إشارة الشريف مجرد زلة لسان عفوية مردها معرفته الوثيقة بالفاتح عروة وبالتالي تَعوّد لسانه على نطق الاسم عفوياً في الحالات التى يكون فيها "مزنوق ومتنرفز شوية" بمعنى "ألحقني يا عروة"؟ ولكني استبعد هذا الاحتمال إذ أن الشريف أشار مرة أخرى في معرض حديثه ذلك إلى "أخونا عروة"، فالعفوية غير واردة لأنها لا تقبل التكرار. إذن هى إما زلة لسان (فرويدية) من عقل الشريف الباطن أو إشارة ذكية مقصودة تحمل رسالة مبطنة ومعينة للفاتح جبرا الذي أثار بمداخلاته اثناءالندوة، التساؤلات عن خط هيثرو في المكان الأول.

التفسير(الفرويدي) يقوم على افتراضين: الأول أن الشريف قد أقنع نفسه بأن الفاتح جبرا قد تقمص شخصية الفاتح عروة (أو العكس) مما يفسر ارتباكه الواضح وخلطه للاسمين أثناء الحوار والمداخلات. وقد يعترض البعض على هذا التفسير على أساس أنه لا يوجد شخص من الغباء بحيث يخلط أو يجمع بين (الفاتح) الذي عانى بهدلة الأمن و(الفاتح) الذي هو أحد مؤسسي إمبراطورية الأمن. ولا يسعني إلا أن أوجه هؤلاء للتمعن كثيراً (أو قليلاً) في المقدرة العقلية الهائلة التي تمخض منها تعبير "البقرة العجوز اللي بقت فاتحة خشمها براها" ليقتنعوا بأن هذا التفسير لا يخلو من وجاهة! والافتراض الثاني هو أن هناك رسالة مبطنة أراد الشريف أو عقله الباطن إرسالها لجبرا (أو لعقله الباطن) على شاكلة (وهذا مجرد تخمين من جانبي): "ياخي روق المنقة شوية وخلي الناس تشوف أرزاقها ويمكن ربنا يفتحها عليك أنت كمان ومش بس تقدر تدفع الجنيهين الزيادة بتاعين ناس النفايات ولكن (فجأتن) تلقى نفسك بقيت زول كبير في جهاز الأمن اللي اعتقلك قبل أيام ويمكن كمان تساعد في هجرة شوية الفلاشا الفضّلو في أثيوبيا مما يؤهلك عشان تبقى سفيرنا في واشنطن ومين (عارف) بعد داك يمكن تلقى نفسك بقيت رئيس مجلس إدارة".

وبالطبع لا أستطيع أن أجزم بأن هذا كل ما جاء في الرسالة أو إذا كانت هناك رسالة أصلاً أو أن جبرا قد تسلّم الرسالة أو فهم مدلولها كما فهمت. وقد حاولت الاتصال به لأستفسر إذا شرع في عملية (ترويق المنقة) أم لا ولكنه لم يرد على مكالمتي. وأعترف بداية أنه بدأت

تراودني بعض الشكوك في أنه شرع في (ترويقها) ولكن عندما استقصيت الأمر عرفت أن جبرا (فرقت معاهو شوية) وأنه هذه الأيام بدأ (الحوامة) في السوق العربي وسؤال كل من يلقاه: "معاك أورنيك (١٥)؟".

والتعبير الأخير الذى لفت نظري أطلقه الفاتح جبرا نفسه (قبل أن تفرق معاهو) في مداخلته في الحوار عندما وصف دعوة الشريف بدر لشركة (عارف) الكويتية كشريك للخطوط الجوية السودانية بأنها بمثابة إحضار "صيوان لعرس بتو". قد أثار هذا الربط الكثير من التساؤلات في ذهني: كيف عرف جبرا أن للشريف "بنت على وش عرس"؟ وإذا لم يكن للشريف بنات فلماذا لم ينتهز هذه الفرصة الذهبية لينفي الواقعة ويتخذها دليلاً على عدم مصداقية المعلومات التي أتى بها جبرا (بدلاً من أن يعترف بصحة المعلومات بل ويطالب بكل بجاحة إضافة اسمه لكسرة جبرا الشهيرة عن ما حدث "لخط هيثرو")؟ ثم لماذا يقتصر صيوان العرس على البنات فقط في تفرقة (جَندرية) لا تشبه جبرا؟ فإذا كان للشريف أولاد فقط فهل يصبح الرابط بين الشراكة والصيوان غير وارد؟ وهل إذا قمت أنا مثلاً بلطش التعبير وحرفته إلى "صيوان لعرس ولدو" سيقوم جبرا بمقاضاتي ويعمل كسرة جديدة عن: "أخبار سرقة الصيوان العند النائب العام شنو؟" لم أجد إجابات شافية لتساؤلاتي وإن انتباني شعور قوي أنه بالنظر للكلام الرقيق المشحون بنبرات رومانسية الذي أغدقه الشريف على (عارف) الكويتية طوال الحوار التليفزيوني فقد يكون المقصود من الرابط بين الشركة والصيوان التلميح إلى أن الشراكة بين الشريف والكويتية ترقى إلى مرتبة الشروع في عمل غير أخلاقي!

القاهرة ٢١ مارس ٢٠١٣

القِرفة

قبل أيام بعث أخونا دكتور عابدين برسالة إلى أصدقائه وزملائه (العواجيز) في (قروبه الايميلي) يبشرنا فيها بأن دراسة علمية حديثة أشرف عليها باحثون من جامعة كاليفورنيا بالولايات المتحدة الأميركية كشفت عن معلومات جديدة ومثيرة بشأن (القرفة)، ودورها في الحد من الإصابة بمرض (الزهايمر). ودعانا دكتور عابدين (واصفاً إيانا "بالأعمام" في محاولة تدعو للشفقة لتصغير نفسه) "بشراب القرفة الحارة كل صباح". وقد أسعدني للغاية هذا الخبر وبعث في داخلي دواعي الأمل والتطلع في عودة الروح لقلوبنا الواجفة وضخ الدماء والحيوية في أدمغتنا الواهية وبث الحركة في أطرافنا الضامرة.

ولكن فرحتي لم تدم طويلاً فقد رد أخونا السفير عوض على دكتور عابدين برسالة مقتضبة وحاسمة المعنى: "Too late" (فات الآوان). ولكم أيها السادة أن تتخيلوا مدى فجيعتي بهذا الرد المُفحم والمُحبط. فلو لم أكن أعرف السفير عوضاً لتخيلت من رده أنه على مشارف التسعين ولقلت له: "أيوه too late وألف too late عليك يا عجوز يا موعود

تسعين. امشِ شوف ليك ضل تصنقر فيهو وخلينا نصنقر برانا نشرب في القرفة ونشوف شبابنا". ولكني –وياحسرتاه– أعرف السفير عوض فهو يصغرني بعدة أعوام وليت الأمر توقف عند هذا الحد، فهو بحساب سنوات الدراسة دفعة (أم عيالي) في جامعة الخرطوم وبما أن (أم العيال) اعتادت أن تزيد فارق السن بيننا بنسبة قد تعادل تدهور الجنيه السوداني أمام الدولار وتجعلها تصغرني بأكثر من عشر سنين فإن السفير عوض –بحكم أنه دفعتها– يكون في منتصف الخمسينات الآن. فإذا كان السفير عوض وهو في آواخر الشباب نسبياً يعتقد أن الأمر بالنسبة له قد أصبح "too late" ربما لأن (الزهايمر) قد طاله و(نسي) أن يخبرنا، فما هو الأمل بالنسبة لنا ونحن نرزح تحت سنوات الشيخوخة المضنية؟

وأنا في هذه الحالة من اليأس والقنوط التي أدخلني فيها السفير عوض إذا بمفتاح الفرج والخروج منها يأتي من مصدر لا أعرفه ولم أتوقعه. فقد صرح النائب البرلماني الشيخ دفع الله حسب الرسول في مقولة ترقى لحد الفتوي يدعو فيها إلى ضرورة "زيادة الرجال لحصتهم من الزوجات إلى أربعة لأن الرجل –حسب قوله– "لم يخلق من أجل امرأة واحدة خاصة أن المرأة (تَقطع) في سن الخمسين بينما في مقدور الرجل الزواج والإنجاب حتى بلوغه ١٥٠ سنة ". وأضاف الشيخ متحسراً: "عيب على الراجل يزرع في واطة بور ما بتنتج"!!

أود أن أوضح جلياً أن ما يهمني على وجه التحديد في هذه الفتوى ليس موضوع "قطوع المرَة" ولا التحسر على الزراعة في "واطة بور ما بتنتج" ولا الإنجاب في حد ذاته (فعيالنا والحمد لله قد بلغوا سن الشباب وتولوا عنا المهمة هذه) بقدر ما يهمني "بلوغ ١٥٠سنة والمقدرة على الإنجاب". فلهذه المقدرة الخارقة دلالتان: الأولى أن بلوغ ١٥٠ سنة (والتي لا أشك أن الشيخ دفع الله قد خطط منذ الآن للوصول إليها) تعني بالضرورة حيوية النشاط الجنسي والتي تعني بدورها عدم الإصابة بمرض (الزهايمر) لأن الإنسان لو كان مصاباً بالنسيان فقد يضل الطريق إلى مقاصده الجنسية مما قد يسبب بعض التعقيدات المحرجة! والدلالة الثانية أن هذه المقدرة على الإنجاب حتى سن ١٥٠ تتطلب مقدرة حسابية فائقة قد لا تتوفر للكثيرين حتى يتمكن المرء من إحصاء الأبناء والأحفاد وأبناء الأحفاد وأبناء أحفاد

الأحفاد وهلمجرا.

ويبدو أن الشيخ دفع الله لا يلقي الكلام على عواهنه فللرجل فيما يبدو صلة وثيقة بالولايات المتحدة الأمريكية وبالذات مراكز البحوث فيها، ففي فتوى سابقة أدلي بها تحت قبة البرلمان قال "إن البنت غير المختونة عفنة" وأشار بوضوح لوجود دراسات تؤكد "ختان الأمريكان فتياتهم خوفاً من السرطان" مؤكداً أن تلك الدراسات الأمريكية قد أثبتت "أن عدم الختان يقود للإصابة بالسرطان" ويبدو أنه ينوي أيضاً تطوير هذه الصلات مع الولايات المتحدة بالذهاب إلى هناك، فقد كرر مؤخراً مطالبته للبرلمان بتطبيق رخصة تعدد الزوجات (إلزامياً فيما يبدو) لرفد الجيش السوداني بالرجال موضحاً أن متوسط أعمار الذكور من سن ٥٠ سنة فما فوق لا يتجاوز ال٧ مليون ولو تزوج كل واحد منهم وأنجب ٥ أطفال فسيبلغ عدد الأطفال ٣٥ مليون. "وبهذا العدد"، على حسب قوله "مش نفتح كاودا نفتح أمريكا ذاتا". ولم يوضح الشيخ بماذا سيفتي إذا طلع كل هذا العدد أو غالبيته العظمى –لو قدر الله– من الإناث!! وهل ستتولي الدولة حينها فاتورة الختان؟

وسواء تمكن الشيخ دفع الله من فتح أمريكا أم لا فأنا أكاد أن أكون على يقين بصلته بمركز بحوث (الزهايمر) بجامعة كاليفورنيا. فشخص متزوج من ثلاث نساء ويتطلع أن يمتد به العمر إلى ١٥٠ سنة يتوجب عليه الاهتمام بمرض قد ينسيه أسماء زوجاته بل حتى ينسيه أنه متزوج بهن. ثم أنني لاحظت اختفاء (القرفة) من الأسواق في الفترة الأخيرة وقد عزيت ذلك في أول الأمر إلى عمليات تنظيف السوق التي تقوم بها المافيا الإنقاذية خاصة ورمضان على الأبواب، أو أن يكون (الطفل المعجزة) قد قام ببيع أحد استثماراته لزراعة (القرفة) في أبوكرشولا. ولكني استبعدت أن يهتم هو أو تماسيح السوق بسلعة صغيرة مثل (القرفة) فهناك (جبل مرة) ينتظر من يستثمره للسياحة وهناك بيع مصانع السكر ينتظر تشطيبات وتوزيعات العمولات الأخيرة.

لهذا زاد يقينى أن الشيخ وراء اختفاء (القرفة)، وبعد جهد مضن تحصلت على رقمه وهاتفته مسلماً فرد عليّ السلام بأحسن منه. قلت بلهجة متفائلة: "والله يامولانا الشيخ من

فترة عاوز أتصل بيك وأقول ليك ختان البنات ده واجب ديني وأخلاقي قبل أن يكون ضرورة صحية لإزالة العفانة". وصمتُ برهةً وعندما لم يرد واصلت بكذبة أكبر: "وأنا ياامولانا معرس أربعة نسوان وبناتي مطهرات من هن صغار ومُحرم عليهن يلعبن الكورة حتى في البيت".

فرد عليّ قائلاً: "خيراً فعلت يا رجل". قررت أن أحبك الموضوع زيادة فأضفت:"وغايتو أنا زيك كده ماغِنيت وبقتْ عندي قروش وبنيت عمارتي الرابعة إلا بعد ما عرست المره الرابعة".

فقال: "(وفي السماء رزقكم وما توعدون)، وده رد قاطع على البقولو ما عندهم قروش عشان يتنّو ويتلّتو ويربّعو".

فقلت بحذر: "والله يا الشيخ الأيام دي عندنا مناسبة ومغروض في شوية (قرفة)..."

وقبل أن أكُمل حديثي صاح ثائراً وهو يُنهي المحادثة: "إنت كمان واحد تاني من المُسلِطُهم عليّ دكتور عابدين بتاعكم ده!!"

٣١ مايو ٢٠١٣

مصرو(سد النهضة) وخسارة القضية

تابعت كما تابع غيري الحوار الذى دار في اجتماع الرئاسة المصرية ببعض رؤساء الأحزاب والشخصيات العامة الإثنين الماضي لمناقشة قضية أزمة مياه النيل بعد قيام إثيوبيا بالبدء في بناء (سد النهضة). واندهشت لمناقشة الحلول الإستراتيجية السرية، كأُطروحات الخيار العسكري والفعل الإستخباراتي والتدخل في الشأن الداخلي ودعم الخصوم السياسيين وتأليب الجيران، بالكثير من عدم الجدية وإذاعة كل ذلك على الهواء مباشرة. ولم أجد ما يعادل ضحالة الأفكار المطروحة إلا الغباء المتناهي في الإعلان عنها للداني والقاصي سواء كان ذلك لغفلة تصل حد الإجرام أم عن قصد بدعوى شفافية ليس مجالها قضايا الأمن القومي المصيرية. وكما قالت إحدى الصحف المصرية: "المتابع لهذا الحوار من أي مسؤولين دوليين أو إثيوبيين سوف يدرك مدى الضحالة التي تتمتع بها أروقة الحكم المصرية، ومدى

الضعف والسطحية في التعامل مع أزمة غاية في الحساسية".

أحد المشاركين نسيت اسمه (وأرجو ألا يذكرني أحد به) أقترح بكل جدية: "ممكن نطلع إشاعات بأن مصر هتضرب السد"، وآخر اعتقد أن الموضوع مجرد قضية "إعلانات" فاقترح الاستعانة بشركة دعاية أجنبية. ولكن المتحدث الذي حاولت نسيان اسمه ولم استطع لأنه يُعتبر من رموز النخبة السياسية في مصر في هذا الزمن البائس فهو أيمن نور، فقد اقترح رئيس حزب (غد الثورة) والمرشح السابق لرئاسة الجمهورية أن "تنشر مصر إشاعات عن سعيها لامتلاك طائرات متطورة بطريقة استخباراتية لبث الخوف في نفوس الإثيوبيين". وليت أيمن نور اكتفي بذلك ولكن وفي عنجهية واضحة حَكَمَ، وبدون أي تفاصيل، بأن موقف السودان "يَقرِف" ولم يضف حرفاً ليفسر ما الفعل "المُقرف" الذي اقترفه السودان أو لماذا هو "قرفان" وماذا يريد من السودان أن يفعل ليزيل "القرف" عن معاليه. (كلمة "يقرِف" هذه يمكن الآن أن تدخل الموسوعة السياسية للعلاقات الدولية كمثال عن كيف يمكن لكلمة واحدة أن تستعدي شعباً بأكمله). وبين هاتين المحطتين للجهل والصفاقة أبي أيمن نور إلا أن يضيف محطة أخرى للنفاق فقال (ماسحاً الجوخ) للرئيس مرسي: "أنا مبسوط عشان عندنا رئيس مهندس".

والأدهى أن أيمن نور هذا حاول لاحقاً أن يتملص من كلامه مدعياً أنه لم يكن يدري أن الجلسة مذاعة على الهواء وهذا ما ينطبق عليه المثل السائد "العذر الأقبح من الذنب". تُرى ماذا كان سيقول لو عرف بأن كلامه مذاع؟ هل كان سيكذب ويقول شيئاً آخر غير الذي كان يقصده؟ هل كان سيقترح مثلاً إصدار بيان تلتزم فيه مصر بعدم اللجوء أبداً للحل العسكري "لبث الطمأنينة في نفوس الإثيوبيين"؟ أو أن موقف السودان "يُشرف ويسر البال"؟ أو أنه "غير مبسوط عشان عندنا رئيس غبي"؟ إن القابلية لتغيير الكلام بتغير المكان والظرف والزمان لا تعني إلا الكذب والنفاق –أو بتعبير أدق–الضحك على الدقون.

واقترح مشارك آخر "استخدام فرق كرة قدم بين مصر وإثيوبيا لإزالة الخلاف". وبداية بدا لي

أن صاحبنا هذا من شاكلة (برير) فريق الأهلي أو (والي) فريق الزمالك أو (كاردينال) فريق الإسماعيلي مما يجعلك تتساءل عن ما الذى يفعله في اجتماع لمناقشة أهم قضايا الأمن القومي المصري. ولكني –والحقيقة تُقال– كلما تمعنت في هذا الاقتراح تبدت لي ابعاده الإستراتيجية الخفية. فالرجل ربما كان يشير عن قصد أو عن غير قصد لما جرى التعارف عليه في العلاقات الدولية بنظرية "القوة الناعمة" (soft power) وهي باختصار تعني كل ما تمارسه الدول الكبرى من تقديم مساعدات إنسانية وغير إنسانية أو دعم سياسي أو تسهيلات تجارية أو قروض اقتصادية أو تبادل ثقافي أو منح دراسية وكل ما صبّ في هذا السياق لكسب ود الدول المُستهدَفة. ولكن نظرية القوة الناعمة هي بالضرورة استراتيجية "النفس الطويل" حيث لا تؤتي أُكُلها إلا بعد ما ترضع الدولة المُستهدفة من ثدي الدولة المانحة ما يُمكنُها ليس فقط من الحبو بل المشي وأحياناً الجري وراء مُرضِعتِها ولا أعتقد أن هذا ما ذهب إليه صاحب اقتراح كرة القدم.

وفجأة طرأت بذهني سابقة تاريخية قد تفسر ما يقصده صاحبنا هذا. ففي أواخر سبعينات القرن الماضي بعث الرئيس الأوغندي عيدي أمين داده برسالة إلى الرئيس التنزاني جوليوس نيريري، عندما نشبت أزمة بين بلديهما، يخبره فيها بأنه يحبه ولو كان امرأة لتزوّجه. وبالطبع لم يرد نيريري على هذا العرض غير المُغرى من "التغزل غير الناعم" ولكن عيدي أمين لم ييأس فعرض على نيريري تسوية خلافاتهما على حلبة الملاكمة! ولو خُيرّ نيريري بين العرضين لإختار بغير شك أن يصبح إحدى زوجات عيدي أمين بدلاً من أن يلاقيه في حلبة الملاكمة. فوزن عيدى أمين المُلقب "بيق دادي" (Big Daddy) كان على الأقل ضعف وزن (المعلمو) نيريري، بالإضافة إلى أنه عمل طباخاً بالجيش البريطاني وأصبح بطل الملاكمة في أوغندا قبل أن يقفز بالزانة الطويلة رئيساً للبلاد شأنه في ذلك شأن العديد من الرؤساء الذين ابتلي بهم الله أفريقيا والعالم العربي.

إذن لعيدي أمين داده يرجع الفضل في استحداث هذه الاستراتيجية الرياضية والتي ترجع جذورها التاريخية بالطبع لقدامي الإغريق والألعاب الأولمبية. حقيقة أن الفكرة الخلاقة

بإستخدام كرة القدم لحل الخلافات الدولية تحمل في طياتها البساطة والسلمية وسلامة النفس والأعضاء (اللهم إلا ما يستدعي إبراز الكرت الأحمر)، ومن الملاحظ أن مقترح الحل الكروي هذا لم يشمل السودان في الدوري المقترح بين مصر وإثيوبيا ويبدو أنه افترض خروجنا من المنافسة ربما لأن (الحضري) استطاع هزيمة منتخبنا الوطني بمفرده ولم يهتم أحد بإخبارنا بذلك.

ولكن فكرة الحل الكروي لاتخلو من التعقيدات والمشاكل حتى لو اقتصر الأمر على مباراة واحدة حاسمة: إذا انتصرت مصر فعلى إثيوبيا التخلي عن موضوع السد وإذا كانت الغلبة لإثيوبيا فعلى مصر أن تذهب وتشرب من مياه البحر الأبيض المتوسط. وأول هذه المشاكل هي تحديد مكان اقامة المباراة، فلا شك أن المنتخب الإثيوبي سيختار الجزائر ليضمن مساندة كاملة من الجمهور المحلي. أما مصر فخياراتها المحدودة تنحصر في إريتريا أو جيبوتي وبما أن السند الجماهيري فيهما ضعيف فقد يراهن المنتخب المصري على السودان خاصة لو طمأنهم حارس مرماهم طويل العمر (الحضري) بأن جماهير فريق المريخ، والتي تشكل نصف سكان السودان تقريباً، ستشجعهم. كما سيؤكد لهم –طويل العمر هذ– أنه شخصياً يستطيع إقناع مجلس إدارة المريخ ("العبطاء دول حاططهم في جيبي") بتجهيز (أنطون) محنك وبشراء وإبادة كل السكاكين في سوق ("امضرمان") تحسباً لكل طارئ وأن الهدايا الرئاسية من السيارات الجديدة وعدد لا يستهان به من الخرفان سوف تكون في انتظارهم. والمشكلة الثانية في الحل الكروي هي اختيار من يدير المباراة، فبينما يبدو أن الخيار الإثيوبي سيتأرجح بين كوفي عنان والأسقف ديزموند توتو فمن المؤكد أن مصر سترشح الإداري العالمي والحكم الدولي سفيرنا في القاهرة كمال حسن على.

ولكم يا سادتي أن تتصوروا كم كان الأمر مدهشاً وصادماً لي عندما جاء في الأخبار أن الرئاسة المصرية قد قررت أن تنتهج ما يُعرف في إستراتيجية إدارة الأزمات بسيناريو "تقليل الخسارة بما سبب الخسارة" (lose-lose scenario) والذي بمقتضاه تم توجيه السفارة المصرية في أديس أبابا بتوزيع كميات هائلة من شريط الفيديو لما دار في اجتماع الرئاسة

142

التاريخي بعد ترجمته للغة الأمهرية على أمل أن تجتاح إثيوبيا نوبة من الضحك الهستيري المتواصل تنتقل عدواها –بمشيئة الله والشيخ القرضاوي– كالوباء إلى العاملين في سد النهضة مما يؤدي إلى توقف العمل فيه إلى أجل غير معلوم.

ميريلاند ٨ يونيو ٢٠١٣

حكاية قوش والإفراج والحاجة كلتوم

كتب الصحافي حيدر المكاشفي في عاموده بصحيفة (الصحافة) قبل أيام: (الآن وبعد أن خرج قوش ومن معه من السجن كآخر معتقلين على ذمة ما عرف بالمحاولة الانقلابية وتوافد المهنئون بسلامة الخروج على منزله زرافات ووحدانا بمن فيهم قيادات بارزة في الحكم والحزب الحاكم والحركة الاسلامية، لفت هذا المشهد نظر بعض النابهين من غير المذكورين، فتساءلوا في استغراب "وعلى مَن كان الانقلاب" إذا كانت القيادات المفترض أنها منقلب عليها تتوافد على منزل من يفترض أنه كان على رأس الانقلاب لتهنئته بالخروج، وأردفوا هذا السؤال بسؤال آخر فحواه "بل وفيم الانقلاب نفسه" إذا كان أول تصريح للمفرج عنه هو أن الرئيس البشير أب للجميع وأنه باقٍ على عهده في حزب المؤتمر الوطني والحركة الإسلامية).

وبما أنني أعتبر نفسي أحد النابهين الذين أشار إليهم الكاتب فقد قررت عدم الاكتفاء بالتساؤل بل بالبحث عن حقيقة من كانوا وراء الانقلاب وعلى مَن كان الانقلاب وفيم كان الانقلاب. فكرت بداية التوجه لجهاز الأمن عندنا لأستعين بخبراتهم الواسعة وإمكاناتهم غير المحدودة في عد أنفاس العباد وتتبع دبيب النمل والتصنت على نعيق البوم وغناء الكروان على حد سواء. ولكن بعد تفكير عميق تبينت خطل هذا التفكير، فمن يدري فقد يكونوا قد أعادوا الفريق أول قوش رئيساً للجهاز مترقياً لرتبة مشير (تاني؟) وعندها قد يأخذونني إليه فيسألني: "وأنت ليه عاوز تَنكُت الحاجات دي تاني؟" وأدخل في (سين وجيم) وأبقى في (حيص بيص) وقد ينتهي الأمر باتهامى بتدبير الانقلاب. وهناك احتمال آخر قد لا تقل عواقبه سوءاً فقد يمسك جماعة الأمن بتلابيبي بمجرد دخولي مكاتبهم وهم يصيحون فيّ: "تعال هنا يا ابن الأيه أنت كنت مندسي السنين دي كلها وين؟".

وهداني تفكيري للاستعانة بأجهزة مخابرات أجنبية وأول ما خطر في ذهني جهاز الموساد، فالإسرائيليون هؤلاء تحلق في فضائنا الجوي طائراتهم الهجومية صباح مساء وتحوم فوق رؤوسنا (صقورهم) التجسسية بأجهزة التقاطها الحساسة المربوطة في سيقانها –وكأنهم استكثروا علينا طائرات (الدرون)– ليرصدوا ويحللوا كل ما يدور في بلادنا. فهم بالتأكيد يعرفون عدد الغزلان التى اصطادها جماعة الجبهة الثورية في طريقهم إلى أم روابة وأبوكرشولا، ويدرسون بجدية الفتاوي (الختانية) للشيخ دفع الله والأطروحات التحليلية لخبيرنا الوطني، والإستراتيجيات الاقتصادية لمستشارنا الإستثماري. وهم لا شك يعرفون بالتحديد أماكن تخزين السواطير التي سنحاربهم بها إذا تجرؤوا على منازلتنا أرضياً ويحفظون أوقات صلاة العشاء عندنا بدقة تفوق مؤذنينا ويرصدون بانتظام لم نتعوده مواقع أجهزة الرادار البشرية التي قمنا برصِها صفوفاً متواصلة تتطلع دوماً تجاه السماء وتترقب (ربما متلهفة) قاذفات بني إسرائيل، عملاً بنظرية (الكشف بالنظر) التي تفتقت عنها عبقريتنا العسكرية.

قمت بالاتصال هاتفياً بأحد أصدقائي في الموساد وقلت له دون مقدمات: "قوش أطلقوا

سراحه".

فأجاب فوراً: "طبعا ونحن عارفين كده حتى قبل ما يعتقلوه".

فسألت مشدوهاً: "طيب العمل الانقلاب منو؟".

فرد عليّ سائلاً باستغراب: "أي انقلاب يا زول؟".

فقلت: "الانقلاب اللي اعتقلوا بسببو قوش".

فرد سائلاً ومدهوشاً هو هذه المرة: "وهو قوش اعتقلوه عشان انقلاب؟".

تحيرت من الأمر وبدأت أسائل نفسي إذا كانت سمعة الموساد المهنية التي طبقت الآفاق مبالغ فيها وسألته: "طيب ليه اعتقلوه؟". مرت فترة طويلة من الصمت أكاد أجزم أنني سمعته خلالها يتحدث هامساً مع عدة أشخاص، وبعد انتظار جاءني صوته وهو يقول: "أسمع يا أبوخميد اللي حأقوله ليك ده كلام خطير للغاية وعاوزنك تحلف بشرفك المهني ألا تذكره لأحد. يعني ما عاوزين نشوفه تاني يوم نازل في الراكوبة". وبعد أن حلفت بأغلظ الإيمان ما وَردَ منه في التوراة وما لم يَرِد أخبرني بالسر وراء اعتقال قوش ولعلكم أيها السادة تستميحوني عذراً إذ يمنعني شرفي (المهني) من البوح به.

ولكن كما يعرف الذين يعرفوني أن من خصالي الحميدة الإصرار والمثابرة فقلت لنفسي إنه مادام الإسرائيليون يعرفون هذا الموضوع الخطير فلا شك أن وكالة المخابرات المركزية الأمريكية (السى آى ايه) على علم به أيضاً ويمكنني إن تحصّلت عليه منها أن أنشره وأدّعي للموساد حصولي عليه من مصدر آخر. قمت على الفور بالاتصال بأحد أصدقائي في المخابرات الأمريكية الذي أكد لي السر الخطير ولكن بعد أن استحلفني بشرفي (الرأسمالي) عدم البوح به لأحد. وقال مؤكداً أهمية كتمان السر: "ده نحن الرئيس أوباما ذاتو ما كلمناه بالموضوع ده. خفنا يقوم يزعل ويرسل فرقة (كوماندوز) تصفي الجماعة كلهم زي ما عملوا لأسامة".

وهممت أن أسأله: "متين صفوا أسامة؟ ده انا سامعو قبل أيام بيتكلم عن زيادة قطوعات الكهرباء ورفع أسعارها في رمضان". ولكني انتبهت إلى أنه قد يقصد أسامة آخر. المهم وكما ترون أيها السادة فالسر خطير بالفعل وتأكيد الأمريكان لا يدع مجالاً للشك فيه ولكن شرفي(الرأسمالي) يمنعني من البوح به.

ولأني كنت مصمماً على أن أجد مخرجاً يمكنني من نشر الخبر والفوز المؤكد بجائزة (بوليتزر)، قررت أن ألعب بآخر كرت في جعبتي. فاتصلت بصديق آخر يعمل في المخابرات الروسية الذي بادرني قبل أن أتمكن من الحديث بقوله: "اسمع يا محمدوف بشيروفيتش لو عاوز تطير لموسكو وتعتصم في المطار طالباً اللجوء السياسي فأحب أقول ليك صالة (الترانست) في مطارنا محجوزة الأيام دي لواحد امريكى اسمو ادوارد سنودين". أكدت له أنني لا أفكر حالياً في اللجوء السياسي أو غير السياسي ولو قررت ذلك فستكون وجهتي إلى الصومال أو جزر القمر أو بالعدم القمر ذاته، لكن كل ما أريد معرفته هو السبب الذي دعا السلطات السودانية لإعتقال قوش بتهمة محاولة انقلاب (تخريبية) ثم الإفراج عنه بدلاً من ربطه على عامود أمام فرقة إعدام كما يبين سجلهم الحافل في مثل هذه الحالات. طلب مني الرفيق (أقصد الزميل) أن أنتظر حتى يتمكن من الاتصال برؤسائه لإستجلاء الأمر. اتصل بي بعد فترة وقال بلهجة تبدو عليها جدية مبالغ فيها: "والله يا محمدوف بشيروفتش ده موضوع خطير جدا وعاوزك تحلف ألا تبوح به لأحد". كدت أن ارتكب خطأً جسيماً بأن أحلف له بشرفي (الماركسي) ولكني تداركت الأمر بسرعة وقلت: "وحياة (بوتين) و(راسبوتين) كمان ما أكلم زول". عندها أكّد لي ما قاله الإسرائيليون والأمريكان وما يمنعني شرفي (الراسبوتيني) أيها السادة من البوح به.

يمكنكم أن تدركوا مقدار الإحباط الذي تملكني وأنا أملك هذه المعلومة المهمة والخطيرة ولا يمكنني نشرها أو البوح بها لأحد. خرجت من منزلي وتوجهت تجاه (حاجة كلتوم) بائعة الشاي والتي تحتل موقعاً إستراتيجياً في شارعنا ولا أحد يدري كم دفعت لناس المحلية لتفادي (الكشّات) التي طالت منافساتها في الشوارع المجاورة. وما أن جلست حتى نظرتْ لي بتمعن وسألتني : "الليلة مالك متعكنن كده ووشك يلعن قفاك؟"

فقلت: "والله يا حاجة ليّا يومين (الشمار حارقني) وما عارف أفشّو كيف".

فردت وهي تناولني فنجان القهوة: "خليك من شمارك، أنا عندي ليك الشمار الجد". واستعدلت في جلستها بعد أن أنزلت (الكفتيرة) من (الكانون) وقالت: "طبعاً انت سمعت ليه حبسو قوش". وفغرت فاهي كالأهبل وأنا احبس أنفاسي من الدهشة وأسائل نفسي كيف عرفت هذه الشقية بحقيقة (شماري)؟ هل من مواهبها الكثيرة المَقدِرة على قراءة الأفكار؟ وقبل أن أحاول الإنكار استطردت قائلة: "بس ما تصدق حكاية الانقلاب دي. القصة وما فيها إنو الإمريكان طلبوا القوش ده عشان يدير ليهم جهاز الأمن بتاعهم. أصلهم بعد ما يقفلوا سجن (قوانتانامو) في كوبا عاوزين زول يعمل ليهم شوية (بيوت أشباح) في أمريكا ذاتا. بس ناس الريس هنا عصلجوا شوية و(أبوالعفّين) حلف لو هو ما ادوه الوظيفة دي ما في زول تاني ياخدها و(أبورياله) اشترط إنو يعملوه وزير دفاع كمان ووالله ماعارفة أكان الريس برضو طالب بالرئاسة هناك ولاّ لا. المهم قاموا ختّو قوش المسكين في واحدة من الفلل الرئاسية لغاية ما رضى يحِلف ليهم بشرفو الأمني إنو بطّل حكاية أمريكا دي خالص". وسكتت (حاجة كلتوم) لحظة وهي تصب لي فنجانا ثانياً قبل أن تتابع قائلة: "أما حكاية ناس ود إبراهيم ديل فمحيّرة شوية وسمعت أنهم...".

وبالطبع لم أنتظر لسماع بقية حديثها فقد قمت مهرولاً لمنزلي وأنا أصيح في موبايلي لأحد أصدقائي في صحيفة (الواشنطون بوست): "أسمع يا بوب ودورد وقفوا المطابع وحضروا المانشيت العريض حالا أنا عندي ليكم قنبلة إخبارية قمت تأكيدها من أربعة مصادر مختلفة لا يرقى إليها الشك ومافيها أي كلام"!!

ماريلاند ١٦ يوليو ٢٠١٣

"يا أوباما يا دي جانقو، لن يحكمنا لص شيكاغو"

لكم يا سادتي أن تتخيلوا مدى ارتياحي وأنا أقرأ خبر المظاهرة التي خرجت الجمعة الماضية من جامع الخرطوم الكبير تحت لافتة تحالف قوى الدستور الإسلامي والأسلوب الحضاري الذي تعاملت به قوات الأمن والشرطة مع المتظاهرين. وكما جاء في تحليل إخباري للصحافي محمد لطيف فإن الشرطة في تعاملها هذا قد تحولت إلى "كائنات وديعة لا تهش ولا تنش". وقد سرني للغاية أنها قامت بواجبها الأمني خير قيام ليس فقط في تأمين المتظاهرين بل أيضاً في تأديب المتفرجين (وأغلب ظني لتقاعسهم المخزي في ممارسة حقوقهم المدنية).

وكلما أمعنت التفكير في هذا التصرف الحضاري أجدني أهز رأسي أسفاً وتحسراً وألماً على ما جرى في الأسابيع الماضية من قمع وحشي في بعض البلدان المتخلفة حيث درجت أجهزة الأمن على التنكيل بالمسيرات السلمية بما في ذلك إطلاق الذخيرة الحية على المتظاهرين وقتل المئات واعتقال الآلاف بما فيهم النساء والأطفال. لماذا لا يتبع هؤلاء الأوباش مثل هذا الأسلوب المتحضر المتمثل في تظاهرة الجمعة ليس فقط من جانب قوات الأمن والشرطة بل من جانب قوى التحالف التي يقودها الخال الرئاسي في حرصها على مايبدو للحصول

151

على تصديق رسمي من السلطات لتسيير مسيرتهم السلمية؟ فالأعداد المهولة من رجال الأمن والشرطة والذين فاقت أعدادهم المتظاهرين عشرات المرات التي رافقت المسيرة السلمية لا يمكن أن يكونوا قد تواجدوا بالصدفة ولا أحد يعلم أعداد رجال الأمن الذين انخرطوا في المسيرة مساندة وتقديراً.

وصلتُ إلى قناعة أنه يجب تأكيد هذا المسلك الحضاري والسلمي في تأمين أي مسيرات مستقبلية فقررت أن أحذو حذو الخال الرئاسي بتسيير مظاهرة تحت حماية رجال الأمن والشرطة.

ذهبت لمقابلة السيد وزير الداخلية شخصياً لاستخراج التصديق اللازم، ويبدو أن الأمر اشتبه عليه بداية فقد سألني بحدة أول ما رآني: "يا زول إنت فكّوك متين من بيوت الضيافة بتاعتنا؟".

فقلت: "أبدا سعادتك أنا بطّلت أصيّف في المنتجعات بتاعتكم دي من فترة طويلة".

قال والحدة لا تزال تطغى على صوته: "طيب جاي هنا عاوز شنو؟".

قلت متبسماً: "والله سعادتك مغروض في حتة تصديق لمظاهرة".

هنا تلفت سعادته يمنة ويسرة ليتأكد أن حرسه الخاص لا يزال مرابضاً في أنحاء الغرفة ثم خبط بقبضة يده على مكتبه صائحاً: "نحن قلنا ما فيش مظاهرات يعني ما فيش مظاهرات!"

وسارعت بالقول: "لكن سعادتك دي مظاهرة سلمية زي بتاعة خالنا الرئاسي".

وسألني بدهشة متفحصاً ملامحي وظلال من الشك تطل من عينيه: "هو الخال الرئاسي خالك إنت كمان؟"

كدت أن أتفوه بادعاء كاذب ولكن شئ ما بداخلي أشعرني أن سمعة عائلتي أهم من أي مكسب رخيص فقلت بلهجة شبه انبطاحية لا يعرفها إلا من اعتاد (مسك العصاية من

النص): "هو مش الخال الرئاسي خال الكل والست الرئاسية هي ست الكل زي الريس هو رئيس الكل؟"

ويبدو أن ردي لم يعجب سيادته فلعله كان يتوقع انبطاحة شاملة ولكنه هدأ قليلاً ثم همهم سائلاً: "طبعاً طبعا! طيب ايه الشعار بتاع المظاهرة؟".

أجبت من غير تردد وبابتسامة عريضة: "الشعب يريد اسقاط النظام!"

وفي لحظة كان أفراد الحرس قد احاطوا بي وهراواتهم الغليظة في طريقها إلى رأسي وعندها هتفت صائحاً في هلع شديد: "أنا بقصد النظام الأمريكى!"

ولا بد أن هلعي كان مقنعاً فبإشارة من يده توقفت الهراوات على بعد سنتمترات من صلعتي

سألني السيد الوزير: "طيب ايه اسم الحزب أو التحالف اللي عاوز ينظم المظاهرة؟".

قلت وأنا أبتسم ببلاهة: "ده اسمو (حزب الشاي) يا سعادتك".

ولمحت نظرات سيادته تتجه للحراس الرابضين خلفي وقبل أن ترتفع هراواتهم إلى أعلى من جديد صحت بسرعة: "اصلو نحن متحالفين مع حزب الشاي (الأصل) (Tea Party) في أمريكا وده يا سيادتك حزب جديد مسيطر على الكونجرس الأمريكي وقِدروا يقفلوا الحكومة المركزية بالضبة والمفتاح بعد رفضوا اجازة الميزانية وقالوا ما حيرفعوا سقف المديونية الفيدرالية إلا الرئيس أوباما يستقيل ويمشي يسلم نفسو لمحكمة الجنايات الدولية".

سألني سيادته مندهشاً: "هو أوباما مطلوب في (لاهاي) كمان".

أجبت: "أيوه سعادتك من يوم ناس حزب الشاي اتهموه بمحاولة إبادة الشعب الأمريكي لإصراره على عدم رفع الدعم عن الرعاية الصحية والتي يسميها ناس حزب الشاي (رعاية الموت)". وأضفت هامساً وأنا أغمز بعيني: "بعدين ما تنسي سيادتك إنو من أصل كيني". ولكن يبدو أن اللبيب بالإشارة لم يفهم فاستطردت قائلاً: "غايتو إذا ركب رأسو وما سمع

الكلام، الاقتصاد الأمريكي سينهار والدولار بتاعهم حيلحق الجنيه بتاعنا".

ويبدو أن كلامي قد أعجب السيد الوزير فقد سألني وظلال ابتسامة على شفتيه: "يعني حيفلسوا زينا؟"

قلت: "بالتأكيد سيادتك وعشان كده عاوزين نعمل مظاهرة تضامن مع ناس حزب الشاي".

طلب مني أن أعطيه العدد التقريبي للمشاركين في المسيرة، فقمت بعملية حسابية سريعة لحصر أفراد عائلتي بما فيهم الأحفاد وبعد عملية أخرى أكثر تعقيداً قمت بحصر أصدقائي وقررت استبعاد الذين لهم انتماءات أو ميول حزبية (واحد شيوعي-جناح بكين؛ وواحد حزب أمة-جناح أبو كلام؛ وواحد اتحادي ديمقراطي-فرع متفرع من فرع الأصل؛ وواحد مؤتمر شعبي من حيران الشيخ؛ وواحد من الحركة الشعبية-قطاع الجنوب-جناح باقان). وبعد استبعاد كل هؤلاء اكتشفت أنه لم يبق لي أي أصدقاء، فنظرت لعدد أفراد عائلتي وفي لحظة تَجلّي قررت وضع عدد من الأصفار أمام العدد الكلي لأفراد العائلة العشرين بما يساوي تقريباً عدد الأصفار التي تمت إضافتها للجنيه السوداني منذ قرابة خمسة وعشرين عاماً وأنا أقول لنفسي "وليه لا؟ ده مش تخفيض ده تضخّم وما فيش حد أحسن من حد".

قدمت القائمة للسيد الوزير وبعد أن تأمّلها ملياً خاطبني قائلاً : "والله لازم أكون صريح معاك يا زول. اثنين مليون متظاهر ده عدد كبير علينا، ده الاحتياطي المركزي والأمن والشرطة مش كفاية ويمكن نحتاج لإنزال سلاح المظلات، ومع ده كلو ما حنقدر تأمين المظاهرة وتأديب المتفرجين في نفس الوقت". وبعد أخذ ورد توصلنا لتقليص العدد لنصف مليون (بعد عملية حسابية معقدة قمت فيها باستبعاد الأحفاد وشطب عدة أصفار).

وهكذا يا سادتي خرجت من مكتب السيد الوزير وأنا أحمل في يمناي التصديق وفي يسرايَ قائمة بالهتافات التي وافق سيادة الوزير على ترديدها. سيكون مسار المظاهرة يوم الجمعة القادم من جامع كافوري الرئاسي إلى مقر السفارة الأمريكية في شارع علي عبداللطيف وبعد أن نكتشف بعد وصولنا هناك أن المقر قد تمر نقله إلى سوبا سنرجع لكافوري للتوجه من جديد إلى سوبا.

أما الهتافات التي تم الاتفاق على ترديدها فهي كالآتي: (يا أوباما يا دي جانقو، لن يحكمنا لص شيكاغو) (أمريكا قد دنا عذابها، واليوم أعلنت إفلاسها) (حريقة حريقة يا بو الجاز، أمريكا عِدمَت الدولار) (غور غور يا باراك، دي اللاهاي منتظراك). وأود سادتي تكرار تنبيهكم بالالتزام بهذه الهتافات مع ضرورة عدم الخروج عن النص أو إضافة هتافات جديدة. وفي حالة عدم الالتزام بهذه التعليمات الواضحة فسيقوم رجال الصاعقة في المروحيات المحلقة فوق المظاهرة باختطاف المخالفين من المسيرة ورميهم بعد الضرب المبرح في صفوف المتفرجين.

وكل عام ،سادتي، وأنتم بخير.

ميريلاند ١٣ أكتوبر ٢٠١٣

155

بلة الغائب و(القرم) وبلاد الجن الأحمر

سعِدت وأنا أُطالع في تصريح متداول على مواقع التواصل الاجتماعي أن المتصوف السوداني (بلة الغائب) أكد أن الطائرة الماليزية التي اختفت خلال رحلة من (كوالالمبور) إلى (بكين) ولم يُعثر لها على أثر منذ قرابة الأسبوعين موجودة "ببلاد الجنّ الأحمر"، وأنه قادر على العثور عليها إذا ما طُلب منه ذلك. وبقدر شعوري بالفخر والإعتزاز لما يعنيه مثل هذا الإنجاز من رفع شأننا بين الأمم، تملكني إحساس غامر بالغضب والاستهجان ليس فقط لتجاهل وكالات الأخبار هذا التصريح الهام بل لتهاون وتقاعس دول العالم في طلب المساعدة من (بلة الغائب) في وقت فشلت فيه ٣٠ دولة بسفنها وغواصاتها وطائراتها وأقمارها الصناعية في العثور على الطائرة المختفية. وقد عزوت هذا التجاهل إلى ما دَرجت عليه دول الاستكبار في محاربة مشروعاتنا الحضارية وتوجهاتنا الرسالية، وقد استغربت هذا التصرف خاصة من ماليزيا المسلمة والمستودع الآمن لمالنا وعقاراتنا والفائض الربوي من ميزانياتنا والمنهوب (التجنيبي) من خيرات بلادنا.

قررت بحزم لم أعتد عليه أن أضع حداً لهذا التهاون. وعملاً بالمثل القائل بأن أول خطوة نحو المعرفة هي الاعتراف بجهلك، قمت فوراً بالاتصال بأحد أصدقائي وهو خبير عالمي في الجغرافيا الكونية وسألته على الفور: "قل لي يادكتور بلاد الجن الأحمر دي وين؟"

ويبدو أن سؤالي كان مفاجئاً له فلم يرد لفترة طويلة وأكاد أتخيله ينظر لسماء الله الواسعه وهو يحك رأسه متحيراً وأخيراً جاء صوته قائلاً: "يبدو أن بلاد الجن الأحمر دي عبارة عن رمز لمنطقة جغرافية معينة ولو ما أخاف الكدب افتكر أنها منطقة (القرم) الواقعة على البحر الأسود والتابعه لأوكرانيا". قلت له بلهجة استفزازية: "يا دكتور خليك منطقي وواقعي وعلمي في تفكيرك. كيف بلاد الجن (الأحمر) تكون موجودة في البحر (الأسود)؟ أنت عندك عمى ألوان؟ وبعدين يا أخي كيف طيارة تقوم طوالي من (كوالمبور) إلى (القرم)؟ مين زوّدها بالوقود في الجو؟ ومنو بقدر يعمل كده غير الأمريكان؟"

صمت فترة ثم تساءل متردداً: "يكون الجن الكلكي؟"

قررت أن صديقي الدكتور بكل مؤهلاته الأكاديمية لن يفيدني كثيراً في مثل هذه الأمور العلمية ذات الخاصية التقنية وأن عليّ محاولة التوصل للمعرفة المطلوبة بالاتصال ببلة الغائب نفسه ولكن احترت بأي لقب أخاطبه. فكرت في لقب (الشيخ) ولكني كنت أعرف أن (الشيخ الكبير) لا يحب أن يشاركه أحد في هذا اللقب اللهم إلا إذا أثمر غزله هذه الأيام مع المشير في ترفيعه من المنشية للقصر. فكرت في لقب (سيدي) ولكني خفت أن يرفع (أبوكلام) أو (مولانا) دعوى ضدي بحجة التعدي على أملاكهم الطائفية. فكرت في (الإمام) بلة (الغائب) ولكني خفت أن أتسبب في أزمة دبلوماسية مع إيران أيضاً خاصة أن علاقاتنا مع السعودية وكل دول الخليج تقريباً (مش ولا بد) هذه الأيام.

وبعد تفكير عميق توصلت إلى لقب لن يسبب لي أي مشاكل مع أحد وقمت فوراً بالاتصال ببلة الغائب هاتفاً: "سلامو عليكم يا (أنطون) بلة!".

فرد عليّ هاشاً باشاً: "أهلا بيك! أهلا بيك! إنت من طرف (والي) المريخ والّا سعادة (اللواء) بتاع الهلال؟".

قلت صادقاً: "الحقيقة أنا ما عندي صلة بناس الكورة ديل ولكن عاوزك في موضوع فيه برضو حكاية التغييب العقلي والفكري دي واردة، بس المرة دي بدل ماتطَفِّش الكورة من القون تقوم تجيب الكورة الطافشة!".

فقال بنبرة لا تخلو من خيبة أمل: "ممكن تشرح أكتر بالضبط تقصد شنو؟".

قلت: " شوف يا (أنطون بلة) أنا أقوم وأقول للماليزيين يطلبو منك تجيب الطيارة بي ركابها من بلاد الجن الأحمر، أصلو أخوانا الماليزيين ديل ناس طيبين وبيحبونا وأول مايشوفو سوداني(متمكن) يقوموا طوالي يفتحوا ليهو حساب في البنك ويعرضوا عليه فيلا وحاجات كده زي الفُل وبالعدم يمكن شقة شقتين لو ما (متمكن) قوي. المهم أنا حأبقى مدير أعمالك وخلي أي حاجة عليّ بس إنت تركز وتجيب الطيارة من بلاد الجن الأحمر".

وافق بلة الغائب وتم بالفعل عقد مؤتمر دولي في مطار(كوالالمبور) حضره رؤساء ماليزيا والصين ودول أخرى وقام بلة الغائب ببعض الهمهمة والتمتمة وإحراق البخور وفجأة ظهرت في الأفق الطائرة المختفية وحطت بسلام ونزل ركابها وهم يهللون "ما لدنيا قد عملنا!". عانق بعضهم بلة الغائب والدموع تنهمر من عيونهم وأدلى بعضهم بأحاديث لوكالات الأخبار العالمية عن كرم وحفاوة أهل بلاد الجن الأحمر. كما أبدت أقلية منهم يبدو من ملامحهم أنهم من الصومال أو السودان رغبتهم في العودة إلى هناك بأسرع فرصة ممكنة.

بعد أيام من هذا الحدث العالمي الهائل رن هاتفي وأنا جالس في فيلتي بضواحي (كوالالمبور) أراجع حسابات ملايين الدولارات من عمولتي في عملية استعادة الطائرة. ولدهشتي كان المتحدث هو الرئيس أوباما الذي بادرني قائلاً: "أسمع يا بوهميد أنا عاوز منك خدمة بسيطة. ممكن تخلي زولك بلة الغائب ده يجيب لينا حاجة رايحة مننا؟".

قلت مرتاعاً: "أوعَ تكون طفشت منكم طيّارة إنتو كمان؟".

فقال بلهجة حزينة وهو يكاد ينفجر باكياً: "الحقيقة الموضوع اكتر وأكبر من كده. طفشت مننا بلد بى حالو يا بوهميدا! فقبل أيام (القرم) اختفت فجأة من الرادار بتاعنا وسفننا وطائراتنا في البحر الأسود فتشت عليها في كل حتة ما لقتها، وأصحابنا الأوكرانيين حالتهم بقت صعبة ونحن ماعارفين نعمل شنو!"

قلت مواسياً: "تعرف يا بركة حاجة غريبة فعلا قبل أيام كنت بتكلم عن (القرم) مع واحد

صاحبي أخصائي جغرافيا. بس قول لي سألتوا الروس عن الموضوع ده؟"

قال أوباما: "طبعاً، قبل دقائق كنت بتكلم مع صاحبي فلاديمير بوتين وحلف بى (راسبوتين) وهو لينين الجديد بتاعهم إنو ما شاف (القرم) طفش وين ولا حتى سمع بيهو!"

قلت مُطَمِئناً: "بالطبع حنساعدك يا بركة، بس الحكاية دى حتكون مكلفة شوية".

رد أوباما مُتلهفاً: "مافي مشكلة يا بوهميد، أنا مستعد أديكم نص تكساس!" وصمت برهة ثم أضاف قائلاً بحذر: "أصلو أنا الأيام دي متعكنن حبتين من ناس حزب الشاي عندنا".

أدركتُ على الفور أن أوباما بذكائه التفاوضي يريد مني أن (أزاوِد) عليه بأن أطلب كل تكساس ويمكن أيضاً مسيسبّي وأركنساس وجورجيا وميسوري، فقلت في سري: "دي على مين يا شاطر؟ خلي المهووسيين البيض بتاعينك معاك، نحن كفاية علينا المهووسيين اللي عندنا". أخبرت أوباما أن "ربع تكساس كفاية علينا" وأنه إذا كانت لنا، أنا وأخوي بلة، أحلام أو أطماع توسعية فبلاد الجن الأحمر واسعة. وبعد أن (ظَبطت) موضوع الصفقة مع أوباما بما في ذلك (تجنيب) مبلغ محترم من الدولارات (لزوم البونص بتاعي) اتصلت ببلة الغائب لأنبهه بضرورة شد الرحال فوراً إلى (كييف) عاصمة أوكرانيا لتولي الاحتفالات بعودة (القرم) ولأُبشره بأننا، هو وأنا، سنصبح قريباً من رعاة البقر (كابويات يعني) في تكساس.

ولكم ياسادتي أن تتخيلوا مدى حيرتي وإحباطي وتعاستي وأنا أسمع هذا (الأنطون) وهو يرد عليّ بكل صفاقة قائلاً: "اسمع يا زول بلاش تكساس وبلاش كابويات، شوف ليك طريقة أتخارج من أوباما بتاعك ده. أنا حسع قاعد في (الكرملين) في موسكو بجهز شوية بخرات ومحايات وبلعب على المضمون. فالرفيق فلاديمير فلاديميرفتش وعدني بنص سيبيريا إذا طفشت الباقي من (أوكرانيا) ذاتها إلى بلاد الجن الأحمر"!

١٩ مارس ٢٠١٤

حكاية الشيطان ومحاميه و"حملة الدفتردار"

ذكر الصحافي الطاهر ساتي في عاموده بصحيفة (السوداني) تحت عنوان (شوربة سبدرات) أن وزير العدل السابق تساءل في حوار صحفي أجري معه: (هل فجأة أصبح سبدرات محامي الشيطان؟) ومثل هذا التساؤل ينطبق عليه في اللغة الانجليزية ما يسمى بالسؤال الخطابي (rhetorical question) إذ أنه لا يتطلب إجابة وفيه حذلقة بلاغية بارعة تقوم على اتهام النفس متسائلاً، استباقاً للآخرين في الإجابة على التساؤل إيجابياً. ويبدو أن الطاهر قرر تجاهل الأسس البلاغية لهذا التساؤل البرئ وتطوع بالإجابة مذكراً سيادة الوزير السابق والمحامي العريق بترافعه في قضايا تمتد من الفلاشا إلى الأقطان مروراً بالأوقاف وعدد من (الكاردينالات) يكفي لخلع البابا الحالي من الفاتيكان. قال الطاهر ساتي مستشهداً بهذا السجل الترافعي الحافل: "لسوء حظك ولحسن حظ الناس، الشيطان بعد أن يُفسد حياة الناس لا يحتاج من البشر لمن يدافع عنه بلا حياء أو وجل، وإلا لما تردد في

اختيارك محامياً ومستشاراً قانونياً لكل أعماله..!!"

وأصدقكم القول أن ما خلُص إليه الطاهر لم يقنعني ولم يشبع فضولي في معرفة ما وراء الأكمة، وبما أنني دائماً أفضل "الوثبة" التحقيقية التي تستقي المعلومة من مصادرها الأصلية فقد قررت أن "أثب" إلى الشيطان نفسه تقصياً للحقيقة.

وجدته جالساً تحت شجرة ويبدو عليه شئ من الاكتئاب. احترت بماذا أخاطبه فأنا دائماً أحرص على مخاطبة الآخرين بألقابهم حتى لا أُتهم بتبخيسهم. فكرتُ في (كبير الأبالسة) ولكن تذكرت أن (كبيرهم) أو (شيخهم) هذا مشغول هذه الأيام بالدخول في (وثبة حوارية) من نوع آخر تسمى في القاموس السياسي بنظرية (التقدم إلى الخلف) أو بالدراجي السوداني (إعادة تفصيل المفاصلة)! ويبدو أن الشيطان لاحظ ترددي فقد نظر إليّ شذراً وقال: "يا زول إنت جاي عاوز شنو؟".

أخبرته أن كل ما أبغيه هو معرفة إذا كان لديه محامي.

فرد بتأفف: "يعني جاي إنت كمان تعرض خدماتك؟ طيب قول لي ايه خبراتك في الاستشارات القانونية والإجراءات التحكيمية؟ هل أنت وزير عدل سابق؟ والأهم من ده كله هل تقرض الشعر (قرضاً حسناً)؟".

وقبل أن يمضي في أسئلته ويسالني مثلاً على لسانه النجس إن كنت أدعي أيضاً (تفسير القرآن) سارعت بالقول: "أنا لا محامي ولا مستشعر أو مفسر ولا أفهم في التحكيم غير سارق (أوفسايد) وركلات (الجزاء) الترجيحية مش التحكيمية، وأنا بسأل بس إذا عندك محامي".

نظر إليّ بتمعن وقال بحذر: "الظاهر عليك ناوي تلبع لبعة كبيرة، تكون منشن على الوديعة القطرية؟".

وعندما لم أرد لمعت عيناه في تطلع لمكسب كبير وتوقع لشريك جديد واستطرد بلهجة معسولة: "ولا يهمك يا زول تخبط خبطتك ونحن ناخد عمولتنا ولو حد قال بغم المحامي

بتاعنا يطلّعك منها زي الشعرة من العجين".

من توقع منكم ايها السادة أن أقوم بسؤاله عن اسم محاميه (وأصل بذلك لتأكيد الاجابة على التساؤل أعلاه من مصدر لا يرقى الشك إليه) لا يعرفون ضعف النفس البشرية الأمارة بالسوء ودهاء الشيطان في اصطيادها. ففجأة بدأت دولارات الوديعة المليارية تتراقص فعلاً أمام ناظري وهي تهرول أمام (الجنيه) في اتجاه (العشرة) وبدأت القصور (الكافورية) تتراءى في مخيلتي وهي تضاهي في روعتها فلل ماليزيا و(نخلة) دبي و(بيلجريفا) لندن.

هممت أن أسأله عما يطلبه لعمولته وعمولة محاميه عملاً بالمثل الشائع "اذا تعشيت مع الشيطان فيجب أن تكون إيدك أو (في لغة الخواجات) معلقتك طويلة" ولكني لاحظت أن الاكتئاب قد عاد ليغطي محياه وقال بنبرة حزينة: "بس قبل ما نعمل أي حاجة عندنا مشكلة بسيطة لازم نحلها وأنا قاعد تحت الشجرة دي من الصباح بفكر فيها".

قلت ملتاعاً: "ودي مشكلة بخصوص شنو؟".

أجاب وهو يهز رأسه في أسىً بالغ: "حملة الدفتردار!".

صحت مندهشاً: "هو لسع ما وصل المتمة من كردفان؟".

رد الشيطان: "دي حملة دفتردارية انتقامية جديدة تستهدف المشروع الحضاري بتاعنا وفيها عملية تفكيك رهيبة تبدأ بالشوربة وما حتنتهي إلا لمن يكملو الضلع والشية ويخلُّو بالآيس كريم!".

أصدقكم القول مرة أخرى أيها السادة أن (الخوفة دخلتني) وبتدافع ذاكرتي بما فعلته حملة الدفتردار من مجازر ومآسٍ بدأت أحلام الوديعة المليارية تتبخر من ذهني وقلت لنفسي":إنت مالك والبلاوي دي أحسن تبقى على (الهوت دوق) ومعاشك التعبان زي بقية الشعب الغلبان".

شكرت للشيطان تلميحه لي بالوديعة القطرية ناصحاً إياه بأن يتأكد أولاً كم تبقّى منها وفي

أي جيب تكمن فقد يكتشف أن الجماعة قد غشوه تحكيمياً في عمولته، كما أخبرته أن ينصح محاميه "بأن الحبشة قريبة إذا اشتدت الزنقة الدفتردارية".

وأنا في طريقي إلى منزلنا ببحري تحاشيت بذكائي المعهود شارع وكبري (الملك نمر) وتوجهت إلى كبري (القوات المسلحة) رغم إغلاقه الدائم للصيانة ولا زلت مرابطاً هناك في انتظار (الفرج)!

٢٧ أبريل ٢٠١٤

قوات الدعم السريع

في تعليق له الأسبوع الماضي ذكر الصحافي الطاهر ساتي أن "هناك شيئاً ما، في مكان ما، يتم إعداده على نار هادئة، وعدم لفت أنظار وعقول الناس إلى هذا الشئ ..كلها عوامل تشير إلى أن ذاك الشئ الذي يتم إعداده على نار هادئة (لم ينضج بعد)..!!"

وقد أثار هذا التعليق غريزتي السياسية الأمّارة بالسوء التي دائماً ما تدفعني في تطفل فضولي لا أدري كيفية التخلص منه للتحقق من أشياء لا يطالها فهمي القاصر، وكثيراً ما سبب لي الكثير من المتاعب.

المهم قررت أن أقوم بتحقيقي هذا مهما جرّه عليّ من مصاعب وفضلت أن أبدأ بوزير الإعلام فهو لسان حال الحكومة والناطق غير الرسمي لقوات الدعم السريع (Rapid Deployment Forces) في أفغانستان والذي يبدو أنه يتمتع بسلطات عدلية وعسكرية وأمنية تمكنه من إيداع الناس في المعتقلات وتقديمهم للمحاكمات وإغلاق الصحف كما التهديد بإغلاقها. ومن الواضح أن ممارساته تلك لا تُشكل أية تغول على سلطات وزارة العدل التي يبدو أن وزيرها لا يزال حائراً في معرفة الفرق بين الفعل الجنائي والإجراء

التحكيمي في قضية الأقطان وأن وكيلها مشغول فيما يبدو باستثمار عقاراته المميزة لتغطية تكاليف الحياة المرهقة (فبدلات العدل ليست كبدلات الأراضي "وعشان كده الناس جارين عليها" كما وضح بنفسه السيد وكيل وزارة العدل حالياً ومدير الأراضي سابقاً). ولكن تلك قصة أخرى.

ولدهشتي وجدته –وزير إعلامنا هذا– جالساً أمام مكتبه مرتدياً زياً عسكرياً تحيط به ثُلة من قوات الدعم (الدقيري) وأخبرني بلهجة حاسمة أنه لا يود الإدلاء بأي تصريح للصحافة حتى يتم عمل ميثاق شرف مهني يضبط الإعلام ويُحَرِّم تجاوز الخطوط الحمراء في تناول قضايا الأمن والشؤون العسكرية والعدلية. طمأنته (صادقاً) أنني لا أنتمي لقبيلة الصحفيين ولم أخل قط بشرفي العلمي منذ أن اتهِمتَ زوراً وبهتاناً باستعمال (بخرة) في امتحان الدين في المرحلة الثانوية، وأن كل ما أريده الاستفسار عن "شيء ما في مكان ما يتم إعداده على نار هادئة ولم ينضج بعد". وهنا بدأ الهلع على السيد الوزير وهمس وهو يتلفت يمنة ويسرة :"يعني تفتكر في تعديل وزاري جاي؟". أخبرته أنني لا أدري طبيعة هذا الشئ الذي لم ينضج بعد ولكني على قناعة أن موقعه الوزاري آمن فأين يجد (التُرك) (مِتُورِك) أكثر منه. وهنا بأن عليه الانبساط وأخبرني أنه سيتدخل شخصياً لضمي لقبيلة الصحفيين.

قررتُ بعد ذلك الذهاب لقائد قوات الدعم السريع بحثاً عن إجابة تُشبع فضولي وقمت فعلاً بالاتصال بالسفارة الأمريكية لطلب تأشيرة لدخول أفغانستان ولدهشتي أخبروني أنه ليس لديهم قوات دعم سريع هناك وقال لي أحد دبلوماسيهم في تهكمٍ واضح: "نحن قواتنا سحبناها من أفغانستان فأحسن تشوف قوات الدعم السريع بتاعتكم المعسكرة في الخرطوم". وددت لو سألته إذا كانت مخابراتهم (السي آى إيه) لها علم (تحت تحت) عن الشئ الذى لم ينضج بعد ولكني خفت أن يخبرني أن الذي يتم (تنجيضه)على نار هادئة هو جنيهنا السوداني المسكين.

ولكم يا سادتي أن تتخيلوا مدى تعجبي وسعادتي وأنا أسمع أننا مثل الأمريكان لنا قوات تدخل سريع وأننا مثلهم قمنا بسحبها من مناطق العمليات لتعسكر في عاصمتنا وبدأ يداعب تفكيري أمل أن لذلك علاقة بالشئ الذي لم ينضج بعد، وقررت فوراً مقابلة قائد

هذه القوات علّني أجد عنده الخبر اليقين.

وجدته جالساً في مكتبه الفخيم بقلب الخرطوم وحقيقةً شعرت بالرهبة ونظري يتجول من أجهزة الكمبيتور المثبتة على الجدران (بدأت لي شبيهةً بما يوجد في غرفة العمليات بالبيت الأبيض) إلى التلفون الجلاكسي الأحمر (والذي يبدو أنه "هوت لاين" عابر للقارات لا أظن أن أوباما يملك مثله) إلى تلفون آخر يبدو أنه للاتصالات المحلية (موسى هلال مثلاً؟). سألت سعادة العميد بحذر إذا كان قد تخرج من أكاديمية (ساندهيرست) العسكرية الملكية في بريطانيا أو (وست بوينت) الأمريكية فأجابني بتواضع يُحسد عليه أن دراسته محلية المصدر(يعنى يا دوب بفك الخط) وأن تدريبه استخباراتي الأصل (يمكن شوية كورسات كده في بيوت الأشباح؟) كما أنه تدرب عسكرياً على (لملمة الحمير الطاشة) ثم بيعها لأصاحبها.

هممت أن أسأل سعادته متى ستتم ترقيته (ذاتياً أو مهنياً) لرتبة المشير ولكني تذكرت ما حدث (لأبو كلام) فقلت لنفسي "يا ود أبقى عشرة على خشمك، إنت ما بتقدر على زنانات كوبر في السخانة دي". طرحت السؤال بطريقة أخرى: "طيب ياسعادة العميد انتو معسكرين في الخرطوم عشان شنو؟"

رد قائلاً: "طبعا عشان نأمّنكم وتكونوا نايمين مرتاحين".

وعندما أخبرته أنني عادة لا يقض نومي إلا انقطاع الكهرباء والهبوب وزعيق المكرفونات تحول حديثه من راحتي الشخصية إلى "تأمين البلد من أجل اقامة الدولة وتثبيت أركانها". وهنا لم استطع مقاومة أن أذكره أنه قال في فيلم تسجيلي عن الجنجويد بثته (البي بي سي) في عام ٢٠٠٨: "أعطوني ما أريد أو واجهوا عواقب رفضكم" وسألته من كان يخاطب حينها وهل أعطوه ما أراد؟ (طبعا لم أضع أي نقط على الحروف وأسأله إذا "الطبخة قد نجضت" الآن). رد عليّ بإبهام وضيق (فهمت منه أنني قد قاربت منطقة الخطوط الحمراء) أنه لا يهمه من يحكم وأنه "ما في ولد مره بيقدر علينا" وأن تلك هي قناعته وذلك هو موقفه الذي لن يتزحزح عنه. تزحزحت أنا من مقعدي واقفاً وشكرته على تفضله عليّ بهذا اللقاء المثمر

متمنياً له إقامة دائمة ومتميزة في الرياض أو المنشية أو حي كافوري الراقي.

وصلت منزلي منهكاً متعباً والعرق لا يزال يتصبب من جبيني وقلت (لأم العيال) وأنا ألقي بجسمي فوق العنقريب: "أبشري يا ولية، حيأمِّنونا وحنوم بعد كده مرتاحين".

فردت من المطبخ: "والنوم ألقاه وين يا أبو خالد مع شخيرك الزي نهيق الحمير ده؟"

قلت لها: "خلاص بطلي النقة بتاعتك دي واعملي لينا الغداء. أنا الجوع قرضني".

فقالت: "والله الغداء عليه شوية، أصلو كَسَّرتَ العيش الناشف من الصباح وختيت السخينة في نار هادية ولسع بدري عليها ما نجضت"!

٢٦ مايو ٢٠١٤

(بضاعة) الست سامية

في حديث لها قبل أيام عددت نائبة رئيس المجلس الوطني سامية أحمد محمد مآثر حكم الإنقاذ خلال ٢٥ عاماً ونفت بشكل قاطع أن يكونوا "جاثمين على صدور الناس طوال هذه السنين، لأننا خرجنا من قلب المجتمع السوداني، وكونا حزباً ودولة، والآن نبني في أمة". وقطعت (السامية) بأن الإنقاذ من أقوى الحقب التي حكمت السودان، وتحدّت من يدعي غير ذلك قائلة: "العندو أفضل مننا من خارج السودان يعرض بضاعته في سوق السياسية".

ومن شدة انبساطي وسروري بما قالته سيادتها وجدت نفسي أهتف "قطعت جهينة قول كل خطيب"! ومبعث إعجابي يا سادتي هو هذه البلاغة الكلامية الإعجازية في تجسيد كل هذا الكم الفكري والعقائدي والبرنامجي في كلمة ببساطة (بضاعة) يتفهمها عامة الناس لتعاملهم معها في عسر قد يقل أو يزيد في حياتهم المعيشية، ويتعاطاها عِلية القوم من (المتمكنين) مُطعمة بتفسيرات (فقهية) نبيلة تضفي على حياتهم بعداً روحياً ومعنىً دينياً لا يتعارض مع راحتهم البدنية ويسرهم المادي.

تلّفتُ إلى حفيدي الذي كان يلهو على الأرض بجانبي وقلت له: " شايف الكلام السمح ده يا

ولد، كده الكلام الجد ولاّ بلاش، ده كلام نسوان مش رجالة"!

بعد برهة سألني حفيدي: "طيب ياجدو، يعني البلد ما فيها رجالة؟"

حقيقة احترت في الإجابة ولكني تذكرت فجأة أن قوات الدعم السريع قد نشرت ألويتها داخل وحول عاصمتنا القومية حتى تقوم بتأميننا وحمايتنا (حتى "ننوم مرتاحين" كما طمأننا العميد حميدتي). نبهت حفيدي لتلك النخوة (الرجالية) الهامة والتى أثبتت فحولتها التامة في دارفور وجنوب كردفان. ثم تابعت إعادة قراءة حديث سامية أحمد محمد التاريخي حتى يتشرب دماغي بأبعاده العقائدية والفلسفية المتعددة.

ولكن قطع عليّ خيط تركيزي صوت حفيدي وهو يسأل: "لكن يا جدو هي قالت (من خارج السودان) يعني الناس (داخل السودان) ما يعرضوا بضاعتهم؟".

بدأت أشعر بالضيق من مقاطعته فنهرته صائحاً: "أسمع يا شافع لمن عمرك يبقى أربع سنين حتعرف أنو ما حتقدر تعرض أي بضاعة في الداخل إلا إذا كنت من (المتمكنين). ثم إن البضائع المعروضة محلياً لها ضوابط لا يقدر عليها أي زول ففي بضائع يتم التعامل معها (بفقه التحلل) وفي حاجات لازم التعامل معها (بفقه التحكيم) وعشان كده أفتكر العاوزين يعرضوا بضاعتهم من خارج السودان هم من دول الاستكبار التي دنا عذابها أو على الأقل من المتمردين المدعومين من الصهاينة وأعداء الإسلام".

توقفت برهة لأنظر لحفيدي وهو يتطلع إليّ وبراءة الأطفال في عينيه. هممت أن أنوّره عن البضاعة المحلية (ذات الدفع الرباعي) التى يتم التعامل معها (بفقه السترة) ولكني اقنعت نفسي بالتريث حتى يبلغ سن الحُلم فهو غالباً لن يفهم ما سأقول ولكن يمكن ايضاً أن يطلع (مدردح) ويعرضني لأسئلة محرجة ("والدفع الرباعي ده ياجدو كيف نسويه في وقت واحد وكمان في نهار رمضان؟").

لعنت ابليس لهذا المنحى غير المنطقي وغير العلمي لتفكيري وأمعنت النظر في حفيدي في محاولة لإقناع نفسي أن هذا هذا الكائن البرئ الذي يلهو بجانبي لا يمكن أن تتسرب إلى

ذهنه الغض مثل هذه الأفكار السوداء التى تراودي. رأيته في مخيّلتي وهو يخطو أولى خطواته في مرحلة (الأساس) والتي قد تكون سنواتها قد تقلصت بحيث يصعب رؤيتها بالعين المجردة أو زادت لتصبح (من الأساس للقبر رأساً) على حسب مزاج من ترمي به الأقدار وزيراً أو وزيرة للتعليم في هذا البلد التعيس. تخيلته في المرحلة الجامعية وهو يخرج من معارك السيخ والحريق مثخناً بالجراح ولكنه يحمل بعد سنين طوال شهادة التخرج التي لا تساوي الورقة التي كُتبت عليها. فهو لن يملك رصانة وبلاغة نائبة رئيس المجلس الوطني في اللغة العربية ولن يفقه أي لغة من لغات (دول الاستكبار). تخيلته –حفيدي هذا– خريجاً عاطلاً حفيت قدماه وتحجر دماغه من كثرة المعاينات التى يُطلب منه فيها ذكر اسماء شهداء موقعة بدر أو تحليل العلاقة العضوية بين نزول (سورة الأنفال) وإقامة (مول الأنفال) في شارع المشتل بالرياض!

طردتُ هذه التخيلات المؤلمة من خاطري وقررت أن أكون أكثر تفاؤلاً فرأيت حفيدى يعمل بعد التخرج في مكتب الوالي وبعد أن يبني عمارته الرابعة يعين مديراً للأراضي حيث تتوالى وتتكاثر استثماراته ثم يعين وكيلاً لوزارة العدل ويكتشف أن هذه الوظيفة، التي لم تكن تخرج عن نطاق الخدمة المدنية العادية، تضعه فوق المساءلة القضائية أو الإدارية وتجعله (جاثماً) أبدياً على الدستور والقانون وأنفاس العباد ومنافذ التعبير.

صحوت من تهويماتي تلك على صوته وهو يسأل: "بعدين ياجدو سوق السياسة ده وين؟"

أسقط في يدي فلم أعرف أي سوق للسياسة تقصده نائبة رئيس المجلس الوطني والذي يُمكن لمن هو خارج السودان أن يعرض فيه بضاعته، ففكرت أنها قد تقصد المجلس الوطني نفسه. وبما أنها بحكم المنصب يمكنها تقييم وتسعير أية بضاعة واردة من الخارج فإن ذلك يجعل المنافسة معدومة بالضرورة، خاصة وأن المجلس إياه يضم أيضاً شيخ (الختان) والعقد الفريد من عباقرة التشريع التصفيقي والهتافي. هذا إذا افترضنا أن هناك معارضة سودانية ذات صفة اعتبارية بالخارج وليست مثلاً متواجدة داخلياً في دارفور أو جنوب كردفان أو النيل الأزرق، اللهم إلا إذا تم تطبيق نظرية (مثلث حمدي) المثالية من غير أن يتم إخطار(الحلو) و(عقار) بذلك.

فكرت في أن انتخابات ٢٠١٥ الموعودة قد تكون هي المقصودة بسوق السياسة، ولكني واجهت نفس إشكالية التوفيق بين انتخابات قومية، رئاسية كانت أو برلمانية، وبين مرشحين هم من (خارج السودان) أصلاً أو قد لا تطالهم يد السلطة داخل السودان، سواء أكانوا أفضل أو أسوأ من الإنقاذ أو صادرة بحقهم أحكام بالإعدام.

قرأت كلمات (الست سامية) عدة مرات والغريب أن فهمي لمعناها الكُلي كان يتغير بانتقال تركيزي الذهني من كلمة لأخرى مما يدل على قصور مستحكم لمقدرتي الاستيعابية في تفهم أبعادها المتكاملة. تلفّتُ نحو حفيدي وقبل أن أعترف له بعجزي عن تعريف (سوق السياسة) طرق سمعي صوت المذيع في التلفاز وهو يعلن التقدم الملحوظ لليمين المتطرف في انتخابات برلمان الاتحاد الأوربي. عندها زالت الغشاوة من عينيّ وأدركت أن وراء البلاغة في حديث (الست سامية) تكمن أيضاً حنكة سياسية وحكمة إستراتيجية وعبقرية تسويقية لبضاعتها تعدت السوق المحلي لتغرق أيضاً السوق الأوربية.

أمسكت بيد حفيدي الصغير وأخبرته والدموع تنهمر من مقلتيّ أنه قد "جاء الحق و زهق الباطل" وأن الوقت قد أزف للتخلي عن العناد العبثي والمعارضة غير الخلاقة وأنني قررت أن أقوم (بوثبة) حوارية من جانبي أعلن فيها توبة نصوحاً على يد الشيخ دفع الله طالباً منه أن يدثرني بفقه (الضرورة) وفقه (السُترة) حتى لو اقتضى الأمر إعادة (ختاني) أو حرماني من مشاهدة مباريات كأس العالم.

ولكم سادتي أن تتخيلوا مدى سعادتي وافتخاري عندما أجابني حفيدي قائلاً: "وأنا برضو يا جدو حأمشي أطلّع أوراق التخرج بتاعتي من روضة (اسرقني وتحلل) النموذجية وأروح طوالي على الشغل الما خمج في مكتب الوالي!"

الخرطوم ٨ يونيو ٢٠١٤

أهمية أن تكون فضولياً

في كتب الأطفال وبرامج التلفاز والفيديو الأمريكية شخصية كاركاتيرية في شكل قرد مرح يدعى "جورج الفضولي" (Curious George) وهو في فضوليته هذه يمثل المصطلح التعريفي المقابل للمثل الإنجليزي الشائع: "الفضول الكتل الكديس" (Curiosity killed the cat). إلا أن الفضول لا يقتل جورج بل يدخله دائماً في مشاكل عويصة يخرج منها عادة كالشعرة من العجين.

أذكر هذا تمهيداً لاعترافي بأنني مثل القرد جورج الأمريكي (وليس بالضرورة مثل القط الإنجليزي) أعاني من داء الفضول المُزمن، فمنذ صغري عُرف عني ولع غير صحي بتقصي الأمور وحب استطلاع يكاد يرقى مرتبة الهوس الفضولي. ويقال إنني عندما كنت طفلاً يحبو كنت أقوم بالتنقيب في الحفر وتحت الحجارة في حوش المنزل ويحكى أن المرحومة (حبوبتي) قالت بحكمتها البالغة: "الشافع ده بي شلاقتو دي يوم بتقرصو عقرب". وقد لدغتني بعض العقارب بالفعل ويقال إنني في لحظة تجلي فضولي قمت بتشريح عقرب قادها فضولها الأعمى إلى متناول يديّ، ولكن تلك مقولة لا يمكنني تأكيدها إذ أن مخزون ذاكرتي لا يمتد

لتلك الحقبة الطفولية من حياتي.

في المدرسة كثيراً ما أزعجت المدرسين وشوشت على الفصل بأسئلتي الملحاحة. أذكر في حصة الجغرافيا ونحن ندرس التجول الجغرافي الجميل في بلد المليون ميل (الكانت زمان) أنني توقفت عند مقطع (في القولدِ التقيتُ بالصديقِ) وقاطعت المدرس سائلاً: هل الصديق هذا اسم أم صفة؟ وسواء أكان اسماً أو صفةً فلماذا الصديق بالذات؟ وكيف أكون قد التقيت به وأنا لم أَرى القولد في حياتي؟ حزمت ملابسي ذلك اليوم وأخبرت والدي أنني في طريقي إلى القولد لألتقي (الصديق). انتهت رحلتي قبل أن تبدأ بجلدي في طابور الصباح في المدرسة ولا شك عندي أن ذلك تم بتوصية من والدي ولم يك في ذلك غرابة فقد عمل في حياته الثرية بمهنة التدريس.

ويخيل لي أحياناً أنني لم أوفق في اختيار مهنتى الأصيلة في الحياة لفشلي في الاستجابة الكاملة للحنين الفضولي في داخلي. ولعل صحيفة (ألوان) لم تبعد عن الحقيقة كثيراً عندما اتهمتني في منتصف ثمانينات القرن الماضي بالعمالة لمخابرات الاتحاد السوفيتي (KGB) ثم عادت بعد فترة لتشير لعمالتي للمخابرات الأمريكية (CIA) وإن كنت قد أخذت عليها التلميح غير الموثق لعمالتي للموساد الإسرائيلي عندما وضعتني في تعميم مخل، لا يشبه مهنية وحكمة صاحبها، ضمن حملة (الصهيونية العالمية والغرب الملحد) ضد ما كانت تبشر به الصحيفة حينها بتباشير المشروع الحضاري. ولكن حتى (ألوان) لم تكن تعلم أنني لم أتفرغ تماماً للعمالة بل تعاملت مع العمل الاستخباراتي كهواية وفضلت عليه (ويا خيبتاه) التدريس بجامعة الخرطوم. وحتى عندما التحقت بالأمم المتحدة وعملت في البوسنة كدت أن أتسبب في أزمة دبلوماسية عندما طلبت من السلطات المحلية أن يبينوا لي عملياً كيف كانت تتم عملية "الخازوق" (impalement) خلال الحكم العثماني في تلك البلاد. (وأقرب تشبيه لعملية الخازوق هذه لمن لا يعرفها هو ما فعلته هولندا في إسبانيا وألمانيا في البرتغال في الجولة الأولى لكأس العالم الحالي في البرازيل).

تاريخياً تمثل فضولي الجامح في رغبتي لإثارة الأسئلة الصعبة والركض غير المجدي في أغلبه بغية البحث عن إجابات لها. اعتقد العديد من زملائي في الدراسة حينذاك أن فضولي هذا

قد يكون وراء تفوقي في مادة التاريخ ورسوبي المتكرر في مادة الرياضيات خاصة في مرحلة الدراسة الثانوية. وأنا بدوري اسألكم سادتي: ماذا يجدي الفضول في الرياضيات التي لا تتطلب إلا ذكاءً مملاً ودماغاً رتيباً ومرتباً. فالكل يعرف أن (اثنين زائد اثنين تساوي خمسة) ومن يشك في ذلك عليه أن يسأل وزيرنا العبقري الذى بشّرنا قبل فترة قصيرة بأن اقتصادنا سيكون في مصاف الدول المتقدمة في سنوات قلائل.

أما التاريخ فأبواب الفضول فيه مفتوحة على مصراعيها والخيارات متعددة كما إن الغوص في بطون التاريخ طريق ذو اتجاهين يذهب بنا تارة للماضي ويعيدنا إلى الحاضر تارة أخرى في تواتر متناسق وفريد. يكفي فقط التأمل في المقولة الشهيرة لملكة فرنسا (ماري انطوانيت) عندما أخبروها أن الشعب لا يجد خبزاً فردت متسائلة: "لماذا إذن لا يأكلون (الجاتوه)؟" (qu'ils managent des gateaux?) وكلما تمعنت هذه المقولة التاريخية تبدت لي أبعادها الحقيقية فبخلاف أن الملكة المسكينة لم تكن تدري أنه بسببها ستفقد رأسها (فعلياً وليس مجازياً) فالعبارة نفسها جرى ترديدها بتنويعات وأشكال وتعابير مختلفة عبر التاريخ الحديث من أناس يبدو أنهم لم يستوعبوا قط ما جرته لصاحبتها من (وجع الرأس). خذ مثلاً العبارة الإنقاذية الخالدة (نأكل مما نزرع ونلبس مما نصنع) والتى قامت على إثرها وبسببها مقاصل (التمكين) لتأكل مشروع الجزيرة وتتدثر بمصانع النسيج في تأكيد (متعافي) لمقولة "لو عمل السلطان بالتجارة لفسدت التجارة ولفسد السلطان". ثم أننا نبدو أوفر حظاً حالياً من الشعب الفرنسي في آواخر القرن التاسع عشر، فقد لا نأكل (الجاتوه) كل يوم ولكننا نلتهم (الهوت دوق) و(الهامبيرقر) في شراهة يحسدنا عليها حكامنا. هل التاريخ يعيد نفسه حقيقةً أو يعيد نفسه كمهزلة كما قال أحد الفلاسفة؟

لا أريد سادتي أن تفهموا أنني ألهث دائماً في كل سانحة وراء إشباع فضولي من غير تريث فأنا أضع لنفسي خطوطاً حمراء فيها ما يختص بالدين فلن أطلب من الشيخ المكاشفي مثلاً أن يفتينا في حكم من تقوّل عليه سبحانه وتعالى وأن يفعل ذلك بنفس القطعية التى فصل فيها هذا الشيخ في حد الردة ليس فقط بحكم إصراره على تنفيذه في قضية (مريم) بل بمشاركته في تنفيذه في ١٨ يناير ١٩٨٥، فلعل الذكرى تنفع المؤمنين.

ولكن شهيتي الفضولية تفتحت وأنا أقرأ إن متنفذاً إنقاذياً آخر هو وزير الصحة الولائي سأل مرافقيه أثناء طوافه في مركز غسيل الكُلى بأحد المستشفيات: "انتو العيانين الكتار ديل بتجيبوهم من وين؟". ذكرني هذا بسؤال الراحل الطيب صالح: من أين أتى هؤلاء؟ الفارق طبعاً أن تساؤل الطيب صالح كان تقريرياً استنكارياً لا يحتاج لإجابة فالكل يعرف من أين أتى هؤلاء. أما سؤال السيد الوزير فهو يدفع للفضول لأنه يثير العديد من الاحتمالات التي كان يمكن أن تكون محور اهتمامه والصيغ البلاغية التي كان يمكن أن يوجه بها سؤاله. فهو لم يسأل مرافقيه من أطباء وإداريين" :إنتو العيانين الكتار ديل جايين هنا يعملو شنو؟" أو "إنتو العيانين ديل كتار في الحته دي ليه؟" أو "العاينين الكتار ديل ما عندهم حته تانية يمشوا ليها" أو بصيغة (المتمكن) المستنير: "إنتو رابطين الحاجات الغالية دي في العيانين الكتار ديل ليه؟" أو حتى أن يسأل (العيانين) أنفسهم: "إنتو يا كتار جيتو من وين والجابكم هنا شنو؟"

كعادتي قررت أن أقوم بالتحري بنفسي بحثاً عن إجابات للأسئلة التي لم يسألها السيد الوزير. اتصلت بصديقي السفير السابق وطلبت منه أن يمر عليّ بعد أن يتأكد أن خزان (ركشته) مليء بالوقود لأننا سنذهب أولاً إلى مراكز غسيل الكُلى بالمستشفيات وبعد ذلك نتوجه في زيارات ميدانية للكلاكلة والحاج يوسف وأمبدة ضمن جولتنا الشاملة في أرجاء ولاية الخرطوم المختلفة ويمكن في بعض الولايات المجاورة. وأنا أضع اللمسات الأخيرة لهذا المسح الميداني الهام لمرضى الكُلى رن هاتفي وأخبرني محدّثي أن الإمام قد تم إطلاق سراحه، فوجدت نفسي أصيح: "ده شنو يا لجنة الوساطة؟ قبل ما ننتهي من قصة (حميدة) تقومو تحنسو (حميدتي) يلف البلف ويفك (الحبيب)؟"

وتلك سادتي قصة أخرى.

١٨ يونيو ٢٠١٤

كيف هزمنا فريق السامبا في (المونديال)

لكم يا سادتي أن تتخيلوا فجيعتي الكروية الكبرى وأنا أرى فرق منتخباتي المفضلة وهي تتطاير كأوراق الخريف في الدور الأول لمنافسات كأس العالم في البرازيل. البداية كانت بإسبانيا وهزيمتها النكراء أمام هولندا بخمسة أهداف مقابل هدف يتيم. لم أستطع النوم ليلتها إلا سويعات قليلة قبيل الفجر ونحيب مكتوم يكاد يخنق أنفاسي وأنا أستعيد في مخيلتي تحليقة (ڤان بيرسى) العجيبة جواً وتلاعب (روبن) بالدفاع الأسبانى في مهارة تفوق تلاعب تجار غسيل العملة عندنا بالجنيه السوداني المسكين. ويبدو أن (أم العيال) قد لاحظت تأوهاتي ولكن أساءت فهم مصدرها فقد أيقظتني قبل أن تكتمل غفوتي: " شنو يا راجل الهضربة بتاعتك دي، طول الليل (أدونا خمسة أدونا خمسة). الشرع ذاتو قال أربعة إنت عاوز تروح (مخمس) طوالي".

لا شك أنكم تعذرونني سادتي إذا لم تمكني حالة التبلد الذهني التي كنت فيها من تفهم مقصدها فقد هممت أن أرد عليها: "تخميس شنو يا ولية انتي عارفة أنا بطلت التدخين من سنين". ولكن استوقفتني كلمة (الشرع) ومالت بتفكيري لمآلات أخرى. أنا أعرف أن التشريع لا يقوم به (نوّام) المجلس الوطني (باستثناء شيخ الختان النشط الذي حرّم على النساء

لعب كرة القدم ولا أدرى إذا قام بتطوير فتواه تلك ليُحرم عليهن مشاهدتها أيضاً) وإنما يتولى أموره السادة (البرفيسورات والدكاترة) أعضاء هيئة علماء السودان. فقد قامت الهيئة الموقرة بتجديد تحريمها للغناء في شهر رمضان في فتوى تبدو في ظاهرها لتجنيبنا الوقوع في المفاسد بجعلنا نتفرغ للعبادة وإن كنت أشك أن هدفها الحقيقي حثنا على متابعة ما تبقى من مباريات كأس العالم لإلهائنا عن معاناتنا اليومية الخانقة. أنا شخصياً مع فتوى التحريم هذه لأسباب فنية بحتة تتعلق بعلو (النهيق) وهبوط الكلمة في أغانينا حالياً. إلا انني سأفتقد بالتأكيد ضحكة السر قدور المجلجلة اللهم إلا إذا تعاقدت معه قناة الخرطوم للعمل مذيعاً أو معلقاً رياضياً ليتحفنا بما في جعبته من حقيبة الفن الكروي مقارناً مثلاً وصف حمدتو الرائع لمباريات زمان والزعيق الهستيري لمذيعي اليوم وكأنما المطلوب منهم ملء فراغ رؤوسهم برفع عقائرهم من دون شفقة بطبول آذاننا الحساسة. ولكن أدهشتني فتوى أحد أعضاء هيئة العلماء قبيل المونديال بتحريم (فك) شفرة بث المباريات على اساس انها (سرقة) وكأنهم يعملون في جهاز الأمن التقني لقناة الجزيرة الرياضية. ثم لماذا كل هذا الحرص من جانب علمائنا الأجلاء على المال القطري ولماذا لا يقابله حرص مماثل على مال السودان السائب بإبداء رأيهم مثلاً ولو على استحياء في فقه (التحلل)؟ هنا قررت عدم الاسترسال في هذا التساؤل العبثي فمن يدري فقد يُقبض عليّ متلبساً بفك شفرة البث القطرية وعندها يمكنني التمسح بأعتاب فقه التحلل بتسديد قيمة الاشتراك كاملة زائداً الفائدة الربوية لهيئة علماء السودان مباشرة.

أفقت من تهويماتي الانصرافية هذه على صوت (أم الوليدات) يصيح بي: "مالك ساكت زي الصبت فيك مطرة؟ ولاّ كلامي ما عجبك؟" شرحت لها في هدوء لم أعتده أنها قد (فهمتني غلط) فقد كنت أقصد (أدونَا) بمعنى (التلطيش) وتلقي (الشلاليت) وليس (أدُونا) بمعنى (الشحدة) وتمني (المستحيل). ولا أدري إذا اقتنعت بمنطقي هذا أم لا وإن لاحظت أنها لم ترمقني شذراً وهي تضع أمامي كوب الشاي وأنا أتأهب لمشاهدة مباراة البرتغال وألمانيا. لا أريد سادتي أن أثقل عليكم بتفاصيل المأساة التي ألقت بظلالها وأنا أرى الكاسحة الألمانية (juggernaut) تجتاح البرتغال الكسيح (ويا كريستياناه) برباعية لا أدري لماذا تم وصفها (بالنظيفة). ففي تقديري غير المهني أن أحد الأهداف على الأقل قد جاء من حالة

تسلل ظاهر يستطيع الشيخ المكاشفي بشغفه المعهود لتنفيذ الحدود أن يطالب فيه بإقامة حد السرقة (ونشوف الألمان حيتحللو منها كيف)!

قررت أن أمضي ليلتي تلك المثقلة بالأحزان والوجيعة في غرفة الجلوس تحسباً لما قد تجره عليّ (الهضربة) من مشاكل لا داعي لها، ولكن يبدو أن المشاكل تصر على الإمساك بتلالبيبي فشكوك (أم الوليدات) لم تتبدد تماماً بسبب (هضربتي) تلك الليلة والتي لا بد أنها سمعتها من بُعدٍ فقد قالت وهي تناولني فنجان قهوة الصباح بلهجة تقريرية أكثر مما هي اتهامية أو حتى تساؤلية: "خلاص نزلتهم لأربعة عشان ما تخالف الشرع؟". لم يسعفني تفكيري برد او تعليق مناسب إذ أن دماغى كان لحظتها في خضم عملية حسابية معقدة لتقييم احتمالات فرص إنجلترا ضد الطليان، فإنجلترا تهمني أكثر من أى بلد آخر ففيها أكملت دراساتي العليا وفيها وُلد أكبر أبنائي. وعندما وصلت تضريباتي إلى أن فرص المنتخب الإنجليزي تعادل فرص فوز فريق الهلال ببطولة دورى أبطال أفريقيا، قررت أن الأمر يحتاج لاستشارة أحد بيوت الخبرة الكروية. حاولت الاتصال بجمال الوالي ولكن مكتبه أخبرني بأنه في إحدي دول الخليج للتفاوض في تشييد كلية لتحفيظ وتفسير القرآن بجوار إستاد المريخ. توكلت على الحي القيوم واتصلت بشقيقي الأكبر الذي عمل في الماضي رئيساً لنادٍ عريق ببحري وعُرف بحنكته الإدارية الفائقة ومقدرته المذهلة في قراءة نتائج المباريات وبانجاراته الرائعة وحماسه البالغ في تسيير مظاهرات الابتهاج في كل مرة يخرج فيها فريقه مهزوماً بفارق أقل من خمسة أهداف.

شرح لي شقيقي الوضع بتبسيطه المعهود قائلاً: "شوف يا محمد أخوي أول حاجة يعملها أهل ولدك الإنجليز ديل يبطلوا حكاية التكتيك الحديث بتاع الباصات السريعة اللي جاب خبر المنتخب الأسباني ويرجعوا لطريقة لعبنا زمان اللي كنا بنعتمد فيها على (لاعبين)أساسيين فقط. واحد فيهم لازم يكون (انطون) محايتو باتعة وبخرتو واصلة وده يمكن يسألو منو في مجمع الفقه بتاعنا بس يمكن الأيام دى يكونو مشغولين شوية في تحري رؤية هلال رمضان. والتاني حكم المباراة وده عاوز شوية (ريسيرش) ودي أخوانا المصريين فالحين فيها بلحيل. يعني أصحابك اولاد جون ديل يشوفو حكم المباراة منو ومن وين ويصلوه قبل الطليان ما

يختتوه في جيبهم".

ويبدو أن الطليان قد نجحوا فعلاً في الوصول (لأنطون محايتو باتعة وبخرتو واصلة) وفي أن "يختو الحكم في جيبهم" فقد انهزمت انجلترا (وياورنياه) بهدفين مقابل هدف. قررت تلك الليلة المبيت في السطوح حتى تتجه تأوهاتي و(هضربتي) شاكية باكية مباشرة نحو سماء الله الواسعة. ولكن يبدو أن (أم العيال) برادارها الملقاط استطاعت التقاطها فقد قالت وهي تحضر لي (ساندوتش الفطور) بصوت يكتنفه غموض لا يخلو من تلميح بغبطة خفية: "خلاص بقينا اتنين بس. عاد ربنا يهديك يا راجل وتنزل درجة واحدة بس وتبقى في عوايدك القديمة". وأعترف أنني لم أع ما قالته تماماً فقد كنت أفكر في أي المنتخبات أشجع بعد أن أصبح المونديال (مسيخاً) بالنسبة لي وبعد تفكير لم يستغرق طويلاً قررت اللحاق بثلاثة أرباع الشعب السوداني في تشجيع المنتخب البرازيلي. جلست أمام التلفاز لأشاهد مباراة البرازيل والمكسيك واكتشفت لدهشتي البالغة أن جهاز الاستقبال (الريسيفر) الذي تلاعبت فيه ببراعة لفك شفرة البث قد اختفى تماماً. كنت أعرف أن (ست البيت) لن تعود من زيارة لأهلها إلا في وقت متأخر فجلست لا أدري ماذا أفعل وأنا أحملق في صورتي وأنا جالس في الغرفة المنعكسة من شاشة التلفاز الصامت.

وفجأة طرأت في خاطري فكرة جنونية: ماذا لو كان منتخبنا الوطني مشاركاً في مونديال البرازيل؟ وبينما أخذت الفكرة تختمر في ذهني رويداً رويداً بدأت صورة الغرفة تختفي تدريجياً من شاشة التلفاز المغلق لتحل مكانها في حركة بطئية صورة صقور الجديان وهم ينزلون للملعب (للتسخين) في المباراة النهائية لمونديال البرازيل ضد منتخب البلد المضيِّف. ومع بداية المباراة انتابني حماس غامر وتملكني شعور هستيري جعلني أقفز واقفاً كلما صوب جكسا قذيفة كادت تهز شباك (جيفرسون) أو أنقذ حامد بريمة مرماه بقفزة بارعة رأسية صاروخية من (نيمار). وجدت نفسي أصيح: "باصيها يا برعي طوالي لماجد...كده اللعب ولاّ بلاش...أيوه تمام التمام يا بكري باص قدر المقاس...وده شنو يا حكم؟ دي ما (بنلتي) عديل...يا سلام يا المحينة! دي طلعت كيف يا جقدول؟ بالله شوفو يا جماعة (الفيز) العوير ده قايل بيطلع من (السد العالي)! ...ده ما سارق يا حكم...ما معقول يا جماعة! (مارسيل) ده

وقع براهو ..أيوه يا عمر عثمان وريهم الحرفنة كيف.. والله يا الهادي قفلت سيلفا وعدمتو النفس !. نحن دلوقت في الدقيقة الأخيرة من الزمن الإضافي و حامد بريمة يدى باص قصير لسمير.. وسمير ماشي..سمير ماشي.. فات (اوسكار) و(راميرس) وماشي..سمير دخل القون ولسع ماشي ..سمير دلوقت خارج الإستاد وبرضو ماشي ... ياربي عاوز يرجع لأهلو في ودمدني؟..."

وفجأة شق أذني صوت هادر غطى على صفارة الحكم فتلفتُ لاجد (الحكومة) واقفة في باب الغرفة تنظر إليّ في تعجب بالغ وتصيح: "ده شنو يا راجل؟ إنت جنيت ولاّ شنو؟ ليه قاعد براك تتكلم مع تليفزيون مقفول؟".

قلت وأنا أحاول أن أداري عينيّ: "والله فتشت على الريسيفر ما لقيتو".

ردت قائلة: "الريسيفر أنا شلتو وأديتو لأولاد أختي".

سالتها مستغرباً: "وعملتي كده ليه؟".

قالت وابتسامة عريضة تغطي محيّاها : "والله يا أبوخالد خفت هضربتك الكترت الأيام دي تروح تطلع ليك في راسك وتنزل طوالي من اثنين إلى صفر من غير ما تاخد وقفة في نمرة واحد بعد العُشرة الطويلة دي".

قلت وأنا ابتسم بدوري: "بعد كده ما تشيلي هم من هضربتي يا ام خالد فالليلة غلبنا البرازيل تسعة صفر!!" نظرت لشاشة التلفاز المغلق فوجدتها تعكس لي صورتي جالساً في الغرفة أحملق في نفسي. عندها لم أتمالك أن أضيف وأنا أحاول أن أكظم غيظي: "بس يا ولية لو صبرتي عليّ دقيقة دقيقتين كنت عرفت سمير وصل وين!"

٢٤ يونيو ٢٠١٤

مرحباً بمملكة شمال السودان!

لكم سادتي أن تتصوروا دهشتي وانا أطالع في صحيفة (الواشنطون بوست) بتاريخ ١٢ يوليو ٢٠١٤ أن أمريكياً يدعى جيريمايا هيتون (Jeremiah Heaton) قام بالاستيلاء (بوضع اليد) على أرض تبلغ مساحتها ٨٠٠ ميل٢ تقع على الشريط الحدودي بين مصر والسودان في منطقة (بئر طويل) إلى الجنوب الغربي من مثلث حلايب المجاور وتتماسى المنطقتان في (وادى طويل) والذى يُعرف كذلك بإسم (خور أبو بَرْد). وقام الرجل برفع علم أسرته على المنطقة وسمى دولته "مملكة شمال السودان" ('Kingdom of North Sudan').

اعتقدت بداية أن الأمر لا يعدو أن يكون مجرد دعابة ثقيلة الظل من إخواننا المصريين المعروفين بحسهم الفكاهي، ولكن بعد تأكدي من صحة الخبر زادت دهشتي للأسباب التي أوردها الرجل لتفسير إقدامه على تلك الخطوة التاريخية الهامة. فقد صرح أنه أراد تنصيب نفسه ملكاً تلبية للرغبة الملحة لابنته (اميلي) ذات السبع أعوام في أن تصبح "أميرة حقيقية". وقال أنه استمد الفكرة من التراث الاستيطاني الأمريكي وإن اختلف عن أسلافه في عدم اللجوء لإبادة أو قهر السكان الأصليين عند وضع يده على أرض لا يملكها أحد (terra nullius). فالملك (هيتون) هذا لم يأتِ مستعمراً أو غازياً وإنما جاء بدافع الحب، فقد

183

أسس مملكته كما قال "كتعبير لبالغ حبي لابنتي". وأضاف أنه ينوي إقامة "علاقات إيجابية" مع السودان ومصر وذلك بتحويل مملكته إلى مركز للإنتاج الزراعي إستجابة لرغبة أطفاله أيضاً خاصة "الأميرة اميلي" في مد يد العون للفقراء والمساكين في المنطقة وهو بالطبع لا يستطيع أن يرد لها طلباً!

أصدقكم القول سادتي أنني استعنت بكل ما في معيتي من تخصص أكاديمي في العلاقات الدولية لتفهم هذه الظاهرة الجديدة من (الاستعمار الناعم الحَبّوب) وقد توصلت لخُلاصات قد لا تسر الكثير منكم. فقبل أن يتسرع بعضكم باتهامي بالعمالة لأمريكا أو بتجنيدي كطابور خامس من قبل الأسرة (الهيتونية) أو تسيير مظاهرات الاستنكار والإدانة ضد أسرة هيتون عليكم أن تتحسبوا أن يرد الرجل عليكم قائلاً: "يعني خلاص بقت عليّ أنا؟ هل أرسلت أنا التراكترات لحرث أرض الفشقة؟ هل ارسلت العسس والجندرمة لحلايب وشلاتين؟ هل جيتكم طايراً وطافياً أنواري وقت صلاة العشاء؟ لقد أتيتكم مسالماً وفي قلبي المحبة (للاميرة أميلي) بتأشيرة دخول من السفارة المصرية بواشنطون". من كان منكم بلا إجابة على هذا القول المفحم فعليه عدم رمي الحجر الأول في تظاهرة الاحتجاج!

ولعلّني لا أكون مغالياً إذا قلت أن مربط الفرس –كما يقول أحبابنا العرب– يكمن في كلمة (محبة) هذه. دعني أسألكم سادتي: من منا إذا جاءته ابنته الطفلة تطلب جعلها أميرة (حقيقية) فكر جدياً في الاستجابة لطلبها؟ ولماذا المبالغة؟ من منا يستطيع الاستجابة حتى لو قالت طفلته إن (نفسها في جاتوه)؟ وأكاد أسمع في مخيلتي الرد الغاضب: "جاتوه يسد نفسك يا شافعة! أنا قادر اجيب نص كيلو طماطم (مسرطنة) حتى اشتري ليك جاتوه؟" وهنا يمكن أن تتدخل والدتها لتكمل الحملة الاستنكارية صائحة: "تعالي هنا يا مقصوفة الرقبة إنتي الكلمات الفرنساوية دي جبتيها من وين؟"

وأعترف أن الأمر قد يختلف بعض الشئ إذا جاء طلب (الإمارة) من طفلك، فبفضل كونه ذكراً يمكنك أن ترتب له الانضمام إلى إحدى فصائل (داعش) المحلية بطرف هيئة علماء السودان في مجمع الفقه، فمن يدري فبعد التدريب اللازم قد يصبح (أميراً) على كركوك أو تكريت (أو بالعدم الحاج يوسف) قبل أن يبلغ العاشرة. ثم أن الفرص (الداعشية) لا

تقتصر على (الإمارة) فهناك أيضاً (الوزارة) فقد جاء في الأخبار الإسفيرية أن (الدولة الإسلامية في العراق والشام) قد شكلت مجلس وزرائها، فيمكن لطفلك إذن أن يصبح وزيراً للمراسلات مع الكفرة (الخارجية) أو آمراً لعسس أمير المؤمنين (الداخلية) أو (دواساً) في وزارة التكفير وإقامة الحد (العدل) أو وزيراً لشؤون الاستخارة (التخطيط) أو مسؤولاً عن رحلة الشتاء والصيف (التجارة) أو رقيباً على الوسواس الخناس (الاتصالات) وهلمجرا.

وكما ترون سادتي فإن الدروس التي يمكن أن نستقيها من آل (هيتون) هؤلاء لا تقتصر على أهمية (المحبة) فالرجل يعطينا أيضا درساً مهماً في (القناعة) فهو فيما يبدو (عينه مليانة) فلم يفكر في وضع يده على مواقع مميزة كأحياء كافوري أو المنشية أو الرياض بل أكتفي بمنطقة (بئر طويل) المقفرة. وقد دفعني ارتيابي في هذا التصرف الغريب للتحقق في سيرة الرجل الذاتية وتنفست الصعداء عندما اكتشفت أنه لم يعمل مديراً للأراضي أو لمصلحة المساحة أو حتى موظفاً عادياً في مكتب الوالي ولا يمت بصلة قرابة من قريب أو بعيد للرئيس باراك أوباما!

ولقناعة آل (هيتون) يمكن أن نضيف كرمهم الفياض فقد أكد جلالة الملك لابنته الأميرة (أميلي) أن المركز المقترح للإنتاج الزراعي سيكون بمثابة "سلة غذاء" لنا و(لحبيبتنا) مصر. أنا أعرف سادتي أن هناك بعض المتشككين منكم الذين سيملؤوا الدنيا صراخاً عن استحالة زراعة أي شئ في أرض صحراوية قاحلة، ولهم أقول: لا تستهينوا بالتقنية الأمريكية والقوة الأمريكية والتميز والهمة الأمريكية التي عمّرت (هيروشيما) في منتصف أربعينيات القرن الماضى وخضّرت (فيتنام) خلال ستينياته وجعلت من بلاد الرافدين جنة الله على الأرض مع مطلع القرن الحالي. ثم أننا يجب أن لا نبخس قدراتنا الذاتية فلنا من الخبرة الزراعية ما طبق ذكره الآفاق ولن يصعب علينا إقناع الملك (هيتون) أو الأميرة (اميلي) بتعيين خبير (متعافياً) من متنفذينا لإدارة المشروع.

كما أنه يجب ألا نتناسى أن الاحتمالات المستقبلية لا حد لها فقد يقرر الملك (هيتون) فتح مكتب للمؤتمر الوطني في مملكته ويطلب منا انتداب مستشارنا الإستثماري ليشرح له مزايا الإستثمار في أثيوبيا وخبيرنا الوطنى لتعليمه اصول لعبة (الحوار) مع نفسه. وقد يكافئنا

بالتوسط لإنهاء الحرب الأهلية الدائرة بين جيرانه (ايلا) و(البولدوزر) في ولاية البحر الأحمر، وغالباً ما يتمكن من ذلك بمنح ابن الأول امتياز تصنيع (بلوكات) الطرق والمباني وتعبئة الفراخ في المملكة وابتعاث الثاني لممارسة هوايته في (الحفر الرباعي) خلال ما تبقى من أيام شهر رمضان بمدينة (لاس فيجاس) الأمريكية.

ومن يدري فقد يشتد الحنين بالجيل الثالث أو الرابع من الأسرة (الهيتونية) للوطن الأم ويقرر ملكهم (هيتون الثاني) حفيد الملكة (اميلي الأولى) أن يضم الولايات المتحدة الأمريكية لمملكته. ولكم يا سادتي أن تتخيلوا السعادة التي ستعم بلادنا حين تصبح تكلفة اللجوء السياسي لأمريكا لا تزيد عن قيمة تذكرة القطار إلى وادي حلفا!

١٥ يوليو ٢٠١٤

الأبعاد الاستراتيجية للمسألة (الباسبورتية)

كم كان بالغ سروري وغبطتي وأنا أطالع في الصحف أن وزارة الخارجية أماطت النقاب عن ملابسات مغادرة "المرتدة أبرار" البلاد إلى روما فقد صرح وزير الخارجية علي كرتي في حوار أجرته معه الإذاعة السودانية أن "أبرار خرجت من السودان بعلم الحكومة وبوثيقة وجواز سوداني يحمل اسم أبرار وليس مريم وبرضا تام منها وبعلم الحكومة". لم يبين لنا سيادته إذا كان الجواز المعني دبلوماسياً أو خاصاً أو عادياً أو إذا كان أخضر (بالقديم) أو داكن اللون مكفهراً (بالجديد) وإنما أشار في تلميح ذكي إلى فشل محاولة إحدى السفارات تهريبها بأوراق مزورة وقبل إكمال الإجراءات القانونية، مؤكداً أن "السلطات كانت مدركة لما يحدث" وأردف سيادته ساخراً: "كانوا يظنون أننا نغط في نوم عميق بما جرى"!

ومبعث سروري واغتباطي سادتي ليس فقط في أن وزير خارجيتنا لم يكن يغط في نوم عميق كما كان يظن أولئك الذين لا أدري بالضبط من هم تحديداً ولكن لأنه بهذا الانجاز (الباسبورتي) الرائع نجحت حكومتنا في إثبات ما فشلت فيه محاكمنا. فقبول المرتدة (مريم) السفر بهذا الجواز يشكل في حد ذاته اعترافاً ضمنياً باسمها وديانتها كمسلمة وبموجبه تحولت مريم (المرتدة) إلى أبرار (المسلمة). ولا أدري لماذا لم ترسل السلطات بداية أحد

ضباط الجوازات إلى سجن أمدرمان (بدلًا من الشيخ المتبحر دينياً من مجمع الفقه للتكفير والاستتابة) ليلوح بجواز السفر وتأشيرة الخروج في وجه (أبرار) لكسر شوكة إصرارها وتعنتها. وبما أن الشئ بالشئ يذكر فلا أستطيع أن أفهم أيضاً لماذا لم يتم تكليف المحامي الفذ على قيلوب لشحذ قريحته القانونية بصياغة (اعتراف لا اعترافي) على شاكلة (الاعتذار اللا اعتذاري) القابل لكافة التفسيرات الذى خرج به الإمام الحبيب من كوبر عافياً متعافياً (وكأنك يا أبوزيد ما غزيت).

كل ذلك سادتي لا يقلل من أهمية الإنجاز (الباسبورتي) الذي تفتخر به بحق وزارة خارجيتنا، ولا يهم إذا لم يتم استعمال هذا الجواز البتة. فالمرتدة (سابقاً) أبرار كما عرفنا لاحقاً لم تمر على (الباسبورت كونترول) عند المغادرة فقد توجهت مباشرة إلى الطائرة التي لا تتبع للخطوط الجوية السودانية فخط (الخرطوم-روما) لحق أيضاً (أمهات طه) أو بالأحرى (خط هيثرو) وبقية سفريات (الشمس المشرقة). فأبرار سافرت على طائرة إيطالية خاصة برفقة نائب وزير خارجية إيطاليا الذي جاء خصيصاً لمرافقتها ونزلت من سلم الطائرة في مطار روما والوزير يحمل طفلها الأول (والذي كانت بسببه ستتلقى مائة جلدة حداً للزنا قبل أو ربما بعد تعليقها في المشنقة حداً للردة). وكما نرى في الصور التي تداولتها وكالات الأخبار العالمية فقد كان في استقبالها رئيس وزراء إيطاليا وحرمه. وبالتأكيد لم تكن أبرار في حاجة للجواز لدخول الفاتيكان فالبابا قد خصص لقاءً خاصاً لمباركتها وهو ما يفعله عادة لكبار الزوار من رؤساء وملوك الدول.

كل هذا لا يهم سادتي فالمهم في تقديري ليس استعمال الجواز كوسيلة للسفر بل كبطاقة هوية تثبت اسم الحامل وموطنه وفي حالة أبرار تأكيد هويتها الدينية وكل ذلك بعلمها ورضاها ومعرفة حكومتنا كما أكد لنا وزير خارجيتنا. عند تفهم كل هذا يمكننا تخيل المأزق التاريخي الذي أدخلت فيه حكومتنا بذكائها المتناهي كل من الحكومة الايطالية والفاتيكان بترحيل واستقبال فتاة مسلمة من غير أن يدركوا ذلك وبالتالي من دون أن يتمكنوا بدورهم من محاكمتها بتهمة الارتداد عن الردة! وقد يسأل متشكك منكم سادتي: ما هو الدليل على كل هذا؟ ودليلي لا يرقى إليه الشك: هل لعنت أبرار بمجرد وصولها روما (سنسفيل) جدودنا

لما يمكن أن تدعي أنه لحقها منا من إذلال ومهانة؟ هل أرسلت الدعوات لتقويض مشروعنا الحضاري الذي يمكنها الادعاء أنها ذاقت بسببه الأمرين؟ هل طلبت من قساوسة وكاردينالات الكنيسة أو حتى البابا نفسه الدعاء في صلواتهم بأن يخسف الله الأرض باعدائها من (مكاشفية) وعلماء السلطان ويذيقهم سوء عذاب؟

كلا سادتي! كل ما قالته هو أن حيّتنا أجمل تحية شاكرة من ساندوها ومؤكدة أن إيمانهم هو الذي مكنها من اجتياز المحنة التي ألمت بها. فهل من دليل اكثر من هذا على تمسكها بذات قيم السماحة والتسامح التي جاء بها الإسلام؟ والسؤال الذي ظل يقض مضجعي منذ مشهادتي لصورة بابا الفاتيكان وهو (يورط) نفسه بمباركة أبرار المسلمة من دون أن يكلف نفسه النظر في جواز سفرها: لماذا لم تستعمل حكومتنا هذه الاستراتيجية (الباسبورتية) الناجعة من قبل؟ فلكم يا سادتي أن تتخيلوا المكاسب الدبلوماسية التي كان من الممكن إنجازها لو أبقينا أحمد هارون والي شمال كردفان الحالي وزيراً كما كان في السابق للشؤون الإنسانية لمتابعة الأعمال الخيرية التي شرع في تنفيذها في دارفور ثم أصدرنا له جوازاً دبلوماسيا يبين أن اسمه (الأم تريزا) وقمنا بترشيحه لمنصب مفوض الأمم المتحدة للشؤون الإنسانية! أو أعطينا (حميدتي) جوازاً باسم (الأخضر إبراهيمي) وطالبنا بتعيينه مساعداً للأمين العام لعمليات حفظ السلام في قطاع غزة.

أنا أسالكم بكل جدية لماذا لا نفكر في اختراق تاريخي لدول الاستكبار بتوظيف الاستراتيجية الباسبورتية التي تفتحت عليها قريحة وزير خارجيتنا بطموح أوسع وجرأة أكبر؟ ماذا لو عملنا على أن تحصل الست سامية نائبة رئيس المجلس الوطني على جواز أمريكي يعطيها لقب سناتور (شيخة) بحكم خبرتها التشريعية الواسعة وتركناها على هواها في إطلاق التصريحات النارية مستنكرة مثلاً عدم قيام مجلس الأمن بمحاسبة حماس على استفززاها لمشاعر الشعب الاسرائيلي؟ لا أشك إطلاقاً سادتي أن ذلك سيلقى هوى عند الناخبين الأمريكيين وسوف تتناقله وكالات الأخبار العالمية وستصبح (ساميتنا) منافساً خطيراً في انتخابات الرئاسة الأمريكية في عام ٢٠١٦. وأصدقكم القول بأنني سأشعر حينها بالأسى للمأزق الحقيقي الذي ستجد (هيلري كلنتون) نفسها فيه فلن يمكنها استجداء أصوات

اللوبي الصهيوني لأن الست سامية ستكون قد (كوشت) عليه بنظريتها التاريخية عن "الخطأ المتبادل" والتي ترمي في واقع الأمر إلى تجريم المعتدَى عليه. وما دمنا في الشأن (التشريعي) فلماذا لا تكمل وزارة داخليتنا أفضالها باستصدار شهادة طبية بخلو الست عفاف تاور رئيسة لجنة الإعلام والوفد البرلماني المرافق لسيادتها من (الباكتريا) حتى يتمكنوا من زيارة عثمان ميرغني في المشفى من غير أن نعرضه للموت رعباً بمجرد رؤيتهم؟

ولماذا نكتفي سادتي بهذه المكاسب المتواضعة ولدينا وزير دفاعنا الهمام الذي صرح مؤخراً خلال إفطار رمضاني أقامه لقبيلة الإعلاميين أننا قد رددنا (الصاع صاعين) لإسرائيل بتزويدنا حماس بالصواريخ التي هزت أركان الكيان الصهيوني؟ لم ينس سيادته بحنكته العسكرية وخبرته الدبلوماسية أن يشدد على مستمعيه عدم نشر هذا الخبر الاستراتيجي الهام في تلميح واضح بأن إسرائيل تستقي معلوماتها الاستخباراتية من صحافتنا الحرة المستنيرة. لكم أن تتخيلوا الخبطة الإعلامية والعسكرية التي ستنشر الذعر وسط الصهاينة لو قامت وزارة خارجيتنا بالتنسيق مع قطر لاستخراج جواز سفر ايراني (شيعي) باسم (زرقاء اليمامة) لتمكين حامله من التفرغ لتصميم منصات رادار متقدمة للدفاع الجوي مدعومة بأسلحة من طراز (ساطور ٢ وساطور٣) للقتال أرضاً. وحتى لو (عصلجت) طهران في هذا الموضوع فهناك دولة (داعش) الجديدة التى جاء في الأخبار أنها بدأت في إصدار جوازات السفر لرعاياها السعداء في الموصل وتكريت قبل أن تشرع في عملية الختان الجماعي التي وعدت (أو توعدت) بها كل النساء والبنات في إمارتها .

بهذه الاستراتيجية الدبلوماسية الواعية القائمة على الانتساب (الباسبورتي) نكون سادتي قد لململمنا كافة الأطراف الدينية لمشروعنا الحضاري وأضحينا مثل المنشار في مثلنا الشعبي فطلوعاً نتغدى (سنياً) مع قطر وداعش ونزولاً نتعشى (شيعياً) مع إيران وحزب الله ونحن في الحالتين نساند حماس مادياً ومعنوياً ونناطح إسرائيل (نظرياً) وفعلياً (بالوكالة) بينما نتغنى داخلياً بمزايا الحوار الوهمي ونحسم خلافات الرأي بيننا (بالدبشق) ونغيب شهود قضايا الفساد عندنا (بالسكين) وبالدين (التحلل) وعلى الدنيا السلام!

٣٠ يوليو ٢٠١٤

ديك المؤتمر

وقع بصري قبل أيام على مقال دكتور علي حمد إبراهيم بعنوان (الذين لا تؤذن ديوكهم عند الفجر الصادق) وبعدها مباشرة طالعت مقالاً للدكتور عبدالوهاب الأفندي بعنوان (إقناع ديك المؤتمر الوطني). والذي أثار انتباهي ليس مضمون المقالين فانني أعترف ان ضعف البصر ووهن الذاكرة جعلاني مؤخراً أكتفي بقراءة عناوين الكتب والمقالات والصحف وحتى لو تملكتني رغبة قوية أو مقدرة استثنائية على القراءة فإنني أنسي الموضوع بمجرد الانتهاء من قراءته. الذي حرك فضولي سادتي هو ذكر (الديك) في كلا المقالين مما أثار هواجسي وجعلني أتساءل: هل الديك الذي لا يؤذن عند الفجر الصادق هو نفس ديك المؤتمرالوطني الذي حاول الأفندي إقناعه؟ وإذا كان الأمر كذلك فماذا يا ترى يمنعه من الآذان؟ هل الأمر يعود لصفة (الصادق)؟ أم أن ديك المؤتمر لا يرفع عقيرته بالآذان إلّا إذا كان الفجر (كاذباً)؟ ثم لأي فصيلة ينتمي هذا الديك؟ هل هو من ديوك البطانة وذهب لمؤتمر الحزب وهو (مدلدل) على قناية ورجع وهو (مدلدل) ولم يرى شيئاً إلّا (بالمقلوب)؟

لقد احترت سادتي لهذا الأمر وفكرت جاداً الاتصال بأخونا البروف كامل الذي تخصص لسبب لا يعرفه الا شقيقه (العمدة خالي الأطيان) في حكاية الديوك هذه ولكن بعد تفكير عميق تغلبت فيه المصلحة القومية على الاستفادة العلمية قررت ترك هذا الأمر تحسباً لما

قد يطلع به علينا البروف (أو شقيقه العمدة خالي الأطيان) من حكاوي وبلاوي ديوك مشروع الجزيرة و(بحر أبيض) فكفانا ما نحن فيه من فضائح ووثائق مسربة. قررت بحزم أن أحسم الأمر بالرجوع للديك نفسه وخرجت على الفور للبحث عنه ولدهشتي وجدته واقفاً على الحائط القصير الذي يفصلني عن جارنا. تمعّنت في الديك وغاظني أن أراه منتفخ الأوداج يجول بعرجة خفية وكأنه سلطان يستعرض ما تبقى من مملكته الواسعة.

سألته جاداً وأنا أحاول أن أعطيه حقه من الاحترام : "أسمع يا مستر ديوك! إنت ديك المؤتمر؟" لم يرد عليّ وحدجني شذراً ثم أشاح بوجهه عني وفرد جناحيه وكأنه يهم بالطيران ولكن يبدو أنه غير رأيه وسألني بلغة (الكاوبويات) : (Who wants to know?) "منو العاوز يعرف؟"

سارعت أولاً بالتأكيد له أنه لا تربطني أي علاقة، اكاديمية كانت أم شخصية، بالبروفسير الأمريكى أريك ريفز وأن ما نُشر في وثائقه الملفقة عن تسلّمي ثلاثة دولارات للتجهيز (الشعبي) للانتخابات هو محض افتراء، إذ أنني أصبحت أتقاضى عمولتي باليورو منذ أن قرر (اشقاؤنا العرب) منعنا من إيداع دولاراتنا الضَئيلة في بنوكهم تمشياً مع سياسة المقاطعة التي تمارسها علينا أمريكا. وكدت أن أخبره رياءً أنني عضو في مجلس الشورى وأريد أن أعرف إذا كان سيصوت لي في انتخابات رئاسة الحزب والترشح لرئاسة الجمهورية ولكني تذكرت أنني لست من الخمسة "المبشرين" والذين سيتم تنزيلهم إلزامياً إلى ثلاثة ثم إلى واحد وقررت التزام جانب الحيطة فقلت صادقاً: "والله أنا عاوز أفهم الهيصة الحاصلة دى كلها معناها شنو!".

نظر إلىّ بإشفاق وكأنه يتحسر لفهمي القاصر سالني بعربية فيها عُجمة عما تعسّر على فهمه.

احترت من أين أبدأ. هل أذكر معجزة جنيهنا السوداني الذي اعتقدنا أنه قد شبع موتاً والذي ظهر فجأة في مدخل السوق الأسود وهو ينفض التراب عن أطرافه ويجرجر رجليه المثقلتين بالديون خلف الدولار متوسلاً: "يا خالي الأخضر مخليني وماشي وين؟!" أو هل

أتساءل عن المغزى الخفي لمشاركة (الشيخ) في مؤتمر حزب قال في قادته وقالوا فيه ما يمنعي الحياء من ذكره؟ هل أتطرق لمآلات الحوار والانتخابات وأيهما يأتي أولا البيضة أم الدجاجة؟ وهنا تذكرت أنني أتكلم مع (ديك) وخفت أن يفسر تساؤلي كطعن أو تشكيك في (ديكيته)، فقررت أن أجعل سؤالي فضاضاً بتحميله كل تلك المعاني فقلت: "إنت ليه ما عاوز تأذّن للفجر الصادق؟".

عندها انتابته حالة عصبية جعلت (علعلّته) تتأرجح ذات اليمين وذات الشمال وجنح برأسه إلى أعلى في تأفف عصبي كادأن يفقده توازنه ولكنه حرك جناحيه بسرعة ليحتفظ بصعوبة بوقار وقفته على الحائط. وقال لي وهو يحاول ان يتمالك نفسه من الغضب بصعوبة أكثر: "ايه حكاية (الفجر) و(الصادق) الشابكين فيها دي؟ نحن قلنا نسيتو حكاية (كمبالا) تجو كمان ناطين علينا من (باريس)؟"

حقيقة فاجأتني هذه الثورة العارمة فقررت أن أطرح السؤال بطريقة أخرى فقلت: "طيب متين حتبدا الأذان؟" وهنا انفرجت أساريره وقال: "بعد ما ننتهي من مداولاتنا في المؤتمر وننتخب رئيس الحزب اللى حيكون مرشحنا لرئاسة الجمهورية وبعدين تجوا انتو تكاكو معانا في الانتخابات وما تخافو من حاجة فالواد المصمم جهز كل سجلات الناخبين وكل حاجة تمام التمام". شكرته على هذا التأكيد الذي أدخل الطمأنينة في قلبي. هممت أن أسأله مَنْ مِن الخمسة المبشرين سيتم تنزيله (أو بالأحرى ترفيعه) وبأي وسيلة ديمقراطية سيتم ذلك: (الحر المباشر) أم (المباشر الحر) عملاً بسياسات اتحادات الطلاب المعروفة نتائجها سلفاً؟

ولكن فجأة قطع سيل تفكيري صوت (أم العيال) وهي تصيح من خلفي: "إنت جنيت ياراجل؟ واقف في الحوش تبحلق في ديك الجيران وكمان بتتكلم معاه؟". تمتمت بشئ من تحت أنفاسي بما معناه "فضل لينا شنو غير نتكلم مع الديكة"، ثم تراجعت بسرعة لغرفتي قبل أن تتمكن من فك شفرة عبارتي وتقوم بتفسيرها خطأ. رقدت على العنقريب ولسبب لا أدري مصدره تذكرت أن اليوم هو الاخير من شهر أكتوبر المجيد فتملكني شعور بالأسى لمروره سريعا بيننا مرور الكرام. وبعد فترة نظرت من النافذة فوجدت الديك قد تحرك فوق

الحائط مختالاً ليواجه نافذتي ورأيت نظرة الشماتة التي رمقني بها وكأنه يقول "نحن عملنا مؤتمرنا وحننتخب رئيسنا وإنتو يا ناس زعيط ومعيط عملتوا شنو غير الكلام الكتير؟"

ماذا يمكنني يا سادتي أن أقول وبماذا أرد؟ الحق حق حتى لو أتانا من ديك! ولكن أصدقكم القول أن صفاقته أوجعتني وبدأت أسائل نفسي (من أين أتى هؤلاء الديكة؟). وفجأة تذكرت شيئاً قد فات عليّ، فسألت (أم العيال): "إنتي ياولية أبدا سمعتي الديك ده بأذن؟". ردت قائلة: "يؤذن شنو يا راجل، ده حماني النوم من (العوعاي) الكتير طول الليل التقول مغروض في وديعة قطرية!" وهنا انتفضت وأنا أهتف عالياً: "وكمان طلع ديك المسلمية!! ولعي النار وجهزي الحلة واقلي البصلة يا ولية! أمانة ما في زول (عوعايو) كِتر الليلة".

وأخرجت سكيني وتوجهت بخطىً حثيثة نحو الحائط الذي يفصل منزلي من بيت الجيران وأنا لا أدرى يا سادتي ماذا دار في ذهن الديك المسكين وهو يراني أتقدم نحوه ونيتي يُنبئ عنها الشرر المتطاير من عينيّ ولعله لو لم يُلجم الخوف لسانه لصاح: "بين سَلة السكين والضبح يحلها الحلل الوليد (غسان)"!

٣١ أكتوبر ٢٠١٤

ما بين (تيس نفيسة) و(تمومة الجرتق)

ونحن نقف على عتبة الانتخابات الرئاسية أجد نفسي كغيري من أفراد شعبنا وقد تملكني شعور طاغٍ بالفخر والاعتزاز وأنا أرى المرشحين يتسابقون في عرض برامجهم السياسية وتصوراتهم العملية لحل مشاكلنا القومية. ولكم أيها السادة أن تتخيلوا المشاعر التي اعتملت في داخلي وأنا أشهد هذه الدراما الانتخابية بشفافيتها وأبعادها الديمقراطية وبكل ما فيها من تشويق واثارة. لا بد لي بداية الاعتراف بأن بعض المرشحين لم يرتفعوا لسقف الاستحقاق المطلوب من المسؤولية الانتخابية، فهناك المرشح الذي ادّعى بأنه تلقى "تهديداً من حزب السلطة" لم يفصح عن طبيعته (أهو دعوته لزيارة ميدانية لبيوت الأشباح أم تلميح بتزوير توقيعه على وثيقة "نداء السودان" مثلاً؟) وآخرون اشتكوا (والشكوى لغير الله مذلة) من استخدام "مرشح الحكومة" إمكانيات الدولة من مناصب وقنوات رسمية بما فيها المساجد في الحملة الانتخابية. وهناك المرشح الذي وجّه غضبه تجاه مفوضية الانتخابات لأنها لشئ في نفس يعقوب قامت بإطفاء رمزه الانتخابي (الفانوس) الذى كان (مولّعاً) من قبل فيما فسره على ما يبدو بأنه محاولة خبيثة ويائسة وفاشلة لتعتيم طريقه إلى كرسي الرئاسة! ورغم أن هذه الاتهامات قد تكون في معظمها (بارانوية) المصدر وبالتالي مجافية للحقيقة إلا أنها لا تنتقص من النهج الديمقراطي العام للانتخابات، فبخلاف أنها تضفي

عمقاً دراماياً (وقد يقول بعض المكابرين نكهة هزلية) للحملة الانتخابية ففيها قدر من الذكاء السياسي باثارة نعرة الدونية الانتخابية (underdog phenomenon) المتعارف عليها عادة في قاموس السياسة كوسيلة يستخدمها المرشح المغلوب على أمره لاستجداء أصوات الناخبين.

وكما تعرفون سادتي فليس لدينا للأسف أنظمة استفتائية معتمدة (polls) لاستمزاج رأي المواطنين ولهذا قررت الرجوع لخلفيتي الدراسية في العلوم السياسية وشحذ كل ما في جُعبتي من خبرة وتجربة في الشأن الانتخابي لأحدد النتيجة المتوقعة لانتخاباتنا الرئاسية. من أول قراءة متمعنة أدركت أن المنافسة ستكون حامية الوطيس ومن الصعوبة، إن لم يكن من الاستحالة، التكهن بالمرشح الذي سيفوز بقصب السبق في هذا التنافس الحاد المحتدم. هل يا ترى سيكون الفوز من نصيب المرشحة التي تعهدت لنا في سماحة ورحابة صدر ومقدرة فائقة على ممارسة العفو الرئاسي بعدم تسليم أقوى منافسيها إلى المحكمة الجنائية بعد تحكرها في كرسي الرئاسة؟ (يبدو أن مرشحتنا هذه لم تسمع بالمساجلة التاريخية في السياسة البريطانية عندما قامت الليدي أستور بتهديد منافسها ونستون تشرشل قائلة: "لو كنت زوجي لدسستُ لك السم في قهوتك" فرد عليها تشرشل: "لو كنت زوجتي يا سيدتى لشربتها!" ولكن من الواضح أننا قد تطورنا من مثل هذه التقاليد العتيقة لديمقراطية (ويستمنستر) إلى ما وصفه أحد المعلقين "أدب السلخانة" من شاكلة "البمد يدو علينا بنكسرا ليهو"). من ناحية أخرى هل يكون الفوز من نصيب منافسها الذي وعدنا في تواضع غير مألوف في المعترك السياسي بأنه سينصاع بكل احترام لرغبة الشعب السوداني إذا لم يتم اختياره؟ أنا شخصياً يا سادتي أشك في ذلك فالتعبير مسبقاً عن مثل هذا الزهد السياسي في المنصب الرئاسي قد يترك انطباعاً سلبياً لدى الناخبين بأن المرشح المعني لا يملك الرغبة الكاملة لمواصلة العمل القومي في خدمة مواطنيه وقد تتنازعه دوافع انتحارية كالتفكير في الهجرة إلى (لاهاي) مثلاً.

بالمقابل فلكم أعجبت سادتي بجرأة وطموح المرشح المستقل الذي طرح عبر مؤتمره الصحفي برنامجاً انتخابياً يأخذ الأنفاس حتى تكاد تشعر بالاختناق فهو يريد إلغاء كل

الولايات إلغاءً لا رجعة فيه ولا عودة وذلك بإخلائها من السكان وإعادة توطينهم في منطقة الخرطوم الكبرى من جبل أولياء إلى الجيلي (والتى وصفها أحد المعلقين بأنها ستصبح جمهورية الخرطوم الديمقراطية). الغرض من هذا التهجير الجماعي هو زراعة أراضي الولايات الخالية من السكان في (وثبة) زراعية كبرى تدر علينا مئات المليارات كعائد قومي قد تجعلنا نصبح الدائن الرئيسي للولايات المتحدة بدلاً من الصين. كل ما أعيبه سادتي على هذه الخطة الإستراتيجية الطموحة هو أن المرشح أغفل أن يخبرنا من سيقوم بزراعة تلك الولايات الخالية من السكان وإن كنت على قناعة أنه بمجرد توليه الرئاسة سيقوم باستيراد ما يكفي من (الروبوتات) الصينية لتقوم بالمهمة خير قيام. كل ما أخشاه أن تتعثر هذه (الوثبة) كما حدث لمثيلاتها (حتى في الصين نفسها) وتبقى علينا مرة أخرى حكاية (تيس نفيسة) والتي لخص فيها أحد أبناء الرباطاب بسخريتهم البليغة ما فعله بنا (تيس) الإنقاذ: "جابوا يُعشّر الغنم قام رضعن"!

ولكن المرشح الذي نال إعجابي وقررت بعد تمحيص ودراسة وتحليل لبرنامجه الانتخابي أن أمنحه صوتي هو المرشح الذى أعلن أنه يدخل الانتخابات (تمومة جرتق). وقد تملكني الكثير من الاستياء سادتي للتفسير الخاطئ الذى أعطاه بعض المعلقين لهذه المقولة وكأنها تعني أن هذا المرشح يقصد أن دوره لا يعدو أن يكون (كومبارس) في عملية شراء شرعية زائفة لانتخابات مخجوجة. ويؤسفني أن أقول لمن يعتقد ذلك (حتى وإن كان بينهم المرشح نفسه) أن إدراكهم قد عجز عن استيعاب الأبعاد السياسية والاقتصادية والاجتماعية للبرنامج الانتخابي الشامل الذي وضعه المرشح ببراعة يحسد عليها في كبسولة من كلمتين. فعند التمعن في جذور كلمة "تمومة" نجد أنها من تم يتم فهو تام تمام التمام بمعنى الكمال والاكتمال الذى يمتد عبر فترة أو مرحلة زمنية قد تطول وتطول ثم تطول حسب الفترة الرئاسية التى قد يستمتع بها المرشح. ولعله ليس من قبيل الصدفة أن تتناغم سجعاً كلمة (تمومة) مع كلمة (أمومة) فتلك بلا شك ضربة معلم في شكل تورية ضمنية ربما لا شعورية من جانب المرشح لحصد أصوات النساء في تناسق زمني مع احتفالنا بيوم المرأة العالمي هذه الأيام.

أما كلمة (جرتق) فتأتي من جرتق يجرتق فهو مجرتق جرتقة شديدة. ويجب في هذا السياق عدم الخلط بين (الجرتقة) و(الجردقة) فالأخيرة مع دلالاتها الطبية خاصة للذين يكثرون من التهام (الهوت دوجز) و(الهامبيرغر) ليست لها الأبعاد الاجتماعية لمفهوم (الجرتق) والتي لا تخفي على أحد. تقول العرب "أطلب الجرتقة ولو من الصين" –هذا بالطبع إذا تعسر الحصول عليها من محلات أولاد (مرين) في أم درمان– مما يعطي بعداً جغرافياً واقتصادياً للبرنامج الانتخابي. ويبدو أن أصل (الجرتق) من الكلمة الانجليزية (geriatric) ومعناها معالجة الطاعنين في السن والعناية بهم مما يزيد من العمق الاجتماعي والصحي للبرنامج الانتخابي ويضمن أيضاً في لفتة انتخابية بارعة هي الأخرى أصوات (أصحاب المعاشات) من أمثالنا.

هنا سادتي تذكرت أن قانون الرعاية الطبية في أمريكا والذي يمثل انجازاً تاريخياً للرئيس أوباما يتعرض هذه الأيام لمحاولات الإلغاء من الكونجرس الذي يسيطر عليه الجمهوريون وكذلك احتمال تشليع بنوده من قبل المحكمة العليا. وجدت نفسي أتساءل :إذا لم نتمكن لا قدر الله من استيراد ما يكفي من (الروبوتات) الصينية لزراعة كل الولايات الخالية من السكان وبالتالي لن نتمكن أن نصبح من كبار الدائنين للولايات المتحدة فلماذا لا نحاول على الأقل مساعدة الرئيس أوباما في إنقاذ قانون الرعاية الطبية؟ قمت على الفور بالاتصال بالبيت الأبيض وقلت من غير أي مقدمات: "أسمع يا بركة لازم تعمل (تمومة جرتق) لحملتك الانتخابية السنة الجاية".

رد أوباما مستغرباً: "لكن أنا خلاص فترتي الرئاسية التانية حتنتهي السنة الجاية وحسب الدستور ما بقدر أترشّح مرة تالتة".

قلت بحزم: "ممكن يا بركة يا الفيك البركة تقولي ايه الفائدة من عمل الدساتير إذا لم يكن الغرض هو تعديلها؟ نحن عندنا خبيرة في خياطة الدساتير من عهد الإمامة المايوية وتقدر تفصل ليك دستور على مقاسك تقدل بيهو وملصق فيك وإنت ماشي زى العريان. ممكن نبعتها ليك بس إنتو كمان خففو شوية من حكاية العقوبات دي".

قال أوباما بعد تردد: "ونعمل ايه في مفوضية الانتخابات بتاعتنا؟"

قلت له: "كويس ذكرتني بحكاية المفوضية يا بركة، نحن برضو عندنا (مصمم) انتخابات عبقرى ممكن يظبط ليكم كمان تنظيم عملية الانتخابات فأرقد قفا من الحكاية دي".

مضت فترة صمت طويلة وبدأ القلق ينتابني بأن أوباما سيخذلني وأن تراثه التاريخي سينتهي به المطاف لنفس مصير (تيس نفيسة). ولكم سادتي أن تتخيلوا مدى فرحتي وابتهاجي وصوته يأتي إليّ عبر الأثير سائلاً: "كدي اشرح لي تاني يا بوهميد (تمومة جرتق) معناها بالضبط شنو؟"...

١٥ مارس ٢٠١٥

مساعد الرئيس للشؤون الإنكشارية

جاء في الأخبار أن مرشح المؤتمر الوطني لرئاسة الجمهورية دعا المواطنين في حملته الانتخابية بولاية وسط دارفور لطرد الشيطان الذي قال إنه يسعى للفتنة بين الناس ومضى للقول: "من يسعى للفتنة أدوه في راسو". ولا أخفي عليكم سادتي أن هذه المقولة البليغة قد لمست أوتاراً حساسة في مشاعري وأمضيت وقتاً ليس بالقصير وأنا لا أستطيع أن أقرر إذا كان قد تم استلهامها في وضع استراتيجية (عاصفة الحزم) السعودية أم أن العكس هو الصحيح. وأحب أن أعلن هنا صراحة أنني لا انتمى من قريب أو بعيد لقبلية النقاد الذين لا يعجبهم العجب ولا الصيام في رجب والذين لمحوا لتناقض هذه المقولة مع ما جاء في ذات الخطاب السياسي بأن "اتفاقية الدوحة جلبت السلام الحقيقي" ومع الوعد الذي قطعه المرشح في نفس الحملة بتوفير "خدمات مياه الشرب النقية والتعليم والمشاريع الزراعية في دارفور" خلال ما تشير كل الدلائل على أنه سيكون ربع القرن الثاني من ولايته. فقد تساءل بعض هؤلاء النقاد في براءة ظاهرية تنضح داخلياً بالخبث السياسي :إذا كان السلام قد عم ربوع دارفور فعلام الحديث عن السعي للفتنة وطرد الشيطان؟ بل بلغ سوء القصد عند بعضهم حد التساؤل اللئيم إذا كان قرب "اكتمال إنشاء مطار زالنجي" (والذي

أعلنه والي وسط دارفور في نفس الحملة الانتخابية) قد تم بنفس المواصفات التي أتبعت في بناء مطارنا الدولي الجديد في أم درمان أو بنفس الشركة التي صممت كبري (الجقور) في المنشية؟

وخلافاً لهؤلاء فقد تمعّنت كثيراً في هذه المقولة وقمت بتحليلها كعادتي بطريقة علمية فوجدت أن استراتيجية (أدوه في راسو) لا تعدو أن تكون سوى نقلة نوعية وإن كانت أشد إيلاما من نظرية ("البمد يدو علينا بنكسرا ليهو") التي افتتح بها المؤتمر الوطني حملته الانتخابية. ولعل السؤال المهم الذي أغفله الكثير من المعلقين هو: هل كُللت هذه الاستراتيجية الانتخابية بالنجاح المرتجى وتم إطفاء الفتنة وطرد الشيطان من دارفور؟ أم أن هذه العملية ستنتهي بانتهاء الحملة الانتخابية أو بإعلان نتيجة الانتخابات أيهما كان الأول؟ للإجابة على هذا السؤال المحوري قررت القيام بدراسة ميدانية على أرض الواقع فحزمت أموري وتوكلت على الحي الدائم وتوجهت غرباً. لم يطل بي المسار سادتي فعند مشارف أبوكرشولا بجنوب كردفان لمحت الشيطان يجلس القرفصاء تحت شجرة ظليلة واضعاً رأسه بين يديه وهو يتأوه ألماً مما خمنت (خطأً كما تبين لي فيما بعد) أنه نوبة من الصداع الحاد. وقبل أن أبادر بسؤاله عن ما ألم به نظر إليّ شذراً وكأنه يتوقع أن أنزل ضرباً على أم رأسه وتمتم شيئاً بصوت خفيض فهمت منه أنه لم يبق في رأسه موقع لنبوت. لا أدري بالتحديد سادتي إذا كان قد استعمل هذا التعبير بالذات أو شيئاً من قبيل (تكسرت النصال على النصال) ولا أريد أن أخوض في جدل بِيزَنْطيّ اذا ما كان الذى تلقاه على رأسه نصالاً أو نبوتاً أو ضرباً على يافوخه فكل ما خطر في ذهني حينها أنه في حاجة ماسة للعلاج في مستشفي (الزيتونة) الدولي. جلست بالقرب منه وأخبرته برفق أنني أحمل معي بعض أقراص (البنادول) المُهربْ قد تخفف بعض صداعه فهزّ رأسه نفياً وكأنه يريد أن يقول أن ما يعاني منه اكثر من مجرد صداع وأشار بأصبعه إلى المكان بين قرنيه بما فهمت منه أن أحدهم قد حاول سلخ فروة رأسه.

لعل بعضكم سادتي سيغضب مني و(يأخد في خاطره) إذا أخبرتكم أن شعوراً بالتعاطف والحنية تجاه الشيطان قد انتابني ولكن لا يجب تفسير عاطفتي هذه على أنني قد تخليت

عن الاستعاذة منه كلما مررت بمقربة من مجمع الفقه وهيئة علماء السودان أو أنني استسلمت لاغوائه بتقديم طلب التحاق بوظيفة في مكتب والي الخرطوم. كل ما حدث أن منظره جالساً تحت شجرة في أطراف أبو كرشولا وحاله يُغني عن السؤال قد أثار في داخلي مشاعر لا يفهمها إلا من عانى من التهجير أو الاغتراب الإجباري خاصة اذا صاحبه نوع من الضرب على اليافوخ دعك عن سلخ فروة الرأس فعلياً كان ذلك أو معنوياً.

قلت وأنا أحاول التهوين عليه: "ياخي إنت الشلاقة العليك شنو، ايه الوداك تنزل في انتخابات إنت عارف ما حتكسبها؟". فرد بسرعة وكأنه يحاول نفي مشاركته في تحريض الحوثيين للزحف على صنعاء: "انتخابات شنو البنزل فيها؟ أنا ما قدر الجماعة ديل ولاّ بقدر على البقدرو عليهو؟ ده ناس المفوضية قالو ليا عديل كده لمن اتقدمت للترشيح أن مؤهلاتي التعليمية ومعدل ذكائي (الآي كيو) أكثر بكتير من المطلوب! يعني بالعربي الفصيح كده أنا (over-qualified)".

لا أدري ياسادتي فقد بدا لي صادقاً فيما يقول إلا أن إحساساً قوياً تملكني بأنه يُخفي عني شيئاً لا أدري كنهه وإن شككت أنه يتعلق بما دار بالضبط بينه وبين مفوضية الانتخابات فمن يدري فقد يكون الموضوع برمته (لعبة وداخلها غش) كما يردد دائماً أحد أصدقائي منذ أن سمع بقصة (المفاصلة) الشهيرة. فسألته وأنا أختار كلماتي بعناية حتى لا أستفزّه: "طيب ليه ياخي سعيت للفتنة؟"

رد بلهجة غاضبة: "فتنة شنو اللي أنا بقدر عليها؟ ديل ناس (هلال) و(الكِبر) و(حميدتي) خلو فرصة لاى حد عشان يعمل فتنة؟ ديل أنا قاعد أتعلم منهم ويا دوبك عرفت كيف أطلع الدبايب من جيبي"!

سارعت بالقول وأنا أرى يده تمتد إلى جيبه بأنني لا أحتاج (بيان بالعمل) لتصديقه بشأن موضوع (الدبايب) وإن كنت لا أزال أشك في أنه ليس بالبراءة التي يحاول أن يدعيها وأن سمعته عالمياً (مش ولا بد) ذاكراً له كدليل على ذلك المثل الإنجليزي القائل "إذا تعشيت مع الشيطان فيجب أن تكون لك يداً طويلة" أو شيئاً من هذا القبيل. توقعت أن ينفجر لاعناً

سنسفيل جدود الإنجليز متهماً إياهم بالتآمر مع الامريكان والصهيونية العالمية والشيوعية الملحدة (مستثنياً الصين) لاشانة سمعته وتخريب مشاريعه الحضارية. ولكن لدهشتي رد بانكسار وهو ينظر للأرض: "الحقيقة أنا مرات كتيرة عملت حاجات مش كويسة ومرات فعلاً ايدي كانت أطول شوية من اللازم". وسكت برهة وأردف وظلال ابتسامة ساخرة تتراقص على شفتيه: "لكن خلي الإنجليز ديل يجو يتعشوا مع (حميدتي) عشان يعرفوا اليد الطويلة طويلة كيف!" ثم أضاف وهو يهز رأسه تعجباً: "ديل ناس بسرقوا الكُحل من العين".

قلت وأنا أحاول أن أواسيه: "طيب ليه يا خي ما حاولت الحل الدبلوماسي بدل البهدلة دي كلها، يعني تعمل ليك حتة حركة مسلحة تسميها (دافر) مع بقية المدافرين وتمشي (الدوحة) تتفاوض كم شهر كده وإنت قاعد في فندق سبعة نجوم تشيل وتخت مع الجماعة وهاك يا لت وعجن وبعدين تلقى نفسك في مكتب أنيق في رئاسة الجمهورية وعليه يافطة مكتوب عليها (مساعد الريس للشؤون الإنكشارية)"!

نظر إليّ الشيطان فاغراً فاه ولمعاناً غريباً في عينيه المحمرتين ينبئ بأنه بدأ يستسيغ الفكرة فقررت أن أضرب والحديد لا زال ساخناً كما يقولون، فتابعت بهمة لم اعتد عليها: "وبعدين ياخي الوظيفة التنفيذية دي ما عاوزة أي تنفيذ. يعني تمشي تقعد الصيف كلو في لندن ويمكن تمر على باريس في طريقك لقضاء الشتاء والربيع في القاهرة ومنها تعمل زيارة زيارتين للخرطوم لزوم تفقد الرعية ورفت أي زول من قيادات حزبك يلولح ضنبو جاي ولاّ جاي، هم فاكرين الحكاية لعب ولاّ ايه!".

لكم سادتي أن تتخيلوا الفرحة التي غمرت الشيطان فقد نسي فجأة كل آلآمه بما فيها فروة رأسه المسلوخة وبدأ يرقص فيما يبدو أنه (تسخين) لما سيفعله مستقبلاً إذا سارت الأمور كما يشتهي. سألني عن أسرع الطرق للوصول للدوحة فأخبرته أن يسرع بالذهاب إلى زالنجي ويركب الطائرة من مطارها الجديد وشددت عليه أن يسافر للدوحة عن طريق أديس أبابا حيث يتوجب عليه مقابلة (ثامبو أمبيكي) في مقره الدائم هناك وتسجيل اسمه للمشاركة بغير انقطاع في كل المباحثات التي لن تنتهي لآلية الحوار الوطني وتحقيق السلام.

ودّعني بحرارة وهو يشد على يدي مؤكداً أن مكتبه في رئاسة الجمهورية سيكون دائماً مفتوحاً أمامي في الأيام القليلة التي سيتواجد فيها وألمح إلى أنه قد يحتاج لاستشارتي في تحليل بعض الأمور (الإنكشارية) فطمأنته أن كل ما سيحتاج إليه في تلك الحالة النادرة هو مشاهدة بعض المسلسلات التركية.

أغرورقت عينايّ وأنا أراه يبتعد عني رويداً رويداً وهو يمشي بصعوبة على حافريه في الرمال متجهاً صوب زالنجي. وبعد فترة اختفي خلف بعض التلال فاستلقيت تحت ظل الشجرة وأنا أشعر بسعادة دافئة تغمرني. نظرت إلى أعلى ورأيت فروع الشجرة تتمايل وتتراقص تحت النسيم وكأنها أيضاً تحتفل بنصر مؤكد. عندها سادتي أدركت بما لا يدع مجالا للشك أي رمز انتخابي سأضع صوتي عليه يوم الانتخاب!

القاهرة ٤ أبريل ٢٠١٥

موت (شجرة)...وحكاية بعثها (بعاتياً)

صحوت من النوم مذعوراً مخلوعاً على أصوات نحيب وبكاء لأرى (أُم العيال) وهي تبكي بحرقة وأصوات عويل ومناحة تصل إلى مسامعي من أنحاء الحي البعيدة. صحت ملتاعاً: "مالك يا ولية؟ الحاصل شنو؟" قالت والعبرة تخنقها: "الشجرة يابو خالد! الشجرة ماتت!"

ولكم سادتي أن تعذروني إذا خطر لي لوهلة أن ثمة خلط قد حدث، فهل يا ترى تقصد (شجرة الدر) التي أعرف أنها ماتت وشبعت موتاً تاريخياً؟ أم تراها تعني(شجرة) أخرى من (تاريخ ما أهمله التاريخ)؟ مضت فترة قبل أن أستوعب أنها تعني (الشجرة) التى تمت بصلة لجارنا في الحي مما زاد من ارتباكي، فالمسكينة لم يتعد عمرها بالكاد السادسة وعشرين (ربيعاً) وعلى حسب ما أعرفه لم تكن تشتكي من أي علة سوى شرخ بسيط في الساق لم يمنعها من (التراقص)، فكيف لها أن تموت في ريعان شبابها قبل أن تفيء أهلها ومريديها بكامل طاقتها الكامنة من العطاء؟. سألت (أم العيال): "من وين يا ولية جبتي الخبر ده؟" فردت بين دموعها: "ده رسلتو لىّ بت أختي (بالواتس آب)، يعني إنت ما سامع المناحة العند الجيران كلهم". ثم أضافت وهي تمد لى موبايلها وفي نظراتها ظلال لوم لتشككي في أن

(شماراتها) أقل مصداقية مما تنقله (سونا) لنا يومياً: "هاك شوف الفيديو بي عينيك الاتنين" وكأنها تشك في مقدرتي على المشاهدة بعين واحدة!

ويمكنكم أن تتخيلوا تحيُّري وأنا أشاهد فيديو تظهر فيه جنازة (الشجرة) محمولة على الأعناق في مظاهرة عارمة في طريقها للمقابر وسط هتافات مدوية (الله اكبر...الله أكبر). جلست على السرير وأنا أحك عينيّ محاولاً استيعاب التداعيات المنطقية لهذا الحدث الجلل على نطاق الحي وما ورائه. ويبدو أن (أم العيال) قد ظنت صمتي حزناً فقالت وهي تربت على كتفي مواسية: "شد حيلك واتصبر يابو خالد. أهو حال الدنيا ".

وعند هذه النقطة قد يكون الحصفاء منكم سادتي قد خمنوا حقيقة أنني لم أكن في حاجة (للتصبر وشد الحيل) فلم يك موت (الشجرة) بالنسبة لي مصدر وجيعة بقدر ما كان مبعث انبساط داخلي يشوبه قلق ظاهري من مآلات هذا الموت المفاجئ. فعلاقاتي مع كل ما تمثله كلمة (الشجرة) أو ترمز إليه في كل أطيافها وأوصافها لم تكن مليئة بالأحداث السعيدة. ففي طفولتي رفسني مرة حمار كان مربوطاً تحت (شجرة) حاولت تسلقها رفسة مؤلمة في موضع حساس يمنعي الحياء من ذكره وحَسْبُك أن تقول أنها كادت أن تضع حدً مبكراً ومأساوياً لتطلعاتي المستقبلية بأن تصبح كنيتى عندما أكبر (أبو خالد). وأذكر أنني في صباي ركبت خطأً بص (الشجرة) وتعرضت لعلقة ساخنة عندما طلبت من بعض الصبية هناك أن يدلوني على محل لبيع (الآيس كريم). ولكم عانيت في شبابي من خسائر مادية وآلام جسدية في كل مرة حدث فيها تعانق غير مقصود بين سيارتي و(دومة) ودنوباوي الشهيرة (عادة بعد منتصف الليل) مما أثار دوماً حنقي على غباء الإنجليز لزرعهم تلك (الشجرة) في وسط الشارع، وهى بلا شك هفوة زراعية-معمارية قام بتصحيحها على ما أعتقد أحد عباقرة الانقاذ بإزالة ذلك المعلم التاريخي وإعادة زراعته في مكان مجهول لا يعرفه أحد.

صحوت من تهويماتي تلك على صوت (أم العيال) تحثني على الذهاب لتقديم العزاء لجيراننا المكلومين. خرجت للشارع لأجد أن جاري (بعير عبد المتعاطي) قد نصب صيواناً أمام منزله ولا غرو في ذلك فأصوات المناحة من منزله كانت الأقوى ولولةً في الحي بأكمله ولاشك أن صلته (بالشجرة) كانت أقوى بكثير مما تصورت. وبعد قراءة الفاتحة جلست بجنبه

وسألته: "يا (بعير) يا أخوي الوفاة حصلت كيف؟"

قال وهو يهز رأسه متأسياً: " والله قالوا جاها هبوط ونزيف أدى لفقر دم حاد أثناء زيارة للجزيرة وقام مدير مستشفي (متفوضون) حصلها هناك وأداها نقل دم متواصل ليومين أو تلاتة كده لكن حصل قضاء الله".

فقلت مواسياً: "ياخي هي الوداها الجزيرة شنو؟ ما عارفة ناس الجزيرة ديل كلهم (تربية شيوعيين)".

رد (بعير): "والله كلمتها كتير وقلت ليها يا (شجرة) أعملي حسابك من ناس (ود مدني) ديل، فرصيدهم الشعبي أقل من ١٨٠٠ دولار وماعندهم أمان وأول مايشوفوا ورقة يقوموا طوالي موقعين عليها ولمن تشهد ضدهم يقولوا عليك شاهد مايفهمش حاجة".

وبعد فترة قام خلالها عدة مرات لتقبل العزاء سألته: "وإنتو حسع حتعملوا شنو؟" هز رأسه وقال بصوت فيه بعض الحدة: افتكر أول حاجة نجيب مدير مستشفي (متفوضون) ونزرزرو في الحصل ده كلو. عامل أخصائي جراحة باطنية وفاتح جامعة قدر الكتلة وما عارف يوقف شوية نزيف! وبعدين ليه شفخانات الجزيرة ما فيها (صناديق) أدوية كفاية! هم منتظرين لمتين لغاية ما يملوها محايات؟. يعني الناس بره كان لازم يشوفوا عوراتنا بالطريقة الشينة دي؟ وبعدين حيقولوا علينا شنو ؟"

أعدت سؤالي وأنا أجاهد ألا أبدو شامتاً: "وبعد ده حتعملوا شنو؟"

قال وهو يحاول لملمة أطراف (خبرته الوطنية): "ما حنعمل أى حاجة. يعني نحن أول ناس تحصل عليهم حاجة زي دي؟ يعني مثلاً لو ما كانت في سرقات من زمان،حد السرقة نزل في شنو؟ وبعدين الإعلام بتاعنا حيقوم يعمل اللازم ولو ناس بره عاوزبن يلتو ويعجنو في الموضوع ده حنقول التقارير دي ملفقة وليها أجندة أجنبية تستهدف مشروعنا الحضاري وده تكنيك نسميه (تلفيق التلفيق) ونحن مافي زول أشطر مننا في الأمور دي".

ولا أخفي عليكم سادتي أنه بدأ ينتابني إعجاب يشوبه الحذر بمقدرة (بعير عبد المتعاطي) في

التكيف السريع مع الأحداث واستخلاص الأوليات كما بدا من سرعة تشخيصه لتقصير دكاترة (متفوضون) وانتباهه لأهمية ملء (الصناديق) بالأدوية (المحايات). وبالرغم من قلقه وحزنه الظاهر لما ألم (بالشجرة) من مصيبة مفاجئة فلن يستطيع إلا مكابر أن ينكر عبقرية تبريره للتلفيق والسرقة بدعوى تفشيهما في كل مكان وزمان أو ثقة النفس المتناهية في (شطارتهم). وحقيقة وجدت نفسي أسجل ملاحظة سريعة في ذهني بما معناه أنه لو شاءت الأقدار (الأمنية) لا قدر الله أن أمثل يوماً أمام محكمة خاصة فسيكون أول تكتيكاتي الدفاعية المطالبة بحضور هذا العبقري شاهداً للاتهام ضدي !

قررت أن هذه التحسبات المستقبلية تتطلب أولاً تربيط علاقات (حسن الجوار) معه. ولكن وأنا أهُم بأن أهمس له بدعوتي لتناول طعام العشاء بمنزلي حال انتهاء مراسم العزاء إذا بأصوات جلبة وضوضاء تأتينا من أحد أطراف الحي ورفعت بصري لأرى مجموعة من الرجال تتجه نحونا يتقدمهم رجل حباه الله بسعة وبراح في وسطه جعلت بطنه وأردافه تتمايل في تناسق مهول وهو يهرول تجاهنا. انتحى الرجال بجاري (بعير) جانباً ورايتهم يتهامسون في ما بدا لي محادثة مفعمة بالحيوية.

وبعد فترة خلتها دهراً رجع (البعير) متبسما ليحكي لي حدثاً هو أقرب لافلام مصاصي الدماء من أي شئ اعتدنا حدوثه عادة في مقابرنا. قال أن مدير (متفوضون) كان قد هرول للمقابر بمجرد سماعه بجنازة (الشجرة) ولحق بها قبل دقائق من موارتها التراب وقام باعطائها حقنة (لا شرخية ولا غربية)، ولم تمض لحظات حتى دبت الحياة في ساقها واخضرّت أوراقها وتراقصت فروعها (ذات اليمين وذات اليمين ثم ذات اليمين). وأكد لي أن (الشجرة) شوهدت وهي (تقدل) في الشوراع وأمامها ومن خلفها صبية يتراقصون ويتصايحون: " أدينا دواء يا شجرة... يديك العافية يا شجرة؛ أدينا البوش يا شجرة... يدوك كافيار يا شجرة؛ أدينا أساس يا شجرة...نديك (ريان) ياشجرة". وأقسم لي (بعير) أن هذا الخبر قد جرى تأكيده للتو من مصادر إعلامية عالية المصداقية (ما فيها طق ولا شق).

وقد لا يهمكم سادتي كيف انتهت هذه القصة المبكية في جوانب والمفرحة في جوانب أخرى. يقال والعهدة على الرواي الذي قد يكون جاري (بعير عبد المتعاطي) وقد لا يكون، أن

(الشجرة) استعادت حيويتها بما يزيد بقليل عن ٩٩٫٩٩٩٪ وهي بلا شك نسبة يقال أن سجل (قينيس) للأرقام القياسية قام بتصنيفها كمعجزة (الخمسة تسعات). ولكن قد يهتم بعضكم بمؤاساتي في المأساة التي ألمت بي منذ ذلك اليوم الذي نصب فيه صيوان العزاء. فيبدو أن تلك الأحداث قد تسببت في فكفكة بعض (صواميل) رأسي. ويقال والعهدة أيضاً على الرواي وقد يكون (أخونا الفاتح جبرا) وقد لا يكون، أنني قد شوهدت عدة مرات وأنا أحاول اعتلاء (صينية الحركة) بالقرب من حينا. ويقال أيضا والعهدة قد تكون (لأم العيال) وقد لاتكون، أنه بدأت تنتابني كوابيس مرعبة كل ليلة تجعلني أنتفض صاحياً وأنا أصرخ مذعوراً: "الشجرة البعاتي جات... الشجرة البعاتي جات"!!

٢٠ أبريل ٢٠١٥

القرين

لا أجد سادتي تفسيراً معقولاً لما حدث لي صبيحة يوم كئيب وأنا أقف في الحَمّام متأهباً للحلاقة كعادتي كل صباح. فقد فوجئت أن الوجه الذي يحدّق تجاهي من المرآة ليس وجهي! لوهلة خُيل لي أن المنومات التي تناولتها الليلة الماضية لا تزال تعربد في رأسي وأن الارتجاج الدماغي الذى نجم عن ذلك قد زين لي أن نافذة الحَمّام هي مرآتي. فلعلكم إذن تعذرون الحدة التي وجهت بها سؤالي مستفسراً: "يا زول انت ليه واقف قدام شباك الحمام بتاعي؟" وتعذرون كذلك الدهشة المشوبة بالخوف التي تملكتني و(الزول) يوجه لي نفس السؤال بنفس الحدة وفي تزامن آني. مددت يدي في ذهول لأتحسس حقيقة وجوده فاصطدمت بسطح المرآة في نفس الوقت الذي امتدت فيه يده تجاهي وكأنه يريد أن يتحسس وجودي هو الآخر.

جريت هارباً من الحَمّام وأنا أعوذ بالله من الشيطان. حدثت نفسى بأن الحَمّام لا بد أن يكون (مسكوناً) ولكن بعد النظر في مرآيا أخرى ظل وجه (قرينى) المجهول الهوية يطالعنى

كالعفريت بنفس الطريقة المرعبة وبدأت أشك أن شبحاً قد سكن البيت بأكمله. ولكن سرعان ما طردت عقلانيتى فكرة الشيطان والأشباح من ذهنى. ذكرتُ نفسى بأننى رجل متعلم حبانى الله بقدر غير بسيط من العلم والمعرفة ولا يليق بى تصديق مثل هذه الخرافات والخزعبلات وكأنه قد تم تعيينى في هيئة علماء السودان أو كأننى تقمصت شخصية (شيخ الختان) دفع الله أو الحاج ساطور أو حتى بلة الغائب؟ جلست في غرفتي واضعاً رأسى بين يدىّ وأنا أضغط على دماغى محاولاً إستحضار العلم والمعرفة علهما يعيناني في تجاوز المصيبة التي ألمت بي. ولكن (العلم) و(المعرفة) خذلاني ولم يهرع لنجدتي غير (الفِطنة) و(حُسن الإدراك) من ابناء فطرتى السليمة.

قالت (الفطنة) وهى تهمس لي في لهجة لا تخلو من التقريع: "يا راجل بطل الجرسة والخوف وشغل دماغك شوية فالموضوع في غاية البساطة. أنت بتقول ان الوش اللي في المراية مش وشك، يعني تفتكر يطلع وش مين؟" وأضاف (حسن الادراك) بصوته الهادئ الرزين: "وبعدين يا خي انت كيف عرفت ان الوش اللي في المراية هو الغريب؟ يمكن هو الاصل وانت وشك الغريب، ويمكن مافي غريب وانتو الاتنين الاصل".

وأعترف سادتي أن ما قالاه ألقي ضوءاً جديداً على أبعاد مشكلتي ولكنه بدلاً من توضحيها فقد زادها عتمة. فكيف لي أن أعرف اذا كان وجهي أو وجه (القرين) هو الأصل من غير أن أضطر للنظر في المرآة مما يعيدنا لنقطة البداية والدوران مرة أخرى في حلقة مفرغة؟ ومما يعقد موقفي أكثر أن ظاهرة (القرين) تحدث عادة في الأعمال الروائية مثل ما فعل الانجليزي شارلز ديكنز في (قصة مدينتين) والروسي فيدور دوستويفسكي في روايته (المزدّوجْ) والبرتغالي خوسيه ساراماغو في قصته (الدوبليكادو) أو (الدُوبلْ). فاذا كان القَرين مخلوقاً من صنع الخيال في هذه الروايات فلماذا اتخذ شكلاً ملموساً ومادياً في حالتي بظهوره لي مجسداً في المرآة في حين لم أكن أنوي القيام بأي عمل خارق أكثر من حلاقة ذقني؟ ثم لماذا كان (القرين) في كل تلك الروايات صورة من الأصل وكأنه توأمه السِيامي في حين أتخذ في واقع حالتي شكلاً مختلفاً لم استطيع التعرف عليه حتى تلك اللحظة؟ وكأن (حُسن إدراكي) أدرك ما كان يدور في ذهني فقد قطع سيل تفكيري قائلاً: "أنا أفتكر اللخبة

الحاصلة عليك دي سببها انتخابات الرئاسة". وأكملت (فطنتي) ما أراد أن يقوله بسرعة في تناغم لا بد ان يكونا قد اتفقاً عليه مُسبقاً: "وبالتحديد كده غالبا ما يكون (القرين) بتاعك أحد مرشحي الرئاسة"!

ولكم سادتي تخيل الرعب الذى تملكني وجعل الرعشة تسري في كل أطرافي، ففجأة شعرت كأن باباً مغلقاً قد انداح أمامي وزالت الغشاوة التي كانت تحجب ناظريّ وتمعنت ملياً في وجه (قريني) في المرآة ولعنت غبائي الذى حال دون تعرفي عليه من الوهلة الأولى. تهدج صوتي وأنا اسال (الفطنة) متوسلاً والعبرة تخنقني: "وجاي يعمل عندى شنو؟ أوعى يكون عاوزني أصوت ليه؟". رد عليّ (حسن الادراك) وهو يحاول عدم اظهار ضيقه بمحدودية ذكائي: "يا زول تصوت ليهو كيف والانتخابت ذاتها انتهت ودخلنا مرحلة (الخج) وفي دي الجماعة ديل ما محتاجين الا للصمت الانتخابي وبس". وبعد فترة صمت أكاد أن اسمع فيها صوت تفكيره أضاف قائلاً: "والله لو ما خايف من الكضب أقول ليك يمكن جاي يعوّدَك على شكله ويشوف طريقة يتعايش معاك".

صحت ملتاعاً: " تقصد لازم أشوف الوش ده في المراية كل صباح للخمسة سنين الجاية؟"

قالت (الفطنة) متداخلة في رقة وكأنها تريد تهوين الأمر عليّ من خلال تهويله و(تدبيله): "ده طبعا إذا ما حصل تعديل دستوري وعملوا ليهو تمديد لخمسة سنين تانية".

ويبدو أن (حسن الإدراك) قد لاحظ الرعب الذي ارتسم على وجهي فاقترح مهوناً: "يعني أنت ما شرط تعاين للمراية كل يوم وممكن تبطل حكاية الحلاقة دي خالص"!

قلت بحرقة: "وليه قصدوني أنا بالذات؟ من دون خلق الله كلهم ما لقوا حد يدوه الشرف ده الاّ أنا؟ خلاص يعني الوّقعوا على نداء السودان كملوا وبقوا علينا نحن المؤلفة قلوبهم؟"

رد عليّ (حسن الإدراك) متداركاً ومطمئناً: "يا زول ما تستعجل ساكت، يمكن مرشح تاني أو مرشحة تفوزبالرئاسة و تبقي هي (قرينتك)".

لا أريد الاطالة عليكم سادتي فيكفي القول أنني أصبحت كالغريق الذي يتعلق بالقشة

الإسطورية وجلست طوال اليوم أعد الساعات حتى موعد إعلان نتيجة الانتخابات. وعندما أزف الوقت وجدتني متحكراً أمام التلفزيون وأدويتي في متناول اليد في حالة استعداد إسعافي مكثف وأنا أسترق النظر أحياناً لطيات عقلي التي تواري خلفها (حسن الإدراك) و(الفطنة) في حالة قصوى من الترقب القلق. ظهر على شاشة التلفاز أعضاء مفوضية الانتخابات وهم يجلسون خلف غابة من الميكروفونات وأكاد أسمع أنين المقاعد وهم يتوهطونها.

وكما تتوقعون سادتي استمعنا إلى محاضرة قيمة من رئيس المفوضية عن النزاهة والشفافية والكفاءة والمقدرة المهنية التي تمت بها العملية الانتخابية. واعجبني خاصة تفسيره لعدم تنقيح السجل الانتخابي بما فهمت منه أن ذلك لا يدخل ضمن مهام المفوضية (التدريبية) أو أنه لا يمكن التعدي على (الاستحقاق الدستوري) للجنوبيين الذين بادروا بالتسجيل قبل سنوات في الانتخابات الماضية إلا بحضورهم الشخصي ليبينوا للمفوضية أنهم أصبحوا مواطنين لدولة أخرى، وأي تصرف غير هذا قد يقدح في نزاهة المفوضية بما يرقى لمرتبة الخج السلبي (شطب الأسماء بدلاً من إضافتها). وأحب سادتي أن أقولها هنا بكل صراحة ووضوح: إذا رأى بعضكم بعد هذا الدرس البليغ أننا نمارس نوعاً من الأنانية القومية الجماعية بإصرارنا على الاحتفاظ بكل هذه الخبرة والعبقرية الانتخابية داخل حدودنا حارمين منها اليتامي والفقراء وذوي القربى في الصومال ومالي وجمهورية أفريقيا الوسطى فإنني أوافقكم الرأي تماماً.

وأخيراً حانت اللحظة الحاسمة فهذا رئيس المفوضية يتنحنح قبل إعلان النتيجة وكل حواسي مشدودة إليه. ركز سيادته نظراته في تحدٍ على الكاميرا وقال في تؤدة وثقة وكأنه يريد أن يُلقم حجراً لكل من شك في نزاهة ومصداقية مفوضيته: "حصلت مرشحة الحزب الاشتراكي الديمقراطي على الأغلبية المُطلقَة بفارق صوت واحد من مرشح المؤتمر الوطني...". لا أخفي عليكم سادتي أن مشاعر شتى اعتملت داخلي وذكريات كثيرة تدافعت إلى ذهني من الأيام الخوالي التي أصبح لها فجأة مذاق خاص لم نكن نجيد الاستمتاع به في ذلك الوقت، نعم لقد عاد الاتحاد الاشتراكي بعد أن مات وشبع موتاً و(العودُ أحمدُ) كما تقول الأعراب

لسبب لم يفصحوا لنا عنه. تلفّت لأتشاور مع (فطنتي) و(حس إدراكي) في تحسبات هذا الحدث العجيب ولكني اكتشفت لدهشتي أنهما قد أختفيا على عجل وكأنهما استكثرا عليّ قولة "تصبح على خير". ساءلت نفسي: هل يمكن أن يكون الأمر بأسوأ مما كان عليه؟ ووصلت لقناعة القبول بما يأتي به صندوق الاقتراع فالديمقراطية كما علمتنا مفوضيتنا لا تتجزأ وإن كان ممكناً أحياناً (خجها) انتخابياً. ولكن قبل أن أوي لفراشي تلك الليلة قمت تحوطاً لما لا يمكن التحوط ضده بتحطيم كل المرآيا الموجودة في منزلي.

٢٦ أبريل ٢٠١٥

حول العالم في ١٨١ يوماً

للفرنسيين تعبير بسيط في كلماته عميق في معناه لم أجد له قدر اجتهادي مقابلاً مرضياً في اللغة العربية، فهم يقولون (Déjà vu) بما يمكن ترجمته حرفياً (شوهد من قبل) لوصف ظاهرة الشعور أو الإحساس عند الإنسان وهو يرى حدثاً أو يمر بتجربة بأنه قد رأى ذلك الحدث أو مر بتلك التجربة من قبل. وفي علم النفس تُفسر هذه الظاهرة بأنها حالة (نشوز في الذاكرة) نتيجة لمحة ذهنية قصيرة قبل ان يتمكن الدماغ من إكمال تركيب تصور واع ومتكامل للمشهد مما يخلق تصوراً جزئياً يؤدي بدوره لشعور بأُلفة الحدث أو التجربة.

هذا سادتي ما شعرت به بالضبط وأنا أطالع في لمحة خاطفة خبر البرنامج الإصلاحي الذي أعلنه سيدي الحسن الميرغني بعد اكتساح حزبه لبعض من الثلاثين دائرة (التي أخلاها لهم المؤتمر الوطني بعبقرية نادرة في إدارة التنافس الحزبي) في الانتخابات الأخيرة والذي وعد فيه سيادته إصلاح حال البلاد وحل كل المشاكل التي تشغل بال العباد خلال مائة وواحد وثمانين يوماً. ولم أدرِ لحظتها بالتحديد ما الذي قَدحَ وميض الاسترجاع في ذاكرتي المشوشة وجعل ذهني يسترجع القصة الشهيرة (حول العالم في ثمانين يوماً) التي قرأتها أول مرة في صباي إذا لم تخني الذاكرة والتي أعتقد أن العديد منكم قد قرأها أو سمع بها أو شاهد

فيلماً سينمائياً يجسد أو يقتبس فكرتها. ومؤلف هذه الرواية (جول غابرييل فيرن) كاتب فرنسي من القرن التاسع عشر يعتبر بكل المقاييس عبقري زمانه فبالإضافة لخياله الخصب والذي كان له الفضل في تأسيس ما يعرف بأدب الخيال العلمي فقد كانت له مقدرة خارقة في عرض رواياته عن الرحلات والأسفار في إطار علمي شيق اختلط فيه واقعه المعاصر بولعه بالمخترعات العلمية وتنبؤاته بمآلاتها المستقبلية. فقبل قصة (حول العالم في ثمانين يوماً) التي نشرت في عام ١٨٧٢ تنبأ باختراع الغواصة التي تجوب الأعماق في روايته (عشرون ألف فرسخ تحت البحار) وباختراع الصاروخ عابر الفضاء في قصة (من الأرض إلى القمر) وكل ذلك ضمن مجموعة ضخمة من المؤلفات عن الأسفار وعلم الخيال في جو من التنبؤات العلمية المذهلة.

وقد يتساءل متفلسف منكم سادتي عن وجه الشبه بين كاتب فرنسي عاش في القرن التاسع عشر وسيدي الحسن العايش بيننا في القرن الحادي والعشرين. ولكن قبل أن يتهمني أحدكم بالتقليل من شأن سيدي الحسن بمقارنته بفرنسي يفتقد النسب والحسب أسلافاً وسلالةً، دعوني أعدد ما أراه من أوجه الشبه بين الإثنين. أولاً كلاهما يمتلك خيالاً عبقرياً تخطّى حدود العقلانية إلى رحاب اللامعقول، فإذا كان الأول قد استعمل خياله العلمي ليأخذنا في رحلة شيقة حول العالم فإن سيدي الحسن قد استعمل خياله الروحي ليطوح بنا عبر برنامجه المثير إلى جنته الموعودة. وإذا كان الفرنسي قد تنبأ باختراع الغواصة فان سيدي الحسن يجسد مفهوم (الغواصة) ذاته في أكثر معانيه اللفظية دلالة. وإذا كان الفرنسى قد جعل بطل قصته يدخل رهاناً غير معروف العواقب مع أصدقائه بالسفر حول العالم في ثمانين يوماً فإن سيدي الحسن قد أدخل حزبه في رهان انتخابي غير مضمون العواقب حتى قبل أن يوعدنا برحلة المائة وواحد وثمانين يوماً. وإذا كان الكاتب الفرنسي قد خلق لبطل قصته الكثير من المصاعب والمشاق خلال رحلته منها تعرضه في الهند لمطاردة بعض المتعصبين دينياً (من دواعش ذلك الزمان) بسبب مشاركته في إنقاذ أرملة شابة من الموت حرقاً مع جثمان زوجها العجوز كما كانت تقتضي طقوسهم الدينية آنذاك، فإن سيدي الحسن قد تضايق أشد الضيق من عدم امتثال بعض دهاقنة حزبه العواجيز لتقاليد الحزب الطائفية بمعارضتهم لقراره بالمشاركة في طقوس الإنقاذ الانتخابية. وحتى لا

أتهم بالمبالغة فالأمانة العلمية تقتضي الاشارة إلى اختلاف بسيط في التفاصيل، ففي حين اكتفي الفرنسي بجعل بطله يلوذ بالفرار من مطارديه، فان سيدي الحسن لم يرض من الغنيمة بالإياب إلى (اللندرة) كما فعل أخوه بل أخذته (الهاشمية) فيما يبدو فأعمل سيفه الانكشاري في معارضيه فصلاً وتشويهاً لسمعتهم واصفاً إياهم مرة (بالدواعش) وأخرى (بالذباب) ولعله قد قصد النوع الذي يتجمع عادة في الصباح حول ما تبقى من (فتة الحولية).

وإذا خطر لبعضكم سادتي أن يتساءل اذا كانت النهاية ستكون أيضا متشابه في الروايتين فأستطيع أن أؤكد بيقين لا يتطرق إليه الشك أنني أعرف كيف انتهت قصة (حول العالم في ثمانين يوماً) لأنني ببساطة قد قرأتها عدة مرات، فالبطل (فيلياس فوج) يصل إلى لندن في نهاية رحلته ليكتشف أنه خسر الرهان بفارق ساعات قليلة ولكن وهو يهم بدفع قيمة الرهان إذا بخادمه المخلص يأتي مهرولاً وقبل أن يستطيع المرء أن يصيح (لطفك يا "محمد لطيف"!) نجده يبشر(سيده) بأنه حقيقة قد كسب الرهان بيومٍ واحدٍ من الموعد المحدد بعد احتساب فارق الزمن. (وقد يكون هذا اليوم الواحد هو الذي أضافه سيدي الحسن إلى المائة والثمانين التي في جعبته). ومن يستعصي عليه سادتي فهم علاقة التوقيت الزمني بهذه النهاية السعيدة عليه استعارة (فهامة) مستشار الرئاسة العبقري الذى أتحفنا بفكرة (البكور).

أما بالنسبة لقصة (في خلال مائة وواحد وثمانين يوماً) فلا نستطيع الجزم بشكل قاطع عن كيفية نهايتها قبل أن تستوفي (استحقاقها) الدستوري أو يكتمل (جدولها) الزمني والذي أرى أن تقوم المفوضية القومية للانتخابات بتنقيح سجل المعنيين فيه حتى لا يتهمنا إخواننا في دولة جنوب السودان بإشانة سمعتهم. ولكن هذا لا يمنعنا بالطبع من استطلاع السيناريوهات المحتملة ولفعل ذلك يتعين علينا التمعن قليلاً في خارطة الطريق للمائة وواحد وثمانين يوماً. فكما كان (لفيلياس فوج) خادم مخلص اكتشف له (غلوطية) اختلافات التوقيت الزمنى فان لسيدي الحسن حواريون ومريدون يمدونه بالمشورة أو على الأقل ينقلون إلينا أقواله المأثورة. أول خطوة في(قارعة) طريق الحسن كانت الخيار السلمي

لحسم الصراع السياسي ("الصندوق يتيح فرصة أخرى ولكن الرصاصة لا") وهى حكمة بليغة بالفعل دأب علماء السياسة في الغرب منذ بداية القرن التاسع عشر على ترجمتها للغات عدة تحسباً لأن سيدي الحسن سيقوم بصياغتها في القرن الحادي والعشرين! وجاءت الخطوة الثانية مرتبطة بالأولى ("نرضى بالصندوق وإن أتى مغشوشاً") وإن فقدت بعض توازنها الأخلاقي بما تحمله من توقع (للخج) الانتخابي والرضى به في آن. ثم جاءت الخطوة الثالثة في تأكيد سيدي الحسن لأهمية خوض الانتخابات لأنها ("مفرزة الأوزان الانتخابية") وهي عبارة تحمل قدراً من الأصالة قد يجعل قادة الحزب الشيوعي يتحسرون على عدم الإلمام بها عندما خاض الحزب انتخابات عام ١٩٨٦ منفرداً عن أي تحالف أو تنسيق بحجة معرفة ثقله السياسي، ولا أدرى إذا كان سيدي الحسن لا يعلم بما حدث للحزب الشيوعي في تلك الانتخابات أو أنه استلهم الحكمة منه. ثم جاءت الخطوة الرابعة في تعبير ("التعافي الوطني") الذي يبدو أن سيدي الحسن يكثر من ترديده، ولعل هذا سبب عجزي عن استيعاب معانيه السياسية والاقتصادية والاجتماعية المتشعبة وغالباً لأنها أيضاً (أعلى من درجة راتبي) كأستاذ للعلوم السياسية، كما يقول عادة (سادتنا) الأمريكان عن الأمور المستعصي علينا فهمها أو المحظور علينا الخوض فيها.

وقد يندهش بعضكم سادتي من عبقرية اللمسات الاخيرة التي وضعها سيدي الحسن لتلك الخارطة فهي تتلخص - كما لا ينفك من تذكيرنا أحد مريديه (ويا "لطيف" مرة أخرى!) - في ("تحريض الرئيس لتعجيل الحلول") فسيدي الحسن في عجلة من أمره ويريد أن يبادر الرئيس المنتخب بممارسة سلطاته فوراً بموجب التفويض الجديد دون أن يضيع شهراً في انتظار أداء القسم. وأنا أتفق تماماً مع سيدي الحسن في عدم الالتفات لمثل هذه الشكليات الدستورية التى لا معنى لها، فقد أدى الرئيس القسم مرات عديدة ويكفي هذه المرة أن يكتفي بترديده لنفسه. ولكن قد يسأل متفلسف آخر منكم: لماذا كل هذه العجلة؟ ما التغيير الذي يرغب الحسن في إتمامه في ستة أشهر ولم تكفِ ست وعشرون سنة لإحداثه؟ وما الضمان أن الرئيس بتفويضه الجديد أو بدونه سينفذ برنامج الحسن الإصلاحي بدلاً من أجندته الخاصة أو أجندة حزبه؟

كل تلك أسئلة مشروعة ولعل سيدي الحسن قد رد عليها ضمناً في معرض تصريح صحفي قبل أيام قدم فيه ("نصيحة مهمة للمؤتمر الوطني") لخصها في عدم الإكثار من استصحاب ("أحزاب الفكة") لأنها (تأخذ من غير أن تقدم أي عطاء). وفي حنكة سياسية لا يقلل من مدلولها روح الفكاهة التي امتزجت بها أضاف سيادته محذراً وموضحاً أن ("الفكة تقدد الجيوب") ومطالباً حزب الأغلبية (أن يراعي في تحالفاته القادمة الحرص على التعاون مع أحزاب ذات ثقل حقيقي تضم في عضويتها الخبراء والعلماء والمفكرين والمنتجين ولها علاقات خارجية ممتدة لتشكل إضافة حقيقية للحكومة الجديدة). واختتم سيدي الحسن تصريحه منبهاً إلى أن الحد الأدنى الذي يمكن أن يقبل به حزبه للمشاركة في الحكم هو ("ذلك الثقل الذي يمكن الحزب من الوفاء بالتزاماته تجاه ناخبيه")!

وهكذا مع هذا الإيضاح (الكِسِنْجَري) الوافي لمعالم (قارعة) الطريق فأنني سأتعود من اليوم على النوم مبكراً وأنا أتوق لأن أصحو ذات صباح مشرق عند نهاية المائة وواحد وثمانين يوماً لأجد أن السلام قد عمّ ربوع بلادنا في دارفور وجنوب كردفان (وشمال كردفان أيضاً) والنيل الأزرق (والنيل الأبيض كذلك)، ولأكتشف أن اقتصادنا قد ازدهر فجأة وأن جنيهنا قد عاد ليعادل ثلاثة دولارات. كل أملي أن لا يزاحمني أحد وأنا (أدافر) للوصول صباح ذلك اليوم لأول الطابور لاستلام سيارة (الكورولا) التي قررت الحكومة منحها هبة لكل مواطن.

هذا بالطبع إذا لم يطل علينا فجأة ذلك العبقري صاحب نظرية (البكور) ليخبرنا أن ثمة تعديل بسيط في التوقيت الزمني...

١٥ مايو ٢٠١٥

(ذبابة على الحائط) في جوهانسبيرغ

هنالك تعبير إصطلاحي أمريكي المصدر في اللغة الانجليزية يرجع تاريخ صياغته إلى عشرينات القرن الماضي يقول (to be a fly on the wall) يمكن ترجمته حرفياً (أن تصير ذبابة على الحائط) ولكن له معانٍ عدة ليس من بينها إطلاقاً معنى الشتيمة أو إستنزال اللعنة على أحدهم بأن يصبح ذبابةً على الحائط أو أن تنزل عليه مكنسة أو رشة مبيد للحشرات تزيله من الوجود. على العكس من ذلك تماماً فالتعبير أصلاً يحمل معنى التمنّي بأن يصبح المرء ذبابة على حائط بما ينطوي على ذلك مجازاً التواجد في موقع يمكنه أن يرى كل ما يحدث ويسمع كل ما يقال من غير أن ينتبه أحد لوجوده تماماً وكأنه (ذبابة على حائط). فتقول مثلاً "لكم تمنيت أن أكون ذبابة في حائط غرفة مساعد رئيس الجمهورية الأول سيدي محمد الحسن الميرغني لأرى كيف يضع اللمسات الأخيرة لحل كل مشاكل السودان في ما تبقى من المائة وواحد وثمانين يوماً التي (توعدنا) بها". أو أن تقول متحسراً على ما فات: "ليتني كنت ذبابة في حائط مكتب (الخبير الوطني) لأعرف أسرار (رمي الودع) و(التنزيل) لمضاعفة (شوية القريشات العندي)". ولا أشك سادتي أننا جميعا قد تمنينا في وقت أو آخر أن تكون لنا إمكانية أن نشاهد أو نسترق السمع لما لا يمكننا مشاهدته أو سماعه من غير أن يفضحنا تواجدنا الجسدي خاصة ما يدور في (الغرف المغلقة).

225

وأنا أسالكم سادتي: كم صحافي يا ترى لن يسارع ببيع شرفه المهني إذا كان الثمن أن يكون (ذبابة على الحائط) في مكتب المستشار الرئاسي لينقل لنا كيف يخط يراعه الاستثماري عبارات الاستجداء الدبلوماسي و(الشحدة على عينك يا تاجر) بما يحرجنا ويصغّر من شأننا؟ وكم من صحافي نابه سادتي لن يتردد بالتبرع بكليتيه الاثنين من أجل أن يكون ذبابة في حائط مكتب وزير خارجيتنا الجديد ليفيدنا بعدد المرات التي يجهش فيها بالبكاء وهو يخطط لمشاركتنا في الاجتماع القادم لقمة متلقيي الصدقات من دول العالم الرابع (ال4-P) والذى تستضيفه هولندا تبرعاً في أمستردام حتى يتأقلم المشاركون على تقلبات الطقس في (الأراضي المنخفضة)؟. ومن يدري فلعل هذه (الخبطة) الصحفية تكون من نصيب صحافي آخر أكثر نباهة تمكن أن يكون (من غير كثير عناء) ذبابة على حائط شارع الحوادث فصاح مولولاً في (فرقعة) اعلامية تذكرنا بالموسيقى التصورية في الأفلام (الهندية) التراجيدية: (ألحقونا ياناس المناصب التراتبية! عاوزين يرسلوا (أم قسمة) ست الشاي عشان تمثّل بنا في أمستردام!)

ولعل (التمثيل بنا) دبلوماسياً هو الذي ذكرني بحكاية (الذبابة على الحائط) في المقام الأول أو قد يكون العكس هو الصحيح. على كل فقد كنت جالساً قبل أيام أمام الكومبيوتر أتابع مسالماً ومستسلماً لقدرنا تطورات (موقعة جوهانسبيرغ) والتى بدأت بتحرك عدواني سافر من (مركز جنوب أفريقيا للدعاوى القضائية) لم يسعفنا الذكاء الدبلوماسي لتحسبه أو ربما لتوقعنا حال حدوثه أن تتعامل معه المحكمة العليا في بريتوريا بما يستحق من (دوسة) قضائية قاضية من النوع الذى تعودنا عليه. ولكن (وياأسفاه) خاب ظننا في استقلالية ونزاهة قضائهم فقد أصدرت المحكمة قراراً مجحفاً بقبول الالتماس وما يصحب ذلك عادة من (حظر التجول).

عندها كاد قلبي ينفطر أسىً وشفقة على (جاكوب زوما) المسكين، وقد لا يعلم الكثيرون أنني أُكِن إعجاباً خاصاً برئيس جنوب أفريقيا ليس فقط لأنه من ملة شيخنا دفع الله حسب الرسول في أهمية بذر ذريته في أكبر عدد من الزيجات (وإن كان هو على الأرجح يفضلهن غير مختونات) أو لأنه (متعافي) الحال في ما يخص التعاملات المالية المشبوهة، بل لأن صلعته

البهية تذكرني بالممثل (تيلي سالفاس) صاحب مسلسل (كوجاك) الشهير الذي أدمنت مشاهدته في سبعينيات القرن الماضى. وأستطيع أن أجزم أنه بالتزامن مع اللحظة التي انشغل فيها ذهني بالورطة الدستورية التي وجد (زوما) نفسه فيها طرأتْ في الجانب الآخر من دماغي أمنية أن أكون ذبابة على حائط مكتبه لأرى كيف سيتخارج منها.

و(فجأتن) -كما يقول أخونا الفاتح جبرا- وجدت نفسي أنظر من حائط عالٍ وعَرَفتُ فوراً أننى في مكتب الرئيس (زوما) فلم تخطئ أعيني الكثيرة صلعته اللامعة وهو جالس وحوله بعض كبار مستشاريه. وكان يبدو عليه أنه محبط فكأن (الزومة ضايقة) كما يقول أهلنا الشايقية في مثل هذه الحالات! سمعته يخاطب وزيرة خارجيته قائلا بحدّة: "وليه انتي يا (ماشاب) وجهتي دعوة من الاول؟ وبعدين ايه لزوم تعملي اتفاقية حصانة مع الاتحاد الأفريقي؟"

ردت الوزيرة: "وأنا سيادتك أعمل شنو وأخلي شنو؟ ما ياهو الدعوة مشت لكل الأعضاء وحكاية الحصانة دي (موغابي) هو الأصرّ عليها".

التفت (زوما) إلى وزير عدله وسأله: "انت متأكد يا (مايكل) أنو التزاماتنا في اتفاقية روما مضمنة في الدستور بتاعنا ؟"

هز (مايكل تاسوثا) رأسه إيجاباً عدة مرات وتعبير وجهه يغني عن السؤال عن أبعاد (الوحسة) الدستورية التي هم فيها، فلم أتمالك نفسي لحظتها فصحت فيهم : " يا ناس هوي عندنا واحدة خبيرة (دستور يا أسيادي) شوفوا إذا جات مع وفدنا لجوهانسبيرغ فيمكن تنادوها وأنا متأكد حتعمل ليكم أي تعديل دستوري عاوزينو". ولكن كل ما خرج منى كان طنيناً كاد أن يُنبىء عن تواجدي و يتسبب لي في أزمة أمنيّة قد لا تحلني منها المحكمة الجنائية بجلالة قدرها.

هنا قال نائب الرئيس (سايريل رامافوسا): "المشكلة الملحّة دلوقت بينا وبين محكمتنا العليا: نسمع كلامهم وننفذ الأمر القضائي نكون صاح دستورياً، ومن الناحية التانية ما نسمع كلامهم ونتجاهل الأمر القضائي نكون صاح سياسياً. ومشكلتنا إنو في كل من الحالتين

حنكون خسرانين قانونياً وسياسياً". وبعد ذلك حدث نقاش طويل عن الأبعاد القانونية والسياسية المعقدة للأزمة الدستورية قد لا أكون صادقاً معكم – سادتي – لو قلت إنني فهمت منه شيئاً ولكم تمنيت لحظتها لو كان خبير مفاوضاتنا الدائمة في (الدوحة) و(أبوجا) متواجداً ليشرح لي تلك الأبعاد المستعصية بطريقة مبسطة.

سمعت بعدها (زوما) يقول: "خلاص افتكر اتفقنا ماعندنا مخرج غير كده"، ثم التفت نحو وزير داخليته وقال: "اسمع يا (مالوسى) أنت تقوم باللازم بتجهيز مطار مناسب لإقلاع الطيارة من غير حد يشوفكم وأحسن ليك بعد داك تسافر معاهم". ثم التفت لبقية مستشاريه وقال بأسىً واضح: "أما أنتم ياسادة فتجهزوا حالكم لكم يوم كده في الحراسة بتهمة الاستهانة بالمحكمة العليا وبعدين نشوف طريقة نلحق بيها الجماعة في الخرطوم إذا قبلوا يستضيفونا".

وفي ذات اللحظة التي أوشكت أن أسقط فيها من حائطي من الدهشة، شعرت بخبطة خفيفة على قفاي وجاءني صوت (أم العيال) قائلاً: "مالك يا راجل قاعد تدقس قدام (اللابتوب)؟ النائم ليها شنو والبلد مقلوبة!"

قلت مرتاعاً: "الحصل شنو يا ولية؟ أوعى يكون (موسى هلال) حِرد تاني ورجع يحتل دار فور أو اتشاكل مع (حميدتي) أو (كِبر)؟"

قالت: "(موسى هلال) شنو و(حميدتي) شنو و(كبر) شنو! البلد كلها احتفالات بالطبول والمزامير وأغاني منذ هبوط طيارة وفدنا من (جوهانسبيرغ) والجماهير ما تديك الدرب وهي تهتف (نحن معاهو الله رعاهو) وفي مظاهرة مرت قدامنا قبل فترة شايلة جنازة (الجنائية) وحايمة بيها الشوراع وقالوا ماشين يدفنوها في الجريف شرق ما عارفة ليه وغايتو أكان مشيت بسرعة يمكن تحصل الدافنة".

سكتت برهة وهي تنظر إليّ في تعجب ثم سألتني: "إنت مالو وشك مخطوف كده؟ أوعى تكون بتعرفها؟"

ترددت للحظات – سادتي – في أن أخبرها بما شاهدته وسمعته وأنا ذبابة على حائط في (جوهانسبيرغ) خوفاً أن لا تصدقني ولكني تذكرت أنها قبل كل شئ (أم عيالي) التي لم أكذب عليها من قبل بتاتاً (إلا ربما عند بعض الحالات الاستثنائية). لملمتُ أطراف شجاعتي وقلت لها: "أسمعي يا ولية أنا عندي اخبار خطيرة عن اجتماع رئيس جمهورية جنوب أفريقيا مع بعض مستشاريه فأوعِك تكلمي اى زول قبل ما أتصل بناس (الواشنطون بوست) وأديهم الأخبار الخطيرة دي".

فردت بلهجة ساخرة: "إنت يا راجل قاعد طول اليوم تساسي بين التلفزيون والكومبيوتر بتاعك وما سمعت بالوثائق السّربوها ناس (ويكيليكس) وفيها بالتفصيل اجتماع (الزوما) مع مستشاريه القرّر فيهو ما يسمع كلام ناس المحكمة العليا بتاعتهم؟ أها يا سيدي قالوا حسع ختوهم كلهم في الحراسة هناك عشان أهانوا المحكمة". سكتت برهة ثم استطردت وعلى وجهها ابتسامة (نصرٍ وفتحٍ مبين) وكأنها على وشك تسديد هدف في (الزمن الضائع) في شباك (البرسا) "وكمان أديك شمارة قالتها ليا جارتنا إنو وزير داخليتهم وصل في طيارة الوفد بتاعنا وأنو (الزوما) ذات نفسو مفكر يقدم للجوء سياسي عندنا قبل ما تسكو (الجنائية) اللي بندفن فيها حسع في الجريف شرق...".

٢٢ يونيو ٢٠١٥

(الوفرة في النُّدرة)

ذكرتني قطوعات الكهرباء والمياه المتكررة هذه الأيام بمقال ساخر كتبته باللغة الانجليزية بعنوان "الوفرة في الندرة" (Abundance in Scarcity) ونُشر في يوليو ١٩٧٩ في مجلة (سودانّاو) التي كانت تصدرها وزارة الثقافة والإعلام حينذاك. والمقال يحكي عن صديق وهمي لي يُدعى (عارف) هو عبقري زمانه في الاقتصاد والسياسة وكافة مجالات العلوم والرياضة والفكر ولا أعتقد أنه كان صعباً على غالبية القراء في ذلك الوقت التعرف على الشخصية التي يرمز إليها الاسم والتي تسلطت على رقاب الناس لسنوات طوال عجاف. في المقال تتفتق عبقرية (عارف) على أن أزمات الخبز والوقود والكهرباء التي كانت متفشية تلك الايام ترجع الى أن سياسات ضبط السوق ومحاربة السوق السوداء قد ثبت فشلها ثم أنها عادة تأتي بنتائج عكسية فينبغي السير إذن في الاتجاه المعاكس ليس فقط بفتح السوق بما يتمشى مع سياسة التحرر الاقتصادي الرأسمالي بل بإغراق السوق وفقاً لنظرية (الوفرة في النّدرة) أو توءمتها (النُّدرة في الوفرة) أيهما كان الأسرع مفعولاً حسب المفهوم (العارفي) في

تحصيل الحاصل. وتتمثل هذه الخطة – أوبالأصح الخبطة – الاقتصادية في أن يقوم محافظ الخرطوم بإصدار أوامر محلية تلزم كل المخابز بطرح ٩٠٪ من حصتها من الدقيق في السوق السوداء وتلزم كل محطات البنزين بطرح نسبة مماثلة من البنزين في السوق الموازى مع إلزام كل سيارة بملء خزان الوقود حتى يفيض. وبعد أن يتم إغراق الأسواق السوداء والرمادية والموازية بالدقيق وبالوقود بما يزيد عن مقدراتها الاستيعابية تبدأ هي بدورها في التخلص من الفائض بإعادة بيعه للمخابز ومحطات الوقود وكلما زادت نسبة ال ٩٠٪ من الضخ في تلك الأسواق كلما قل الطلب مما يدفعها لتقليل السعر حتى تضطر في النهاية لاستجداء المخابز ومحطات البنزين لأخذ ما يحتاجونه مجاناً وفي بعض الحالات إلى دفع إغراءات مادية لهم حتى يمكنها تجنب تكاليف التخزين المتزايدة بنسبة ٩٠٪. وبالطبع تُكلل هذه السياسات بالنجاح الباهر المتوقع وتنشر الصحف أنه تم القبض على أحد أصحاب المخابز لزيادته وزن وعدد الخبز فوق الحصة المقررة كما تعلن بعض محطات الوقود استعدادها لدفع إطار سيارة مجاناً مقابل ملء كل (جركانة بنزين فاضية) يأتي بها صاحب السيارة.

أما بالنسبة لانقطاع التيار الكهربائي فخطة (عارف) تتطلب أن يستمر القطع لكل أحياء العاصمة لمدة ٢٥ ساعة يومياً حتى تتركز شكاوى الجماهير في تلك الساعة الزائدة والتي يتم إلغاؤها بقرار جمهوري فوقي. وجاء في الصحف قيام محافظ الخرطوم بجولة ميدانية أبدى بعدها ارتياحه لشخير مواسير المياه وللظلام الدامس الذي أصبحت العاصمة تنعم به والذي لا يعكر سواده إلا أضواء السيارات التي تتسابق مبتهجة في الشوارع بغير هدف غير إفراغ خزانات وقودها المتخمة. ولكن اتضح بعد فترة أن ذلك التفاؤل سابق لأوانه، ففي حين تم بنجاح قطع الإمداد الكهربائي عن الأحياء الراقية في الرياض والعمارات والخرطوم اتنين وبري وامتداد ناصر فقد فشلت كل المحاولات لقطع التيار عن الحاج يوسف والكلاكلة والصحافة وأمبدة والثورة وبقية الأحياء الطرفية. ومع أن مكتب المحافظ قد أصدر تطمئنات بأن بعض الاشكالات الفنية تجري معالجتها إلا أن الشائعات بدأت في الانتشار عن احتجاجات وتظاهرات في تلك الأحياء الطرفية على استمرار إمدادها بالكهرباء والماء في حين تنعم الأحياء الراقية بالظلام وانقطاع الماء. وصرح رئيس لجنة شعبية تكونت

في الحاج يوسف للمطالبة (بالمساواة في الظلام) بلهجة غاضبة: "نحن لا نقبل بالتميز والتفرقة ضدنا فإذا لم تستطع الدولة قطع إمدادات الكهرباء والماء عنا فسنقوم بذلك بأنفسنا"!

عندها وقبل استفحال المشكلة أعلن مكتب المحافظ في تصريح صحفي إعفاء مدير هيئة الكهرباء والماء من منصبه لعدم الكفاءة والتقصير المخل بالواجب لفشله في قطع الكهرباء والماء عن الأحياء المنكوبة. وأفاد ذات التصريح أن قطع الإمدادات عن حي الصحافة قد كللت بالنجاح بفضل العون الذاتي لأهالي المنطقة وأن المشكلة بالنسبة للأحياء الأخرى هي أن مولدين للكهرباء لم يمكن إيقافهما وأن المحافظ قد بدأ في محادثات مع قيادة الجيش للنظر في إمكانية نسفهما كلياً. وفي اليوم التالي أعلن متحدث عسكري أن فرقة من سلاح المهندسين ستكون في طريقها للولايات المتحدة الأمريكية لتدريب مكثف في أعمال التخريب الذاتية مضيفاً: "لقد غلبنا والله حيلة مع توربينات المولدين الملعونين ديل الما عاوزين يقيفوا من الدوران".

وفي هذا الاثناء أعلن محافظ الخرطوم أنه نزولاً لرغبة مواطني العاصمة في التضامن مع الأحياء الطرفية المنكوبة فقد تقرر مد الكهرباء والماء لأحياء الوسط الراقية حتى يتم التكافل الاجتماعي المنشود لحين التعامل مع المولدين المتمردين فور عودة فرقتنا العسكرية بعد إتمام تدريبها في أمريكا. ومن ذلك الحين لم يشتكِ أحد من طول الطوابير أمام المخابز أو طول الانتظار في محطات الوقود كما أن انقطاع التيار الكهربائي أو اعتكاف الماء داخل المواسير أصبح من ذكريات الماضي التي سنحكي عنها لأحفادنا. ولم أسعد بلقاء صديقي (عارف) منذ هذه الأحداث السعيدة لأشد على يده مهنأً على أفكاره العبقرية وإنجازاته الرائعة. ولعل الظروف تسمح لي بفعل ذلك في المستقبل غير البعيد فالشائعات التي ملأت البلد في الآونة الأخيرة تشير إلى أنه ينوي أيضاً تولي حقيبة الاقتصاد والتخطيط الوطني في التشكيل الوزاري القادم.

هذا ملخص بتصرف شديد في الترجمة للمقال الذي كتبته قبل قرابة السبعة وثلاثين عاماً والمفجع أنه لا يمكننا حتى أن نعزي أنفسنا بالقول السائد (ما أشبه الليلة بالبارحة) فليلنا

اليوم لا يشبه أي شئ عانيناه من قبل. كان يمكننا أن نسلي أنفسنا حينذاك عندما قام نميري في إحدى هوجاته (العارفية) بفصل مدير هيئة الكهرباء وتعيين نفسه مكانه، بإطلاق النكات عن (الكهرباء البتكتل أي زول يمسكها لكن لمن نميري مسكها كتلها!). فهل نضحك اليوم عندما يعلن (محافظنا) الجديد عجزه لأن (الحتات باعوها كلها) أو عندما يستعين (بدعاء التّهجُّد) لحل أزمة المياه؟ هل نقول لمن وعدونا بأن (نأكل مما نزرع) ثم قالوا لنا بعد ربع قرن من الحكم أنه ليس من أولوياتهم أو حتى في مقدروهم (توفير لقمة العيش لا خلال خمس سنوات قادمة ولا خمسين سنة)؟ هل نتبسّم ونقول لهم: (بى عافيتكم! الوفرة في الندرة!)؟

لعل الجانب المشرق من معاناة قطوعات الكهرباء والمياه ما بين الأمس واليوم يكمن في مفارقة سودانية بحتة يندر حدوثها ولا تخلو من مغازٍ قد يجد فيها البعض طرافة وقد يستلهم البعض منها دروساً: فعندما أعلنت النقابات الاضراب السياسى في انتفاضة أبريل ١٩٨٥ كان الناس يهللون فرحاً في المساء عندما ينقطع التيار الكهربائى ويعم الظلام أحد الأحياء فقد كان معنى القطع حينها أن مجموعة أخرى من مهندسى وعمال الكهرباء قد أضربت وأن العصيان المدنى يسير بنجاح. ولكم تساءلت وأنا استرجع ذكريات تلك اللحظات التاريخية بكل ما حملته حينها من مشاعر متناقضة امتزج فيها الفخر بالغضب والأمل بالخوف اذا كان شباب اليوم سيفهمون يوماً ما تعنيه سويعات من الفرح العارم لا لشئ أكثر من انقطاع التيار الكهربائي!

وبما أن الشئ بالشئ يذكر فقد كتبت مقالاً ساخراً للنشر في (سوداناو) بعنوان (The 100% Solution) تدور أحداثه عن فكرة تبناها (صديقي عارف) من غير دراسة كافية كعادته لزراعة بعض الخضروات والفاكهه بحديقة منزله معتقدا أنه بذلك سيكفل لبيته اكتفاءً ذاتياً ولنفسه وضعاً مميزاً في الحى ببيعه فائض انتاجه للجيران ("سلة غذاء الشرق الأوسط") والمشاكل التى يخلقها بتصرفاته الرعناء لبيته ولجيرانه ولمشروعه ولمموليه. ويبدو أن وكيل وزارة الثقافة والاعلام حينها قرأ (بروفات) المقال بعد طبعه وقرر سحبه من النشر في أخر لحظة. وكنت قبلها بفترة قد نشرت في (سوداناو) مجموعة من الكاريكاتيرات عن

السادات واتفاقية كامب ديفيد أثارت غضب السفارة المصرية بالخرطوم واحتجاجها لدى الوزارة.

المهم جاء إلى مكتبي في الجامعة أحد محرري (سوداناو) وهو صحافي كفء ونشط أعرفه جيداً فقد كان حلقة الوصل بيني وبين المجلة (بل أظنه هو مَن أقنعني أصلاً بالكتابة لسوداناو) ليخبرني وهو محرج للغاية برسالة وكيل الوزارة لي بانهم كشفوا رموز واشارات المقال وأنه لا مكان لديهم لمقالاتي أو كاريكاتيراتي (على الأقل لم يحيلوني لمحكمة الصحافة أو لجهاز الأمن كما يفعلون حالياً). أذكر أنني حينها وفي لحظة غضب قلت لذلك الشاب المهذب كلاماً قاسياً ندمت عليه فيما بعد مفاده أنني كنت أتخيل نفسي أتعامل مع صحافي وأكتشفت أنني أتعامل مع موظف في مصلحة الإعلام. وتمر الأيام وينتقل ذلك الشاب ليعمل في صحيفة (الشرق الأوسط) اللندنية وتشاء الصدف عندما أصبحت وزيراً للثقافة والإعلام في الحكومة الانتقالية بعد ذلك بسنوات قليلة أن يكتب مقالاً عني بعنوان (الوزير رسّام الكاريكاتير). ولكن تلك قصة أخرى.

١٠ يوليو ٢٠١٥

(ممكن ضنبنا يلولح كلبكم؟)

هناك تعبير بالانجليزية (the tail wagging the dog) يمكن ترجمته حرفياً (الذيلُ الذى يهزّ الكَلْب) ومنشأ التعبير يرجع في الغالب للقرن التاسع عشر في الولايات المتحدة ومعناه العام (الشيء الذي يهمن على الوضع مع أن أهميته ثانوية) ولعل أفضل ما استعمل فيه هذا التعبير في علم السياسة بما يُضفي على معناه بعداً استراتيجياً هو تشبيه (الذيل) الإسرائيلي بأنه يحرك (الكلب) الأمريكي في ما يختص بسياسات الولايات المتحدة في الشرق الأوسط. وقد تذكرت هذا التعبير هذه الأيام بالذات وأنا أتابع آخر مثال لمحاولة تطبيقه على أرض الواقع والمتمثل في الضغوط الإسرائيلية المستميتة على الإدارة الأمريكية بواسطة الكونجرس – الذي يبدو أن سيطرة اللوبي اليهودي عليه تفوق سيطرة نتانياهو على الكنيست – لإلغاء الاتفاقية الشاملة للبرنامج النووي الإيراني والتي أبرمتها السداسية الدولية (الولايات المتحدة وروسيا والصين وفرنسا والمملكة المتحدة وألمانيا) مع إيران بعد مفاوضات ماراثونية دامت قرابة العامين.

ولا أخفي عليكم أن شعوراً بالضيق والاستياء قد انتابني من جراء هذه (اللتاتة) الإسرائيلية

المقيتة والتي بلغت في تقديري حد الصفاقة. أفلا يكفي بني إسرائيل هؤلاء إثقال كاهل دافع الضرائب الأمريكي المسكين بتكاليف إعاشتهم وبناء مستوطناتهم ومدهم بترسانة من الأسلحة التقليدية والنووية تكاد تجعلهم عسكرياً في مصاف الدول الكبرى؟ ألا يستحون بعد كل ذلك أن يجعلوا رياضتهم المفضلة هي (ترقيص) الكلب الأمريكي لا ينقصهم في ذلك إلا دق الدفوف وزعيق المزامير كما يفعل (القرداتية) عادة؟

وكعادتي عندما أكون في مثل هذه الحالة من الضيق فإنني أفكر سريعاً في كيفية التنفيس عنها، ولذلك لن يستغرب الذين يعرفونني منكم أنني قررت الاتصال فوراً بالرئيس باراك أوباما أبلغه رأيي الصريح في مثل الهزة الذّيلية التي لم تراع حرمة لحيوان ولا قدسية لكونجرس. وكعادتي أيضاً لم أدخل في الموضوع على طول بل استعنت بكل ما تعلمته من دروس (الفهلوة) خلال سنوات إقامتي الجبرية في القاهرة فبدأت بالسؤال عن السيدة ميشيل ("بالله كيف عاملة مع الرجيم يا بركة") وعن البنتين ساشا وماليا ("خلاص بقن على وش الجامعة؟ ما شاء الله! أنا ممكن أتوسط ليك مع ناس جامعة العلوم الطبية والتكنولوجيا لو عاوزات يقرن طب ويمكن يخفضوا ليك شوية في الدولارات بس ما تخليهن يمشن تركيا في الإجازات!")

بعد هذه الدردشة الأسرية سألني أوباما عن سبب طلبي العاجل لمكالمته والذي ترتب عليه استدعائه من اجتماع طارىء مع هيئة أركان حكومته لمناقشة استراتيجية الدفاع عن (الدولار) في مواجهة (وون) كوريا الشمالية.

وكما يقولون (ختيتها ليهو على بلاطة): "اسمع يا بركة أنا طريقة نتانياهو القاعد يلولح بيها الكلب بتاعكم ماعاجباني"!

وبكل المقاييس كان ذكر رئيس الوزراء الإسرائيلي بالاسم ضربة معلم من جانبي فلا أذكر أنني سمعت أوباما يستشيط غضباً كما في تلك اللحظة فقد تدفق من فمه سيل من الكلمات البذيئة يمنعني عدم معرفتي لمعناها من ترديدها وإن فهمت منها تشبيه نتانياهو بذات الشىء الذي يشعرنا عادة بالراحة والاسترياح عند التخلص منه. بعد أن هدأ أوباما شرح لي بأسىً بالغ أن ما يحز في نفسه بعد كل الذي بذله لرفاهية شعب إسرائيل هو

محاولات نتانياهو الخبيثة تأليب قادة الحزب الديمقراطي عليه وتسفيه إنجازه التاريخي بوصف الإتفاق مع إيران (بالخطأ التاريخي). تركت أوباما يفرغ كل مافي جوفه من غضب ثم حاولت تطييب خاطره: "معليش يابركة! بس ما تنسى عندك أصدقاء في السودان".

كان ذلك كما تعلمون – سادتي – فيه لِي واضح لعنق الحقيقة وإن بدا لي حينها أن خطأً رفيعاً يفصله من الكذب البراح خاصة إذا أخذنا في الحسبان أنني اعتبرت نفسي ممثلاً غير منتخب وغير مُعين للشعب السوداني بحكم صداقتي غير المعلنة بأوباما.

قلت وأنا أختار كلماتي بحذر: " ممكن ضنبنا يلولح كلبكم يا بركة؟"

سكت أوباما برهة ثم قال بلهجة تحمل من المجاملة أكثر مما تبعث على الأمل: "كده يا بوهميد خلينا حسع من الموضوع ده" ثم أضاف وكأنه أحس بخيبة الأمل المرتسمة على وجهي: " أنا النهارده منتظر تقرير مبعوثنا للسودان ولجنوب السودان وبعد ما أشوفه نتكلم تاني".

ظللت أنتظر مكالمة أوباما على أحر من الجمر وعندما هاتفني أحسست من اول كلماته (والله يابوهميد أنا "متفائل بحذر") أن الموضوع لا يبشر بخير. وبعد هذه الافتتاحية الدبلوماسية بدأ يعدد لي لماذا هو غير متفائل بالمرة (وهو ما يعنيه الحذر الدبلوماسي في هذه الحالات) فقال وهو يقرأ ببطء: "أولا سجلّكم في حقوق الإنسان يترك الكثير لما تشتهيه النفس ،وغني عن القول يوجد مجال واسع للتحسن". صمت برهة وسمعته يتهامس مع بعض مستشاريه ثم أردف قائلاً: "وبعدين يا خي جميل جدا تحبوا تساعدوا السعوديين أخوانكم في العروبة في حرب اليمن لكن كان في داعي تحرجوهم بالطريقة دي؟". هنا هممت أن أقاطعه قائلاً: "والله كنا فاكرين عندنا أكتر من تلاتة طيارات حربية" ولكني آثرت السكوت فمن يدري فقد يقصد (حاجة تانية من بلاوينا ومِحِنّا)!

استطرد أوباما قائلاً : "ثانيا التقرير يقول إن ملف السلام لا زال ملفوفاً وأن الحكومة لم تهبط بعد من (وثبتها) الضفدعية الأولى وأن الحوار أصبح مثل (حجوة أم ضبيبينة) ودي أنا ماعارف معناها شنو ولو طلعت حاجة كويسة ممكن تشرحها ليّا يا بوهميد عشان أستعرض بيها شوية على هيلري كلينتون". وهنا أكاد أقسم أننى أستطيع أن أسمع أوباما

وهو يهمس لمساعديه باضافة هذا التعبير لخطبته السياسية القادمة. ثم تابع قائلاً: "ثالثاً المبعوث بتاعنا لاحظ بشيء من الامتعاض أن ناسكم الأيام دي عاملين الدرب لبكين ساساقة والتقول سور الصين العظيم ذاتو ما قادر يحوشكم، وبيني وبينك يا بوهميد المبعوث ماخد في خاطره شوية من الموضوع ده وقال خلاص لو عاوزينهم بالشكل ده اتلموا عليهم وخلصونا".

وبعد فترة أخرى من التهامس مع مستشاريه استأنف أوباما حديثه: "رابعاً المبعوث قال ما عاوز يتدخل في الشكلة القائمة وسط ناسكم في موضوع (سيقا) والدقيق والقمح ومنو فيكم قاعدين يلغفوا أكتر من التانين. وكمان قال لن يعلق على الشكلة الفضيحة القامت في فندق روتانا للسلام والتلاسن والتشاتم اللي حصل بسبب شوية قريشات قطر الفضلت. على الأقل الإسرائيليين بيودوا الفاسدين بتاعنهم السجن حتى ولو كان الفاسد هو المفسد وكمان رئيس الجمهورية. بس المبعوث منزعج شوية من حكاية التعدين عن الذهب والمافيا الروسية الخاشة بلدكم زي إعصار كاترينا وبيقول أحسن تعملوا حسابكم، الروس ديل مش بتاعين (الروس الروس حباب التيوس)".

مضت فترة صمت قصيرة آثرت فيها أن ألوذ بالصمت أيضا عملاً بالقول المأثور (أنا مالي والهوى والبلاوي دي كلها). وقد يكون الحصفاء منكم ــ سادتي ــ قد لاحظوا أن أوباما قد درج في حديثه معي على تناوب استعمال ضمير المُخاطَبْ وضمير الغائب وتلك خاصية تنفرد بها اللغة الأمريكية، خاصة عند استعمالها في مجال الدبلوماسية بدلاً من اللغة الانجليزية، والغرض منها (جهجهة) المُخاطَب وجعله يفقد المقدرة على التفكير السليم (ويقال ــ والعهدة على الراوي ــ أن الرئيس الامريكي الأسبق رولاند ريقان استعمل نفس الأسلوب عندما خاطب الرئيس السوفيتي جورباتشوف في قمة آيسلانده عام ١٩٨٨ قائلاً: "أهدم هذا الجدار يا مخائيل!" (يقصد حائط برلين). رجع بعدها جورباتشوف لموسكو وقام بهدم الاتحاد السوفيتي بأكمله!).

قد أكون مبالغاً ــ سادتي ــ لو قلت إن الشعور الذي تملكني بعد انتهاء الرئيس أوباما من تلخيص تقرير مبعوثه هو أن أقوم بهدم بيتي على رأسي وبنفس المقدار سأكون كاذباً لو أنكرت أن نوعاً من خيبة الأمل لم يعتصرني. فأنا من ناحية أمتلك من الواقعية السياسية

مايكفي لتفهم أنه لا أحد يستطيع أن يحل مكان إسرائيل عند الأمريكان ومن ناحية أخرى فلم أخرج من المولد بدون حمص كما يقولون. أخر كلمات أوباما قبل أن ينهي المحادثة لم تخلُ من طاقة صغيرة تبصبص من خلالها عسى ولعل: "شوف يا بوهميد ما حنقدر نخلي ضنبكم يلولح كلبنا لكن ممكن نخلى كلبنا يلولح ضنبكم...".

١٢ سبتمبر ٢٠١٥

241

الحوار

رجعت مُجهداً إلى البيت ووجدت (أم العيال) مستلقية كعادتها في ظل العصر وهي على غير عادتها تحتضن المذياع في تتبع مشدود لبرنامج لم أستطع أن أميّزه تماماً وإن طرقت أذني أصوات أشبه بشخير النائم المتعب عزيتها بغبائي المعهود لسوء الإرسال الإذاعي. قلت لها في تعليق لا معنى له واصفاً ما لا يحتاج لعبقرية أخصائي في الأحوال الجوية لتشخيصه: "شايفة السخانة دي كيف؟" وعندما لم ترد خمنت أنها قد لاتزال غاضبة لانقطاع التيار الكهربائي إما بسبب قطع عام غير مبرمج كالعادة أو لأنني لم أقم–وهذا هو الأرجح– بتسديد فاتورة (الجمرة الخبيثة) المبرمجة بدقة يحسدنا عليها السويسريون. قررت أن أقوم (بتخريمة) تكتيكية منتقلاً من الشأن (العام) الذي لا قدرة لدينا في فعل شئ حياله (سوى الشكوى لله لنتحاشى المذلة) إلى (الخاص) الذي قد يستدر لنا بعض الشفقة، فقلت في صوت يغلب عليه الترجي أكثر من الحزم: "والله الجوع قرضنا! كدي قومي يا ولية حضري لينا الغداء". ويبدو أنها لم تسمعني فأعدت عبارتي عدة مرات. فقالت بضيق بعد فترة من غير أن تبدي حراكاً:" الغداء ختيتو ليك مغطى في التربيزة الجوه". وبقدر ما أغاظني هذا التجاهل المتعمد بقدر ما أثار فضولي في ماهية ذلك البرنامج المذاع الذي استأثر بانتباهها لهذه الدرجة. وعملاً بفلسفة (شليل وينو؟) التي ما فتئتُ أقوم منذ أيام طفولتي بتطويرها

وتجويدها قررت أن أقوم أنا (بخطف الدودو) هذه المرة. فقلت في صوت يغلب عليه الحزم أكثر من الترجي: " طيب أديني الراديو ده عشان في كورة بدت ليها خمس دقائق خلينا نشوف الهلال لغاية حسع أدوه كم قون". فصاحت مستنكرة: "هلال شنو ومريخ شنو يا راجل! إنت ما شايف أنا قاعدة أسمع في (الحوار)".

لوهلة – سادتي – أصابتني الدهشة ليس بسبب هذا التحدي السافر لهيبتي (فكاذب أي رجل يدعى بقية من هيبة بعد أكثر من أربعين عاماً من الزواج) بل لأن كلمة (حوار) هذه سببت لي بعض البلبلة الذهنية، فما أعرفه أن (أم العيال) تقضي الصباح بأكمله وأحياناً جزءا معتبراً من الظهيرة وهي واقفة خلف الحائط القصير الذي يفصلنا عن جارنا (حاج يوسف) في (حوار) غير منقطع مع زوجته (أم محمد) أكاد أجزم أنه قد تمت خلاله دراسات تكفي لملء عدة ملفات في مكتبة صندوق النقد الدولي عما جرى (لقفة الملاح) في بلدنا منذ أن كانت خمسة وعشرين قرشاً (ما كانت تُعرف بالطرادة) كافية لملئها وتتبقى بعد ذلك (شوية قريشات) يُمكن التكرم بها لأي حامل أثقال يستطيع رفعها عن الأرض. سألت بحذر "إنتي يا ولية اتشاكلتي مع مرَة حاج يوسف؟" نفت (أم العيال) ذلك بهزة شديدة من رأسها وهى تنظر لي باستغراب من غير أن تبعد المذياع عن أذنها.

همَمتُ أن أقترح عليها أنه قد يكون من السهل التحاور مع جارتها عبر الموبايل بدلاً من المذياع ولكن شيئاً ومض في ذهني كالكهرباء المقطوعة وجعل بعض الأسئلة المفتاحية تتسابق داخل مخيلتي: ماذا لو أن (أم العيال) وجارتها (أم محمد) قد اكتشفتا طريقة للتخاطب عبر الراديو ضاربتين عصفورين بحجر واحد أو ربما –للنتيجة ذاتها في هذه الحالة–عصفوراً واحداً بحجرين: أولاً عدم الحاجة لشراء أي رصيد موبايلي مستقبلاً (ويا شماتتاه يا زين!) وثانياً الالتفاف ببراعة حول حاجز الرقابة الأمنية على موبايلاتنا! ولم لا؟ صحيح أن التحادث بواسطة الراديو اختراع قديم قدم الراديو ذاته ولكن ماذا يضير من إعادة إختراعه؟ ألم يعد صبي سودانى اختراع الساعة بعد أن قذفت به الأقدار القاسية، بما فيها على ما يبدو فشل والده في الانتخابات الرئاسية عندنا، إلى الولايات المتحدة؟ وعند هذه النقطة بدأ تفكيري بالتحرك في بطء لإنشغال دماغي في تضريبات حسابية معقدة: كم

سيتبقى لنا من ثمن إعادة اختراع هذا الاختراع بعد دفع فاتورة الكهرباء؟ كيف يتم ترتيب اللقاءات الرئاسية: داخلياً أولاً أم خارجياً؟ هل نقبل بأي وديعة دولارية قد تأتينا من قطر (تحت الحساب) أم ننتظر عرضاً استثمارياً قد يأتينا به وزيرنا (المعجزة) الذى تمت ترقيته سفيراً؟ أو لعله من الأجدى أن (نتّقل شوية) حتى نقدم لمحبينا الصينيين عرضاً لا يمكنهم رفضه أو يقدم لنا مرعبونا الأمريكان عرضاً لا يمكننا رفضه؟

صحوت من تهويامتي تلك على صوت (أم العيال) وهي تسألني" :إنت مالك يا راجل وشك مختوف كده؟ معقول تكون دخلت فيك جوعة بالشكل ده؟". سألتها إذا كانت قد ذكرت (لأم محمد) أي شئ عن (حكاية الراديو) فأخبرتني أن جارتها لا تعير التفاتاً لهذه الأشياء وأن كل اهتماماتها تنحصر عادة في (شمارات) ذات طابع اجتماعي بحت. ورغم أن هذه المعلومة الأخيرة قد أدخلت بعض الطمأنينة لقلبي إلا أنه يبدو أن معالم القلق لم تنمحِ تماماً من وجهي فقد أضافت قائلة بعد فترة: "قوم يا راجل اكُل ليك حاجة وكان مزعلاك الأقوان اللي بتكون خشت في الهلال لغاية دلوقت وما شفتها أنا حاحكي ليك عن ماتش ولا الدربي بتاع (ألمان يوناتيد) و(ألمان سيتي)".

وبعد أن قامت بإحضار صينية الغداء اعتدلت في جلستها ثم استطردت: "شوف يا سيدي الحكاية زي ما أنا متابعاها في الراديو كلها لعب تمام التمام اسمه (حوار) الدوري ومرات بقولوا عليه (دوري محاورة المحاورة الممتاز) مش زي بتاع ناس (بلاتر) والفيفا اللي طلع كله رشوة وفساد وغش والعياذ بالله. والحكومة كتر خيرها هي المنظمة للدوري وكل يوم في الوقت ده بيذيعوا الماتشات بعد نشرة الأخبار. في الأول كان في مشاكل بسبب تسجيل الأيتام واللاعبين وفي شكلة كبيرة قامت لمن الجمهور احتج عشان في أتيام ما مشتركة في الدوري ده بالمرة وأغلبها من الأقاليم مثل تيم (فوري الدافوري) وتيم (كتاحة كاودا) وأيضاً تيم أمدرماني عريق (الثورة بالنص) كان اسمه زمان (المهدية) وقالوا الكابتن بتاعو قاعد زعلان بره البلد عشان الاتحاد شطب اسمه من كشوفاتهم بعد ما قالوا اتسجل مع تيم في (باريس). وفي تيم أمدرماني تاني برضو ما مشارك اسمه (على الشيوع) وشعاره (حضرنا ولم نجدكم) وأفتكر أنه مشجعينه كانو أصلاً في الحتت اللي ناس الحكومة باعوها كلها زي ما

قال الوالي" .

سكتت (أم العيال) لتستجمع أنفاسها وبعد أن رمتني بنظرة فاحصة للتأكد أن انهماكي في الأكل يتم في توازن دقيق مع انتباهي التام لما تقول استطردت قائلة: "أصلو يا سيدي رئيس الاتحاد قال همّ نظموا الماتشات وجهزوا كل حاجة بما فيها الملعب والحكم واللي هو في نفس الوقت رجل الخط اللي بتحرّك في كل الاتجاهات وحتى فنايل اللاعبين جهزوها، وكمان في مراقب دولي اسمه امبيكي يمكن يستدعوه لمن يصحى من النوم في اللكوندة الساكن فيها في أديس. والريس كمان قال اللي عاوز يلعب يجي يلعب جوه الاستاد بتاعهم والما عاجبو يمشي يشرب من موية المطرة في كوبري كوبر".

قاطعتها مندهشاً: "هو لسع العيال بتلعب في الموية الراكدة في كوبري القوات المسلحة؟"

تجاهلت سؤالي وكأنه لا يستحق التعليق واستمرت قائلة: "وبعدين أهم تيمين في الدوي ده هم التيم المضيف وده في حالة استضافة طوالي واسمه (التحلل بحِلك) وشعاره الرياضي جداً (لا لفوزٍ قد لعبنا) التقول الكورة بتدخل في القون براها. الكابتن والمدرب ورئيس مجلس إدارة (التحلل) هو كمان رئيس الاتحاد وحكم الماتشات كلها ولعيبته ديمة يجيبوا أقوانهم من حالة تسلل ظاهرة وإذا الجمهور كلو احتج والناس كوركوا (ده ما سارق عديل يا حكم!) رجل الخط اللي هو الحكم نفسه يقول ليهم (الشافوا منو؟ ووينها مستنداتكم؟) ويقوم طوالي يطلع ليهو كرت أخضر لزوم التحلل للاعبهم وكرت أحمر لطرد المعترضين. قبل كم يوم طلع كمية من الكروت الحمر قالوا طباعة صينية لطرد تيم كامل قال اتلامضو عليه وقالوا ليه حارس مرماهم ما ممكن يكون عليه بلنتي عشان مسك الكورة بي يديه عشان ما تخش قونه. والتيم التاني هو (الخالف تخالِف تخلِف) وكابتنه لعيب مخضرم و(شيخ) لعيبة من كلو، وكان متخصص في اللعب غير القانوني وكسير سيقان اللاعبين والشوت خارج الملعب والخرخرة الكتيرة. وبيقولوا إن التيمين كان أصلهم تيم واحد انقسموا فريقين لزوم التمرين وتوزيع الخانات فمشى واحد يتمرن في ملاعب (كوبر) والتاني للتسخين في نجيلة (القصر)". هنا صمتت (أم العيال) فجأة في حركة درامية مباغتة إذا كانت تقصد منها محاكاة الطريقة التي تنتهي بها كل حلقة في المسلسلات التركية فقد نجحت

في ذلك تماماً. ثم قامت لتجهز الشاي تاركة إياي وأنا أنظر خلفها فاغراً فاهي في تعجب وذهول. وأنا أسألكم سادتي بكل أمانة وإنصاف: كيف بربكم يختار وزير رياضة الولاية لجنة تسيير لفريق المريخ من غير أن يختارها رئيسة لها؟

عادت تحمل صينية الشاي وأبدت استغرابها لأنني لم أقم لغسل يدي فمسحتها في طرف جلبابي على الفور وقلت لها متلهفاً: "وبعدين حصل شنو؟" قالت وهي ترشف الشاي بتؤدة: "ولمّن جوا عشان يتبادلوا اللعب والفنايل حصلت الشكلة فبقوا تيمين لكن بلعبوا بتكتيك واحد وتفكير واحد وهدف واحد وبقوا زي ما بيقول المثل..."وهنا ضحكت وهي تقول: "أنت يا راجل عارف المثل بيقول شنوا!". وبما أني لا أعرف (المثل بيقول شنو) فقد التزمت الصمت. وبعد أن رشفتْ آخر جرعة من الشاي أضافت وكأنها تؤكد ما قالته: "والله يا أبوخالد أنا ما بفهم في الكورة كتير ولكن من الشفتو في (محاورة) الليلة دي (التحلل) و(الخالف) ديل قاعدين يفتحوا لبعض عديل كده. قون بي هنا وطوالي قون بي هناك"! سكتت برهة ثم أضافت في تحسّر ظاهر: "ولكن عاد يا ربي سيدي الحسن ده متين يجيب قون ويريحنا؟". وفي تعاطف نادر من جانبي مع (ختميتها) طمأنتها أن سيدها الحسن (سره باتع) وأن المائة وواحد وثمانين يوماً التي أعلن قبل قرابة العام أنه سيحل خلالها كل مشاكل السودان لم تنته بعد (بحساب الأولياء الصالحين) وأنه من غير شك سيسجل هدفاً (ميسياً) ببركة (أبوهاشم)، فانبسطت أساريرها وبدت في غاية الانبساط من هذا التغير المفاجئ في قناعاتي الطائفية.

هنا وصل إلى مسامعنا صوت (أم محمد) وهي تناديها فذهبت إليها وسمعتهما تتهامسان عند الحائط القصير وبعد فترة عادت (أم العيال) لتخبرني أن عليّ تهنئة حاج يوسف (وهو هلالابي داعشي التطرف في هلاليته) بعد انتهاء مباراتهم مع فريق من (مالي). قمت وندهت عليه من وراء الحائط فجاء فرحاً مستبشراً وقال لي بابتسامة عريضة: "تتصور يا بوحميد غلبونا بخمسة أقوان بس". هنأته على هذا الإنجاز الرائع متمنياً لهم هزيمة لا تزيد على هدفين أو على الأكثر ثلاثة في مباراة الذهاب مؤكدا له أننا في المريخ لن نقبل بأقل من هذا التفوق للكرة السودانية في مباراتنا مع الفريق الصومالي الزائر. عندما رجعت وجدت (أم

العيال) قد عادت تستمع للمذياع فيما بدا لي أنه مباراة ساخنة فدخلت لغرفتي وبمجرد أن استلقيت على سريري رحت في غفوة قصيرة.

وفجأة صحوت على صوت (أم العيال) وهي تصيح: "مش معقول! تعالوا يا ناس الحلة شوفوا ده! يا جماعة ده مش معقول!" سألتها ملتاعاً: "يا ولية الحصل شنو؟"

قالت وهي تنظر في ذهول للمذياع الملقي على الأرض: " سيدي الحسن يا بوخالد! سيدي الحسن جاب قونين في دقيقة واحدة!"

صحت مهللاً: "معجزة! والله معجزة! تاريها (عيشة) بتاعة المجلس الوطني معاها حق!"

قالت أم العيال بانكسار: "المشكلة جاب القونين في روحو في القون المفروض يكون بتاعنا!"

وأنا على يقين– سادتي –أن فيكم من يملك من الذوق السليم والكياسة الفطرية بحيث لا يسألني إذا كانت (أم العيال) لا تزال تتابع (دوري محاورة المحاورة الممتاز)، وكما أعرف أن لكم من اللباقة والروح الرياضية (باستثناء بعض الهلالاب الشامتين) بحيث لن تسألوني عن عدد الأهداف التي ولجت شباك المريخ في لقائه مع الفريق الصومالي. ولكن دعوني أسر إليكم أن التفاؤل رغم كل النكسات– الكوّرية منها والحاورية –لا يزال يعشعش في صدورنا . ولم ينقطع الأمل في أن يرن الهاتف أو المذياع ليخبرونا أنه تم تعيين (أم العيال) رئيسة للجنة تسيير فريق الهلال المرتقبة أو بالعدم نائبة لرئيس المجلس الوطني .

٢٩ اكتوبر ٢٠١٥

قراءة (أفروعربية) في المسالة (الترامبية)
على خلفية دعوة أمريكا للانضمام لنادينا

لعل البعض منكم سادتي قد قرأ مقالاً لافتاً للانتباه ومثيراً للاهتمام نُشر في (Politico) بعنوان:

America, You Look like an Arab Country Right Now! Welcome to the Club!

وترجمته بتصرف: (يا أمريكا يا ويكا، شكلك كده بقيتي تشبهينا فمرحبا بك في جامعة الدول العربية!). والمقال بالطبع من النوع الساخر الذي يجعل أول ما يقفز لذهنك عند قراءته أن تركل نفسك في المؤخرة مرتين قبل أن تصيح متحسراً: "والله فكرتو كانت في طرف دماغي!". ثم تهدأ قليلاً عندما تتذكر أن المقال مكتوب باللغة الانجليزية فتقول لنفسك الأمارة بالسوء: (كويس كده ألّقوم بترجمته وتوصيله لإخواننا العرب ولي على الأقل فضل الظهر). ولكن تكتشف بعدها أن كاتب المقال يدعى (Karl Sharro) فيلعب الفار في عبك إذ لا تبدو على اسمه أي ملامح عربية. وقبل أن تبدأ بالاحتجاج مستنكراً كيف يتحدث هذا (الكارل شارو) باسمنا منتحلاً عروبتنا وداعياً كل من هبّ ودبّ لعضوية نادينا تتذكر أن وطننا العربي الواسع يضم أقليات مسيحية قد يكون بينها كاتب المقال، فتهرع ثانية لموقع

(Politico) لتقطع الشك باليقين فلا تجد ما يفيدك أكثر من أنه يعمل معلقاً في الشؤون الشرق أوسطية (وما أكثرهم!). هنا يكون قد تملك وجدانك شعور دافق بالتسامح العرقي("هو أنا مين عشان أقعد أوزع صكوك العروبية للناس؟") فتقرر أن (كارل) هذا بدعوته الكريمة هذه قد استحق اكتساب (العربنة) بالانتساب.

هذا بالضبط ما دار في ذهني وأنا أتهيأ لترجمة المقال عندما عنَّ لي فجأة خاطر آخر شوش عليّ تفكيري: ماذا عن عضوية الاتحاد الأفريقي؟ وقبل أن يتساءل بعضكم سادتي عن دخل الاتحاد الأفريقي بالموضوع عليكم أن تتذكروا أننا في وادي النيل وخاصة في جنوبه نعاني من انفصام في الشخصية نسميه مجازاً ثنائية الانتماء مما سبب لنا تاريخياً الكثير من العقد النفسية. فتعريفنا عربياً يغضب بعضنا ("يعني شكلنا الأفريقي ما عاجبكم؟") ونعتنا بالأفريقية يثير ثورة بعضنا الآخر ("يعني ما شايفين فصاحتنا بالعربي كيف؟"). ثم يجب أن نتذكر أن الكوميدي (تريفور نوح) الجنوب-أفريقي الأصل وصاحب برنامج (The Daily Show) التلفزيوني قد سبق أخانا في العروبة (كارل شارو) في تشبيه الولايات المتحدة بالدول الأفريقية ومن ذلك تنبيهنا لأوجه التشابه خلقة وأخلاقاً بين المرحوم (عيدي أمين دادا) و(دونالد ترامب). ويبدو ذلك واضحاً عندما هدد (الدونالد) منافسته (هيلري) بإلقائها في السجن فور فوزه في الانتخابات كما نفعل في أفريقيا من غير أن يطرف لنا جفن. و(تريفور) لا يمكن الشك في أفريقيته فهو من (بلدياتنا)كما يقول إخوتنا في شمال الوادى. والإشكالية هنا كيف نرحب بأمريكا في نادي الجامعة العربية ونادي الاتحاد الأفريقي في نفس الوقت؟ لمن تكون الأسبقية؟ هل نترك لها حرية الاختيار؟ وقبل أن يسبقنا إخوتنا في شمال الوادي باقتراح منح الامريكان ازدواجية الانتماء عربياً وأفريقياً طمعاً وتزلفاً فعلينا تذكيرهم أننا في جنوب الوادي قد تعلمنا (الانحناء) قبلهم فرفع العقوبات الذي تصدقت به أمريكا علينا مؤخراً وإن جاء جزئياً فهو لم يكن لسواد عيوننا.

وقد لا يعرف الكثيرون منكم أنني لا أثير مثل هذه الاعتراضات بغرض تعقيد أمور لا داعي لتعقيدها ولكن لأوضح أن تحيز (شارو) في الترحيب بأمريكا عربياً فيه انتقاص لاستحقاقاتنا أفريقياً. فحتى لو نظرنا للنقاط التي أثارها ليبرهن على استيفاء أمريكا

لشروط الانتماء للعرب لوجدنا أنها تنطبق أيضاً – وربما بقدر أكبر – على الأفارقة. خذوا مثلاً ما ذكره عن مظاهرات واحتجاجات التنصيب الرئاسي في أمريكا وكيف تشبه إلى حد كبير ما يحدث في الدول العربية. بالمقارنة فالأوضاع الراهنة في أمريكا تمر بتقاطعات تبدو متقاربة أكثر مما هي متباعدة مع أوضاعنا في أفريقيا. فخلافاتهم الاجتماعية والطبقية والعرقية تكاد تضاهي انقساماتنا القبلية والإثنية وشغفهم مؤخراً بحكم (الرجل القوي) جرياً وراء الأمن والاستقرار يصب في نفس توجهاتنا وإن كنا قد سبقناهم في تقديس حكم الفرد الأوحد وتفضيل نظام الحزب الواحد.

ما أقصده أن هناك تشابهاً وتجانساً بيننا وبينهم كما أن الأوضاع عندهم حبلى باحتمالات واعدة. خذوا مثلاً ما حدث في أعقاب الانتخابات في دولة (قامبيا) منذ أسابيع عندما أضطر المرشح الفائز للهروب لتتم مراسيم تنصيبه في دولة السنغال المجاورة واحتاج الأمر لتدخل قوات من دول غرب أفريقيا (إكواس) لتأمين الوضع الأمني قبل أن يستطيع الرئيس المنتخب العودة لبلاده. هل لكم سادتي تخيل ما كان سيحدث لو فازت كلينتون بالرئاسة: هل كنا يا ترى سنتابع مراسم تنصيبها من كندا؟ ثم ماذا يمنع أن يصبح رفض الرئيس (القامبي) المخلوع التنازل بطواعية أول سابقة أفريقية من نوعها تتكرر أمريكياً في حالة فوز رئيس جديد بعد أربع سنوات؟ وهل سيرى العالم القوات المكسيكية المحمولة جواً (تفادياً للحائط الذي يهدد الرئيس ترامب ببنائه على الحدود) وهي تتدخل باسم رابطة دول أمريكا اللاتينية لإعادة الأمور لنصابها الانتخابي في البيت الأبيض؟ ما رأيناه من السيد (ترامب) خلال أسبوعه الأول في سدة الرئاسة يشعرنا بأننا موعدون بأكثر مما عهدنا في رؤسائنا من نرجسية ودهمانية، فلا يحدثنا التاريخ مبلغ علمي عن رئيس منتخب عندنا كان من أول قراراته الرئاسية إجراء تحقيق عاجل في التزوير الذي حدث في ذات الانتخابات التي فاز فيها هو بالغوغائية والتلفيق. بل أن عبقرية (ترامب) في إثارة قضية التزوير تمهيدا لعمليات تزوير مستقبلية بدعوى منع التزوير وذلك بسن قوانين جديدة للحد من التصويت (voter suppression) تبدو بدرجة من التعقيد لا تستطيع عقولنا الأفريقية والعربية استيعاب تعرجاتها.

251

ثم أن هناك ظاهرة جديدة تتعلق بموضوع التزوير تناولها الإعلام الامريكي مؤخرا بشئ من الاستحياء وهي وجود أسماء للموتى في سجلات الناخبين. وحكاية إحياء الموتى ليدلوا بأصواتهم معروفة عندنا أفريقياً منذ عهد الفراعنة ويمكن أن نشرح لمن يريد كيف قمنا بتطويرها لضمان إحيائهم أيضاً في البطاقات التموينية، فمن يدري فقد يحتاج الأمريكان للعمل بالنظام التمويني في حالة تدني الاقتصاد الأمريكي بشكل موازٍ للارتفاع المتوقع في تكلفة (الحائط) الذي يبدو أن المكسيك لن تتفضل بتغطية تكاليف بنائه رغم تهديدات (الدونالد). ويذكر (شارو) تدخل الأجهزة المخابراتية من الخارج (روسيا) ومن الداخل (مكتب التحقيقات الفيدرالية) في مسيرة الانتخابات الأمريكية، وهذا أمر معروف لدينا أفريقياً وعربياً فكم عانينا من التدخل الأمريكي والذي- للمفارقة -يصل لأقصى درجات التدخل وأقساها حين يقومون بمقاطعتنا اقتصادياً وسياسياً. وأذكر أنني كتبت مقالاً في ثمانينات القرن الماضي أتمنى فيه على وكالة المخابرات المركزية الأمريكية أن تترك انتخاباتنا في حالها البائس أصلاً وتتجه لإثراء انتخاباتهم بشراء أصوات ناخبيهم عملاً بنظرية (الأقربون أولى بالمعروف). ولا أدعي سادتي سبقاً صحفياً الآن بعد أن قرر مكتب التحقيقات الفيدرالية فيما يبدو العمل بمشورتي بعد طول انتظار خرجت فيه الروح من الحلقوم!

وقد أصاب (شارو) كبد الحقيقة عندما ذكر ولعنا الغريب بنظريات التآمر في عالمينا العربي والأفريقي وإن كنا نحن من ذوي الانتماءات الثنائية أكثر هياماً وغراماً بها عندما نشحذ تفكيرنا عربياً . وليس بجديد تفشي هذه الظاهرة في أمريكا فهي معروفة لديهم منذ أن كانوا يرون بعبعاً سوفيتياً في كل مكان حتى تحت أسرة نومهم (The Red under the Bed) ويرعبون أطفالهم به تماماً كما كان يحدث لنا ونحن صغار مع حكاوي الغول و(البعاتي). والرئيس (ترامب) قد لا يضيره أن يكون (بوتين) شخصياً قابعاً تحت سريره بالفعل ولكنه يرى في الإعلام بعبعاً مقلقاً تجب مناصبته العداء ومحاربته بلا هوادة وهو شأن يشاركه فيه قادتنا بدون استثناء تقريباً كما تشير احصاءات الصحافيين القابعين في سجوننا الأفريقية والعربية. وقد يعول ساستنا كثيراً على الإدارة الأمريكية الجديدة والتي اتخذت بحكم تفوقها الفكري والتكنولوجي نهجاً إعلامياً يتحدث فيه الرئيس ومساعدوه قبل أن يفكروا بلسان متشعب وملتوٍ يستبدل الحقائق المتعارف عليها بحقائق بديلة مما يتناسب مع تصوراتهم

وأهدافهم وتدعمهم في ذلك (وزارة الحقيقة) في مقرها الجديد بقناة الأخبار (فوكس نيوز) اليمينية على نحو ما تصور (جورج أورويل) في كتابه الشهير (1984). وهو ما نأمل أن يقوموا بتعليمنا إياه حال انضمامهم إلينا حتى يمكننا تنمية وتطوير (الحقائق البديلة) الخاصة بنا أيضاً في تبادل ثقافي وإعلامي خلاق.

وقبل أن أنهي مقالي هذا قررت إلقاء نظرة أخيرة على مقال (كارل شارو) حتى أتأكد أنني أوفيت كل النقاط التي ذكرها حقها من التعليق. فلاحظت شيئاً فات عليّ في قراءتي الأولى وهو أنه في نهاية رسالته لأمريكا يرفق طلب عضوية في الجامعة العربية ويطلب من أمريكا (كريم تفضلكم بملئه). صحت مندهشاً: (والله حكاية! كمان عملوك الأمين العام للجامعة العربية يا كارل يا شارو من غيرما يكلمونا!).

وجلست للتو بعد ذلك لأخط رسالة فورية شديدة اللهجة لرئيسة مفوضية الاتحاد الأفريقي أتهمها فيها بالتقصير المريع في واجباتها.

ميريلاند ٢٧ يناير ٢٠١٧